HERMANN BAUER
Karambolage

TÖDLICHER ZUSAMMENSTOSS Wien, zur Osterzeit. Nach einem Billardturnier im Kaffeehaus »Heller« wird der Sieger, Georg Fellner, vor ein Auto gestoßen. Niemand hat etwas Genaues gesehen, denn es ist Nacht und, bedingt durch einen Stromausfall, stockfinster. Der erste Verdacht fällt auf seinen Kontrahenten Egon Sykora, der das Café nach einer Unsportlichkeit Fellners unter wilden Drohungen verlassen hat.
Aber es gibt eine ganze Reihe weiterer Verdächtiger, denn Fellner war ein Zyniker und Provokateur, den kaum jemand leiden konnte. Neben Oberinspektor Juricek machen sich auch Chefober Leopold und sein Freund Korber auf die Suche nach dem Täter. Während sich Korber im »Billardklub Alt-Floridsdorf« umhört, verfolgt Leopold die Spur einer Kinokarte, die er neben der Leiche gefunden hat …

Hermann Bauer, Jahrgang 1954, ist Lehrer für Deutsch und Englisch an einer Handelsakademie in Wien. Er liebt Kriminalromane, besucht regelmäßig »sein« Kaffeehaus und spielt Theater. Mit dem Kaffeehauskrimi »Fernwehträume« gab er 2008 sein Debüt als Romanautor. »Karambolage« ist der zweite Fall für seinen ebenso neugierigen wie liebenswürdigen Oberkellner Leopold.

Bisherige Veröffentlichungen im Gmeiner-Verlag:
Verschwörungsmelange (2010)
Fernwehträume (2008)

HERMANN BAUER
Karambolage
Ein Wiener Kaffeehauskrimi

GMEINER *Original*

Personen und Handlung sind frei erfunden.
Ähnlichkeiten mit lebenden oder toten Personen
sind rein zufällig und nicht beabsichtigt.

Besuchen Sie uns im Internet:
www.gmeiner-verlag.de

© 2009 – Gmeiner-Verlag GmbH
Im Ehnried 5, 88605 Meßkirch
Telefon 07575/2095-0
info@gmeiner-verlag.de
Alle Rechte vorbehalten
3. Auflage 2010

Lektorat: Claudia Senghaas, Kirchardt
Herstellung: Katja Ernst
Umschlaggestaltung: U.O.R.G. Lutz Eberle, Stuttgart
unter Verwendung eines Fotos von: © neelz / photocase.com,
Druck: Fuldaer Verlagsanstalt, Fulda
Printed in Germany
ISBN 978-3-89977-796-3

Für meine liebe, geduldige Frau Andrea.

1

Ostern ist das große Fest der Christenheit. Aber wenn die Christen feiern, dann gehen sie höchstens in die Kirche und nicht ins Kaffeehaus. Viele Menschen, ob Christen oder Nichtchristen, nehmen sich überhaupt zu den Festtagen eine Auszeit von der Stadt, scheren aus in den ländlichen Ruheraum oder den schon etwas wärmeren Süden und lassen die rauchgeschwängerte Luft und die Kaisermelange weit hinter sich.

Das sind schlechte Zeiten für das Café Heller in Wien-Floridsdorf. Nur wenige Stammgäste kommen auf einen Anstandsbesuch, trinken ihren kleinen Braunen und empfehlen sich wieder. Hie und da trifft sich abends eine gemütliche Runde, aber die Leute gehen früher als sonst. Noch ein Getränk? Nein, danke! Es ist Ostern, und da hat man auch anderwärtig etwas vor. Im Kaffeehaus ist die wahre Fastenzeit ausgebrochen.

Noch ehe der Herr Jesus Christus auferstanden ist, schließt das Café Heller deshalb in Demut seine Pforten – und feiert am dritten Tage danach, an einem schönen Dienstag, seine ganz private, eigene Auferstehung, wenn sich die wohlbekannten Gesichter wieder blicken lassen und feststeht, dass die kleine Pause nichts an den alten Gepflogenheiten geändert hat: Hier kommt das Achterl Rotwein hin, da der Gugelhupf und dort die heiße Schokolade.

So war's auch diesen Dienstag. Die Sonne schien zum

Fenster herein, und dem Oberkellner Leopold lachte das Herz im Leibe, als er die unzähligen kleinen Staubkörnchen in ihrem Lichtschein tanzen sah, die sich während der paar Ruhetage angesammelt hatten. Jetzt war wieder alles in Bewegung!

Bald würde noch weit mehr in Bewegung sein. Das große Dreiband-Billardturnier der Wiener Kaffeesieder stand ins Haus.*

Eine der Vorrunden der Veranstaltung, bei der alle teilnahmeberechtigt waren, die Lust und Laune dazu hatten und ein kleines Nenngeld zahlten – außer den wirklichen Turnierspielern –, fand im Café Heller statt. Stärker eingeschätzte Spieler, also etwa der überwiegende Teil derjenigen, die in einem Klub eingeschrieben waren, mussten schwächeren Gegnern Punkte vorgeben. Für den Sieg benötigte man insgesamt 15 Punkte, und der Verlierer schied aus. Die Gewinner aller Vorrunden stiegen ins große Finale in der Wiener Stadthalle auf. Zusätzlich gab es Pokale und Sachpreise zu gewinnen.

Diese Vorrunde sollte schon heute beginnen und bis Donnerstag dauern. Also musste gleich das ganze Kaffeehaus auf Hochglanz gebracht werden. Die Billardbretter waren während der Feiertage frisch überzogen worden, die Queues aussortiert und repariert, ein Spielplan erstellt. Jetzt arbeitete man an den letzten Kleinigkeiten: Spielbälle polieren, Queuekreiden auspacken

---

* Die Dreibandpartie ist eine beliebte Variante des Karambolespiels, bei welcher der Spielball über mindestens drei Banden gegangen sein muss, ehe der Punkt vollendet ist, d. h. die anderen beiden Bälle getroffen sind.

und Platz für möglichst viele Zuschauer schaffen, ohne die Spieler einerseits beziehungsweise den üblichen Kaffeehausbetrieb andererseits allzu sehr zu stören. Denn Herr Heller rechnete an allen Tagen des Turniers mit Hochbetrieb.

Mit stiller Andacht und nur begleitet vom Geräusch der Kaffeemaschine saugte Leopold noch einmal die Bretter ab, die für drei Tage die Welt bedeuten sollten. Dabei wurde ihm wieder klar, wie viel das Billardspiel über den Charakter der Menschen aussagte, die es regelmäßig betrieben.

Da gab es einmal jene Spieler, die unbeschwert und frisch von der Leber weg agierten und sich so von Stoß zu Stoß, von Stellung zu Stellung und von Punkt zu Punkt weiterarbeiteten, ohne erst große Überlegungen anzustellen. Im Prinzip überließen sie die Dinge dem Zufall, so wie ein anderer ohne viele Gedanken in den Tag hineinlebt. Das waren meist liebenswerte, aber unzuverlässige Typen, unterhaltsam, aber ohne rechte Ordnung in ihrem Leben. Dann gab es im Gegenteil solche, die jede Stellung minutiös berechneten, im Vorhinein schon wussten, wie sich die Bälle nach dem nächsten Stoß wieder zusammenfinden würden: solide, auf Genauigkeit und Kontinuität bedachte Menschen, erfolgreich, aber langweilig – und leicht aus den Angeln zu heben. Wehe, wenn sie eine Entwicklung des Spiels nicht richtig vorausahnten und plötzlich zum Spielball des Zufalls wurden. Dann waren sie dem Schicksal hilflos ausgeliefert. Andere wiederum streichelten und liebkosten die Bälle so, als handle es sich um delikate Frau-

9

enzimmer. Jeder Ballberührung wohnte ein Hauch von Zartheit inne. Es waren die wirklichen Liebhaber des Spiels, aber im Allgemeinen mangelte es ihnen an der nötigen Durchschlagskraft: Irgendwann fiel ein Stoß zu schwach aus, und der eigene Ball blieb hilflos auf dem grünen Filz liegen, ehe er den anderen, zur Vollendung des Punktes nötigen, berührt hatte. Und es gab die großen Schauspieler, die sich in Pose warfen und mit unwiderstehlicher Eleganz dem Spiel einen Hauch von Erotik verliehen, gleich, welchen Alters sie waren oder wie es um ihre sonstige körperliche Beschaffenheit stand. Sie hatten den Drang, gesehen zu werden, und litten unter einer ständigen Sehnsucht nach Anerkennung und Bewunderung. Aus ihren Augenwinkeln heraus suchten sie nach Verehrerinnen, die jedoch kaum jemals anwesend waren, und dachten neidisch an Fußballer oder Skistars. Ihr trauriges Schicksal bestand dann nicht selten darin, zum Idol einer alternden Handarbeitslehrerin zu werden, die ab und zu eine Partie beobachtete, während sie ihren Kaffee einnahm.

Es gab gute und schlechte Verlierer, ruhige und weniger ruhige Spieler. In manchen Runden wurde heftig diskutiert und gescherzt, während solches in anderen Kreisen streng verpönt war. Manch einer versuchte, seinen Gegenspieler durch gezielte und laute Ablenkungsmanöver aus dem Rhythmus zu bringen, dieser schwieg wiederum den ganzen Nachmittag oder Abend wie ein Grab, sodass man nur seine knarrenden Schritte auf dem Holzboden und ab und zu sein Schlürfen aus der Kaffeetasse hören konnte.

Allen aber war gemeinsam, dass sie das Karambolespiel liebten und ihm oft mehr Zeit und Energie opferten als irgendeiner anderen Sache. Leopold erinnerte sich an einen Weihnachtsabend vor etlichen Jahren, als die Sperrstunde bereits zum wiederholten Mal ausgerufen worden war, zwei ältere Herren aber partout nicht ihre Billardpartie beenden wollten. Beide hatten ein Zuhause, eine geliebte Frau sowie Kinder und Enkelkinder, die sich zur Bescherung angesagt hatten. Aber als Frau Heller ihnen untersagte, ihr Spiel fortzusetzen, schraubten sie nur traurig ihre Queues auseinander, schüttelten sich mit einem matten »Fröhliche Weihnachten« die Hände und stapften freudlos hinaus in die kalte Winternacht. Aus war's, vorüber die festliche Stimmung, und kein Geschenk, kein weihnachtlich leuchtender Baum konnte ihnen die abgebrochene Billardpartie ersetzen. Sie fühlten sich in ihrem Inneren tot wie der gefrorene Boden unter ihren Füßen.

So weit konnte die Leidenschaft also gehen. Und wenn es ernst wurde, der Gruppensieg in einem Turnier in Aussicht stand, ein Höchstmaß an Genauigkeit, Konzentrationsvermögen und Fantasie gefordert war, wenn selbst ein ungeübter Unterhaltungsspieler nicht als Verlierer vom Brett gehen wollte, dann hingen oft die Nerven an einem seidenen Faden, und man wusste nie, wie ein Teilnehmer in einer extremen Situation reagieren würde.

An all das dachte Leopold, während er die letzten Staubkörner aus den Ecken saugte und alle Bälle auf Hochglanz brachte. Er freute sich auf das bevorstehende Ereignis. Er würde viele Bekannte wiedersehen, von denen er schon länger nichts gehört hatte. Vor allem aber hoffte Leopold, dass in der Atmosphäre knisternder Spannung ›etwas passieren‹ würde. Seit er seinem alten Schulfreund, Oberinspektor Juricek, einmal geholfen hatte, einen Kirchendiebstahl aufzuklären, spürte er nämlich einen Hang zum Kriminalistischen. An der Lösung eines Mordfalles war er immerhin schon beteiligt gewesen. Das hatte seinen Ehrgeiz aber erst so richtig geweckt. Jetzt wartete er täglich darauf, dass sich ihm wie damals gleichsam von selbst ein neuer Fall zutragen würde, irgendeine größere Sache, womöglich wieder ein Mord.

»Nur schön sauber machen, Leopold«, riss ihn da seine Chefin, Frau Heller, aus seinen Gedanken. »Und richten Sie mir alle Tische und Sessel so her, wie ich es Ihnen gesagt habe. Es muss überall noch ein Platz sein, wo die Leute durchkönnen. Und hinten, bei den Kartentischen, müssen die Spieler trotzdem ihre Ruhe haben. Sie wissen ja, unsere Stammgäste, die Tarockpartie …«*

»Jawohl, Frau Chefin, bin ja eigentlich fast schon fertig«, unterbrach Leopold sie und warf einen prüfenden Blick um sich. Dann schnippte er einmal kurz mit den Fingern, so als ob ihm etwas Wichtiges eingefallen sei, wandte Frau Heller den Rücken zu und öffnete seine heilige, ihm allein zur Benützung anvertraute

---

* Die ›legendäre‹ Tarockpartie, bestehend aus Herrn Hofbauer, einem Herrn Adi, einem Herrn Kanzleirat und einem liebevoll ›Herr Kammersänger‹ genannten Heurigensänger ist aus dem Kaffeehaus nicht wegzudenken.

12

Lade. Eine Weile kramte er darin herum, dann schien er gefunden zu haben, wonach er suchte: einen viereckigen weißen, beschriebenen Pappkarton mit einer Schnur dran. »Sagen Sie mir bitte nur noch, wo ich das hinhängen soll, damit es auch jeder sieht«, sagte er.

»Vielleicht neben die Theke, an einen der Queueschränke?«, schlug Frau Heller verwundert vor. »Aber zeigen Sie doch einmal her, was ist denn das?« Neugierig nahm sie ihm den Karton aus der Hand und las: »Ein Ober ist auch nur ein Mensch. Wenn es Ihnen bei uns gefallen hat, bitte ich um eine kleine Turnierspende. Leopold«

»Also Geld wollen Sie jetzt auch noch eintreiben? Und das in meinem Lokal?«, fragte Frau Heller entrüstet.

»Es ist doch nur, weil wir jetzt so drankommen, unser zweiter Ober, der Waldi Waldbauer, und ich, und kaum einer von uns eine Pause hat in diesen Tagen. Das geht wirklich schon an die Grenzen der Belastbarkeit. Außerdem ist es für einen guten Zweck.«

»Ach ja, guten Zweck«, lächelte Frau Heller. »Das hätte ich mir denken können. Für welchen denn?«

»Jetzt, wo's so schön wird, hätte ich halt gern ein Fahrrad«, sagte Leopold. »Da könnte ich dann ganz billig und umweltfreundlich zur Arbeit fahren.«

*

Mittwoch, nachösterlicher Schulbeginn im gleich an das Café Heller angrenzenden Gymnasium, dem wichtigsten Nachwuchslieferanten und Devisenbringer für das Kaffeehaus. Als Thomas Korber – groß, Ende 30, nicht mehr ganz schlank, Professor für Deutsch und Englisch – die Stiegen zum Lehrerzimmer hinaufhetzte, befanden sich seine Kollegen schon auf dem Weg in ihre Klassen. Er war ein wenig außer Atem und schlecht gelaunt, weil er sich offensichtlich verspätet hatte. So etwas passierte ihm normalerweise nie, und gleich am ersten Schultag nach den Osterferien würde das wahrscheinlich einen schlechten Eindruck hinterlassen. Dabei hatte er den vorigen Abend – ganz gegen seine sonstigen Gepflogenheiten – solide vor dem Fernseher verbracht, allein, wie er es nun schon geraume Zeit war, und mit einer Kanne englischem Spezialtee. Jedenfalls hatte der Tee seine Energien für den darauffolgenden Morgen beträchtlich gelähmt, der Wecker war ungehört verhallt, und jetzt hatte er die Bescherung. Direktor Marksteiner, sonst ein sehr verständnisvoller Mensch, schätzte nämlich keine Unpünktlichkeit.

Hastig ging Korber zu seinem Platz, um die Sachen für den Unterricht in der ersten Stunde zusammenzuklauben. Draußen im Stiegenhaus war es bereits verdächtig ruhig. Kein gutes Zeichen.

Plötzlich vernahm er hinter sich ein kurzes Räuspern. Er drehte sich um und blickte in das säuerliche Lächeln von Elvira Pohanka, der Schulsekretärin. »Entschuldigen Sie«, sagte sie mit einer Diskretion, die das Schlimmste befürchten ließ, »aber Herr Direktor Marksteiner wünscht Sie zu sprechen.«

»Der Herr Direktor? Jetzt gleich?«, fragte Korber mit erhobenen Augenbrauen.

»Natürlich, jetzt gleich, Herr Professor«, nickte Frau Pohanka betulich. »Ihr Kollege Neururer betreut inzwischen die 2A. Sie brauchen sich also keine Sorgen zu machen.« Und schon trippelte sie voran in Richtung Direktion.

Der Tag fing also wirklich schlecht an. Ein Dienstgespräch mit dem Direktor war das Letzte, was Korber sich im Augenblick wünschte. Was konnte nur der Grund dafür sein? Eine Beschwerde? Korber hatte zwar ein reines Gewissen, aber ganz so sicher durfte man sich ja nie fühlen. Oder lag Marksteiner wieder sein Lebenswandel am Herzen, und er hatte deswegen sofort auf seine kleine Verspätung reagiert? Zuzutrauen war es ihm. Jedenfalls stand etwas Unangenehmes ins Haus, und er musste sich wieder einmal irgendwie aus einer Sache herauswursteln, dessen war er sich sicher.

Korber rückte noch einmal die Krawatte zurecht, während Frau Pohanka sorgsam anklopfte und die Direktionstüre öffnete. Was er dann sah, überraschte ihn aber so, dass es ihm gleichsam die Sprache verschlug.

Gegenüber von Direktor Marksteiner saß eine ihm unbekannte Frau, deren Aussehen seine Laune sofort wieder sprunghaft anhob. Ihr nicht ganz schulterlanges, dunkles Haar hing in leichten Wellen herunter, die graublauen Augen und der schmale, rot geschminkte Mund strahlten ihn zur Begrüßung an. Eine weiße Bluse und ein BH bedeckten wohlgeformte Brüste, die Korber in einer imaginären Skala einzuordnen versuchte. Die schlanken Beine steckten in bequemen schwarzen Hosen und waren lässig übereinandergeschlagen. Sie war so ziemlich das hübscheste weibliche Wesen, das er in letzter Zeit an der Schule gesehen hatte.

»Guten Morgen«, lächelte die Unbekannte und schickte Korber das Blitzen ihrer weißen Zähne hinüber.

»Ah, da sind Sie ja, Herr Kollege«, begrüßte Marksteiner Korber jovial und so gar nicht Unheil verkündend. »Schön, dass Sie sich die Zeit für uns genommen haben. Das ist Professor Thomas Korber, von dem ich Ihnen schon erzählt habe, und das ist unsere neue Kollegin aus der Steiermark, Frau Professor Hinterleitner.«

»Sehr erfreut.« Korber streckte seinem attraktiven Gegenüber noch immer leicht verwirrt die Hand zum Gruß entgegen. Nur langsam begriff er, dass er hier nicht zu einem disziplinären Gespräch eingeladen war, sondern dass es offensichtlich um etwas völlig anderes ging.

»Frau Professor Hinterleitner hat, wenn Sie sich erinnern können, bereits in unserer letzten Semesterkonferenz Erwähnung gefunden«, fuhr Marksteiner fort. »Es war vorgesehen, dass sie im Herbst von ihrer Stammschule in Hartberg in der Oststeiermark an unser Gymnasium wechselt. Aber die Dinge haben dann einen ganz anderen Lauf genommen. Unsere liebe Kollegin Stieglitz ist, wie Sie ja wissen, leider ab heute in Krankenstand und kann in diesem Schuljahr nicht mehr unterrichten. Frau Hinterleitner hat andererseits ihre Zelte in Hartberg so gut wie abgebrochen und möchte sich in Wien häuslich niederlassen. So ist es uns gelungen, sie bereits mit heutigem Tag für den Unterricht an unserer Schule zu gewinnen. Sie wird Kollegin Stieglitz zunächst bis zum Sommer vertreten und dann ab Herbst im Rahmen einer vollen Lehrverpflichtung bei uns bleiben.«

Na großartig, sinnierte Korber. Die Unterredung begann, ihm Spaß zu machen.

»Sie werden sich jetzt vielleicht fragen, lieber Korber, was das Ganze mit Ihnen zu tun hat. Nun, Frau Hinterleitner unterrichtet Deutsch und Englisch, genau wie Sie, und zum Großteil auch in denselben Klassen wie Sie. Da liegt es sozusagen auf der Hand, dass ich Sie bitte, die neue Kollegin an Ihre pädagogische Brust zu nehmen. Wir haben zwar alle schriftlichen Unterlagen von Frau Professor Stieglitz, aber es geht mir in erster Linie ums Feingefühl, wenn Sie verstehen, was ich meine. Machen Sie Frau Hinterleitner vertraut, was hier bei uns so der Brauch ist, Korber, und gehen Sie die schwierigen Fälle mit ihr durch, damit wir bei Notenschluss keine Probleme haben. Sie kennen unsere Pappenheimer ja in- und auswendig. Selbstredend haben Sie von mir schon jetzt alle erdenklichen Freiheiten, Frau Kollegin, trotzdem bitte ich Sie, ein wenig auf unsern Korber und seine Ratschläge zu hören.«

»Aber das ist doch selbstverständlich«, lächelte die Angesprochene und zwinkerte Korber zu. »Ich freue mich schon auf eine gute Zusammenarbeit.«

»Na, dann ist ja alles in bester Ordnung«, vermerkte Marksteiner zufrieden. »Nützen Sie noch den Rest der

Stunde und gehen Sie zusammen die Unterlagen der armen Stieglitz durch. In der Pause werden Sie dann von mir dem gesamten Kollegium vorgestellt, ja, Frau Professor? Und wenn der liebe Korber Ihnen näher als dienstlich erlaubt kommt, seien Sie streng.«

»Ich werde mich zu wehren wissen«, sagte Frau Professor Hinterleitner und sah gar nicht so aus, als ob sie das tun wollte.

»Na, dann wünsche ich erst einmal gutes Gelingen. Ich hoffe, Sie werden sich bei uns bald wohlfühlen, Frau Kollegin. Und Sie, Korber, bleiben mir brav.« Mit diesen Worten schüttelte Marksteiner beiden die Hand, hakte geistig einen Tagesordnungspunkt ab und komplimentierte die zwei anschließend auf den nüchternen, kühlen Gang hinaus.

»Sind Sie denn so ein Frauenheld, dass man vor Ihnen Angst haben muss?«, fragte die Hinterleitner.

»Nein, nein, eher das Gegenteil«, wehrte Korber ab. »Aber es gab einmal eine Beschwerde wegen einer Schülerin gegen mich. Gott sei Dank ist die Sache im Sand verlaufen.«

»Ach so! Entschuldigen Sie, wahrscheinlich bin ich wieder einmal viel zu neugierig. Ich sollte nicht so viele Fragen stellen. Ich heiße übrigens Maria.«

»Und ich Thomas. Es wäre mir überhaupt viel lieber, wenn wir uns duzen würden.«

»Na klar, Thomas.«

»Dann möchte ich dich jetzt etwas fragen. Wie hat es dich eigentlich zu uns verschlagen?«

Maria lachte laut auf: »Oh, das ist eine lange

Geschichte. Ich bin frisch geschieden, und mein Mann arbeitete an derselben Schule wie ich. Du wirst verstehen, dass mir nicht viel daran gelegen ist, in Hartberg zu bleiben. Aus den Augen, aus dem Sinn. Und ich weiß nicht, irgendwie hat es mich schon immer gereizt, einmal in Wien zu leben.«

»Du hast also vor, in Wien zu bleiben?«

»Ja, zumindest für die nächsten paar Jahre. Natürlich ist alles viel schneller gegangen, als ich erwartet habe, deswegen muss ich auch noch ein bisschen auf eine Wohnung warten. Aber es geht schon. Derzeit wohne ich in einem kleinen, netten Appartement draußen am Stadtrand in Stammersdorf, einer Art Ferienwohnung, die zu einer Pension gehört. Das genügt mir, bis ich eine ständige Bleibe habe.«

»Verstehe. Ich wohne übrigens in Jedlersdorf, sozusagen auf der Strecke von hier nach Stammersdorf«, sagte Korber. Sie waren mittlerweile wieder im Lehrerzimmer angekommen und begannen, die einzelnen Klassen, Schüler und Vorbereitungen miteinander durchzugehen. Aber wenigstens Korber schien eher danach zu sein, sich weiter über private Dinge zu unterhalten. Er wollte die neue, hübsche, ihm anvertraute Kollegin nicht gleich nach dem Läuten wieder an die Allgemeinheit verlieren. »Gleich um die Ecke ist übrigens ein nettes Kaffeehaus, das Café Heller. Darf ich dich nachher noch auf ein Getränk dort einladen?«, fragte er.

Wieder lächelte Maria schelmisch. »Kannst du dich nicht daran erinnern, was der Direktor gesagt hat?«, mahnte sie ihn. »Nein, aber ohne Spaß, ich habe so viel um die Ohren, dass ich im Augenblick nicht weiß, wo mir der Kopf steht.«

Korber wagte sich noch ein Stück weiter vor. »Gehen wir vielleicht heute Abend wohin? Ich kenne einige gemütliche Lokale, und hier kommen wir ja doch nicht weiter.«

»Heute Abend habe ich mich schon mit einer Freundin verabredet. Tut mir leid.«

»Dann morgen?«, ließ Korber nicht locker.

»Also gut! Morgen Abend dürfte ich Zeit haben. Und wohin willst du mich entführen?«

Korber war sichtlich überrascht über die erlösende Antwort: »Ja, wie gesagt, es gibt ein paar gemütliche Lokale hier im Bezirk, zum Beispiel gleich in der Nähe deiner Pension, aber wenn du willst, können wir natürlich hinein in die Stadt fahren ...«

»Innenstadt klingt nicht schlecht«, sagte Maria. »Und wo treffen wir uns?«

»Am besten vorne, am Bahnhof Floridsdorf. Auto habe ich leider keines«, zuckte Korber entschuldigend die Achseln.

»Macht ja nichts. Um sieben?«

»Ist gut, um sieben«, sagte Korber erleichtert.

Dann läutete es auch schon. Nach und nach kamen die Lehrer aus den Klassenzimmern herbei und warfen einen neugierigen Blick auf die neue Kollegin. Gleich würde die offizielle Vorstellung durch Direktor Marksteiner erfolgen.

Mit der angenehmen Ruhe war es also vorbei. Korber war es egal. Schon morgen durfte er mit Maria Hinter-

20

leitner allein sein. Er sog das bisschen laue Frühlingsluft, das durch das einzige geöffnete Fenster im Raum
strömte, tief in sich ein.

*

Nachmittag. Korber lehnte jetzt mit einem Ellenbogen an der Theke des Café Heller, hatte einen kleinen
Braunen vor sich stehen und rauchte eine Zigarette.
Er blies kleine Wölkchen in die Luft und sinnierte. Er
stellte sich gerade vor, wie er Hand in Hand mit Maria
Hinterleitner durch die engen, romantischen Gassen
der Wiener Innenstadt lustwandelte und sie nachher,
bei einem guten Glas Wein, in eine zärtliche Umarmung nahm.

Sein Freund Leopold riss ihn aus seinen Träumen.
»Na, wo warst du denn gestern Abend?«, fragte er gran-
tig. »Ich habe schon damit gerechnet, dass du auf einen
Sprung vorbeischaust.«

»Entschuldige, aber ich hab einfach keine Lust gehabt
vor dem ersten Schultag«, sagte Korber gleichgültig.

»Ach so, du hast keine Lust gehabt«, ereiferte sich
Leopold. »Und woher wir unser Geld nehmen, wenn
die Stammgäste ausbleiben, das ist dir egal. Genauso,
wie es dir wurscht ist, ob ich nach einem anstrengenden
Tag noch Lust auf ein kleines Plauscherl habe. Hauptsache, ich bin für dich da, wenn du ein Problem hast
und dein Herz bei mir ausschütten willst. Na, du bist
mir ein wahrer Freund.«

»Versteh mich doch, Leopold«, seufzte Korber. »Ich

will nicht jeden Abend im Kaffeehaus verenden. Hast du noch nie gute Vorsätze gehabt?«

»Selbstverständlich! Aber sie haben noch nie etwas mit dem Kaffeehaus oder meinen Freunden zu tun gehabt.«

Korber versuchte sich gerade vorzustellen, wie sich ihm Maria behutsam von der Seite näherte, ihre Wange an die seine drückte und flüsterte: »Danke für den schönen Abend, Liebling.« Stattdessen hörte er nur wieder Leopolds kratzbürstige Stimme: »Das Turnier ist schon im vollen Gange, Thomas!«

»Das … ach ja, das Dreibandturnier«, sagte Korber wie ferngesteuert und dämpfte seine Zigarette aus.

»Könntest ruhig mehr Interesse zeigen. Vor Ostern warst du noch Feuer und Flamme. Sag, was ist mit dir? Kommst du heute?«

»Nein. Ich habe noch zu tun. Es ist der erste Tag nach den Ferien, und außerdem, du weißt: meine guten Vorsätze.«

»So kenne ich dich ja gar nicht. Morgen vielleicht?«

Korber winkte ab. »Da habe ich leider schon etwas anderes vor.«

Schweigen. Beide hatten sich in einen heiligen Griesgram hineingesteigert, aus dem es schwer war, wieder herauszufinden. Korber war ganz in Gedanken versunken und betrachtete jeden Ablenkungsversuch sozusagen als Störung seiner Privatsphäre. Das wiederum wollte Leopold nicht so ohne Weiteres hinnehmen. Wer ins Kaffeehaus kam, hatte gesellig zu sein. Und wenn sein Freund Thomas, wie so oft, ein Problem hatte, dann hatte er ihn gefälligst in die Sache einzuweihen.

Leopold reagierte sich ab, indem er wahllos ein paar Getränke einschenkte und zu den hinteren Tischen trug. Dabei war seine Trefferquote überraschend hoch. Nur ein Cola blieb über, für das sich partout kein Abnehmer finden wollte. Er trank es in großen Zügen aus, dann machte er eine tadelnde Bewegung mit dem Zeigefinger und sagte: »Da steckt bestimmt ein Weibsbild dahinter.«

»Na ja, so direkt kann man das nicht sagen.«

»Stimmt's, oder hab ich recht?«

»Also schau, Leopold, es ist nicht so, wie du dir denkst. Wir haben eine neue Kollegin bekommen, die sich erst einarbeiten muss. Ich soll ihr dabei ein bisschen helfen, weil wir auch etliche Klassen gemeinsam unterrichten. Deshalb treffen wir uns morgen Abend zu einem dienstlichen Gespräch.«

»Dienstliches Gespräch kennen wir«, spöttelte Leopold. »Immerhin besser, als sich des Nachts mit den eigenen Schülerinnen zu treffen und dafür fadenscheinige Ausreden zu gebrauchen. Aber du versäumst etwas. Morgen ist doch das große Turnierfinale. Und alles spitzt sich auf einen Zweikampf zu: Fellner gegen Sykora.«

Leopold ließ die beiden Namen bedeutungsschwer in der Luft hängen. Korber blickte nur verträumt in die Weite des Kaffeehauses. »Fellner gegen Sykora«, murmelte er. »So, so.«

»Ja, die beiden Erzrivalen. Du kennst sie doch von

ehedem. Die haben sich noch nie leiden können. Kannst du dich nicht erinnern, wie oft sie früher miteinander gestritten haben? Der Sykora wollte dem Fellner immer beweisen, dass man nicht in einen Klub zu gehen braucht, um gut Billard zu spielen. Darum hat er auch diesen unnatürlichen Ehrgeiz entwickelt. Dann die eine Partie, die mit einem Schreiduell endete, weil Sykora behauptet hat, Fellner habe falsch gezählt. Seither haben sie, glaube ich, kein Wort mehr miteinander gesprochen und sind sich aus dem Weg gegangen, wo immer sie konnten. Und jetzt sieht es ganz so aus, als würden sie sich einander morgen im Finale gegenüberstehen und um den Siegespokal und den Aufstieg ins Finalturnier kämpfen. Bis jetzt hat der Chef ja die Partien so geschickt angesetzt, dass der eine schon weg war, wie der andere gekommen ist. Aber bald schlägt die Stunde der Wahrheit.«

»Lass sie nur schlagen«, bemerkte Korber gleichgültig. »Ich weiß nicht, ich habe im Augenblick einfach keinen Kopf dafür. Ich muss mich wieder mehr auf die Schule konzentrieren.«

»Ja, ja, auf die Schule! Und auf deine neue Kollegin natürlich auch. Dass du dich nicht in diese Stimmung versetzen kannst, diese knisternde Spannung, die herrschen wird, wenn sie nach so langer Zeit wieder aufeinandertreffen«, fuhr Leopold unbeirrt fort. »Der Klubspieler und der reine Amateur, der mit dem großen Mundwerk und der Ehrgeizling. Das polarisiert. Das Kaffeehaus wird zum Platzen voll sein. Und weißt du, was das bedeutet?«

»Dass du dir eine ganz schöne Menge Trinkgeld erschnorren wirst«, sagte Korber lakonisch.

»Ach, Unsinn.« Leopold machte eine wegwerfende Handbewegung. »Du weißt, ich habe da meine eigene Theorie des Verbrechens, und einer der Kernpunkte lautet: Je mehr Leute, desto größer die Wahrscheinlichkeit, dass ein krimineller Akt geschieht. Ich werde dir das anhand eines kleinen Beispiels erläutern: Im Augenblick etwa ist hier herinnen nicht viel los, und es hängen auch nur ein paar leichte Mäntel und Jacken herum. Da würde man schnell bemerken, wenn sich jemand einfach ein Stück schnappt und damit abhaut. Ist aber das Kaffeehaus am Abend gut besucht und die ganze Garderobe voll mit Gewand, dann ist es nicht mehr so leicht, festzustellen, was wem gehört. Der ausgefuchste Dieb kommt mit einem alten, verlotterten Mantel und geht mit einem neuen davon. Wer soll das schon bemerken? Außerdem: Für Garderobe keine Haftung. Du verstehst doch, was ich meine?«

»Einstweilen kann ich dir noch folgen.«

Korber kannte seinen Freund. In seiner Begeisterung fürs Kriminalistische war er kaum zu bremsen. Zeitweilig sah er aus jeder Ecke das Böse kommen, und jeder Kaffeehausgast war für ihn nicht zuletzt ein potenzieller Täter. Auch jetzt bekamen Leopolds Augen wieder einen seltsamen Glanz.

»Das ist nur ein Beispiel für ein geringfügiges Vergehen«, fuhr er fort. »Aber, und ich sag's nicht gerne, die Masse verleitet natürlich auch zu schlimmeren Taten, bis hin zu einem Mord. Die Menschen werden anonym, die Situation ist unüberschaubar … wie leicht kann da etwas passieren. Morgen Abend zum Beispiel:

eine angespannte Situation, ein Gedränge, die Nerven flattern. Plötzlich entlädt sich alles in einer Gewalttat. Aber keinem fällt etwas auf. Das wäre doch genial: Ein Lokal voll möglicher Täter, ein Lokal voll mit Zeugen, dennoch bleibt ein Mörder unerkannt, weil niemand etwas gesehen hat.«

»Leopold, du spinnst«, sagte Korber. »Komm, ich möchte zahlen.«

Während er sein Geld auf die Theke legte und dabei auch nicht eine kleine Turnierspende zu entrichten vergaß, ahnte keiner der beiden Herren, wie schnell sich Leopolds Prophezeiung erfüllen sollte. Und Thomas Korber hatte überhaupt im Sinn, dem Turnierfinale am nächsten Tag fernzubleiben. Aber wieder einmal kam alles ganz, ganz anders.

2

Als sie einander am nächsten Tag in der Schule begegneten, war noch alles beim Alten. Maria versicherte Korber, dass sie um Punkt sieben Uhr abends zur Stelle sein werde. Sie freue sich schon.

Angesichts des prächtigen Wetters – es war schon beinahe zu warm für diese Jahreszeit – war Korber nicht abgeneigt, ein wenig hinauszufahren und den Abend in einem heimeligen Heurigengarten zu verbringen. Warum nicht? Die laue Frühlingsluft in Verbindung mit einem guten Gläschen Wein in romantischer Umgebung eröffnete verheißungsvolle Aussichten. In die Stadt konnte man ein andermal fahren. Aber aus Erfahrung wusste er, dass Frauen immer andere Ideen hatten als man selbst.

Man würde sehen. Zunächst einmal bereute er es, in seinem Übereifer so früh zum vereinbarten Treffpunkt vor dem Bahnhof gekommen zu sein. Von Maria keine Spur. Nur eine etwas scheu und ängstlich wirkende junge Frau mit einer auffälligen roten Haube stand so herum, als ob sie ebenfalls auf jemanden warten würde, und biss sich dabei sämtliche Fingernägel ab. Er ärgerte sich, dass er Maria nicht um ihre Telefonnummer gefragt hatte. Konnte es sein, dass sie nicht herfand? Dass sie woanders auf diesem großen Platz wartete? Oder war sie einfach nur unpünktlich?

Unruhig ging Korber vor dem Bahnhof umher. Dabei ließ er seinen Blick in der Bahnhofshalle auf und ab schweifen, um sich ein wenig abzulenken. Der neu umgebaute Bahnhof Floridsdorf bot dabei keine schöne Ansicht. Er wirkte auf ihn ebenso kalt und ohne Charakter wie der alte, den er ersetzte, nur eben viel größer. Mussten alle Zweckgebäude so hässlich sein? Tausende von Menschen eilten hier täglich zu ihren Zügen und hatten dabei wohl keine Zeit, etwas von der architektonischen Trostlosigkeit auszumachen, die sie durchquerten. Es war ein ständiges Kommen und Gehen, niemand blieb länger als unbedingt notwendig. Nur die üblichen zwielichtigen Gestalten, die sonst nirgendwo Unterschlupf fanden, hielt es zwischen den nüchternen, grauen Wänden. Sie vervollständigten das allgemeine Bild des Jammers.

Korber wurde immer ungeduldiger. Wo blieb Maria bloß? Er wollte sich so schnell wie möglich von diesem unfreundlichen Ort entfernen.

Das nervöse Rotkäppchen stand immer noch da und bearbeitete seine Fingernägel. Plötzlich huschte ein Lächeln über ihr Gesicht, und sie winkte jemandem freudig erregt zu. Korber glaubte die Person zu kennen, die bei seiner Nachbarin ein solches Entzücken hervorrief und jetzt rasch durch das allgemeine Gewirr von Menschen näher kam: Es war Maria.

»Da seid ihr ja schon, alle beide«, sagte sie mit aus Verlegenheit deutlich gerötetem Gesicht. »Ich hoffe, ich habe euch nicht zu lange warten lassen. Ingrid, das ist mein Kollege Thomas Korber, von dem ich dir schon erzählt habe. Thomas, das ist meine Freundin Ingrid Grabner.«

Ingrid lächelte kurz, als sie einander zur Begrüßung die Hand gaben. Trotzdem merkte man die Spannung, die zwischen beiden herrschte.

»Ach, Ingrid, hol mir bitte schnell eine Schachtel Zigaretten«, sagte Maria. »Ich denke, die Trafik hier im Bahnhof hat noch geöffnet.«

Ingrid verschwand artig. Kaum war sie außer Hörweite, versuchte Maria, Korber, dem sein Ärger deutlich anzusehen war, zu beruhigen: »Tut mir leid, Thomas, aber Ingrid ist sehr anhänglich. Sie war einmal meine Schülerin, und jetzt bin ich so etwas wie eine Ersatzmutter für sie. Sie hatte eine schwere Kindheit, doch davon werde ich dir ein anderes Mal erzählen. Jedenfalls haben wir uns gestern einen Film angesehen, waren aber dann zu müde, um noch etwas zu unternehmen. Na ja, und heute Nachmittag hat sie mich dann angerufen und gefragt, ob es uns stört, wenn sie mitgeht.«

»Und ob!«

»Sei nicht böse, Thomas. Ingrid ist wirklich nett. Wir haben uns einfach schon lange nicht mehr gesehen, weil ich erst seit Kurzem in Wien bin und sie hier studiert und jobbt. Deshalb ist ihre Sehnsucht nach mir sehr groß, versteh das doch bitte. Es ist nicht so, dass ich nicht mit dir ausgehen will, aber verschieben wir unser kleines Rendezvous noch ein wenig. Und heute brauchen wir ja nichts Großartiges zu unternehmen. Gehen wir einfach in dein Kaffeehaus, von dem du gestern so geschwärmt hast, und plaudern ein bisschen. Du wirst sehen, das wird noch ein gemütlicher Abend.«

Innerlich hatte Korber Maria schon verziehen, dennoch genoss er es, seinen Unmut jetzt so richtig zur Schau zu stellen. »Sonst gerne«, pfauchte er mürrisch. »Aber gerade heute ist dort das Finale vom Dreiband-Billardturnier. Da ist die Hütte gerammelt voll, und mit der Gemütlichkeit ist es nicht weit her.«

»Richtig, das Billardturnier. Stell dir vor, Herr Fellner, mein Zimmerwirt, spielt auch mit. Ingrid hat mir davon erzählt, als sie mich gestern in der Pension abholte. Es hängt zwar ohnehin ein Riesenplakat dort, aber ich habe es glatt übersehen. Da wollen wir eigentlich auch zuschauen. Eine bessere Möglichkeit, uns in dein Stammlokal einzuführen, hast du gar nicht.«

Korber erinnerte sich. Georg Fellner gehörte die Pension ›Olga‹ im Bezirksteil Strebersdorf, das heißt, eigentlich gehörte sie seiner Frau, Olga Fellner, deren Familie sie seit zwei Generationen führte. Dem Vernehmen nach ging der Betrieb immer noch recht gut. Vor ein paar Jahren waren deshalb auch zwei Ferienwohnungen dazugebaut worden, und in einer davon wohnte jetzt offensichtlich Maria Hinterleitner.

»Außerdem haben sie für die nächsten Stunden einen Wettersturz angesagt, da zahlt es sich nicht aus, weiß Gott wohin zu fahren«, redete Maria weiter auf ihn ein.

»Na schön, versuchen können wir's ja«, sagte er ohne großen Enthusiasmus. Beziehungsmäßig konnte er den Abend vergessen. Vor allem: Wie stand er jetzt vor Leopold da? Immerhin würde er doch noch das Endspiel sehen, ein schwacher Trost.

»Fein! Da kommt Ingrid schon mit den Zigaret-

ten. Gehen wir«, hörte er Maria und trabte den beiden
Damen brav hinterher.

*

Das Café Heller war zum Bersten voll. Sogar die Rauch-
wolken, die über den Billardtischen hingen, schienen
gespannt auf das Finale zu warten.

»Ganz schön stickig hier«, keuchte Ingrid, während sie versuchte, sich einen Weg zu den Kleiderhaken freizukämpfen. Trotz der milden Witterung hingen hier genug Jacken, Mäntel und Schirme, da alles mit
dem vorhergesagten Schlechtwettereinbruch rechnete.
Freien Sitzplatz konnte Korber keinen ausmachen. Er
hielt verzweifelt nach Leopold Ausschau.

»Das habe ich mir gedacht, dass du jetzt daher-
kommst«, hörte er plötzlich eine aufgebrachte Stimme
hinter sich. »Jetzt, wo gleich das Finale anfängt. Und
mit zwei Damen auch noch dazu. Typisch. Hättest du
gestern etwas gesagt, hätte ich ein Platzerl für dich freihalten können, aber da haben der Herr ja geglaubt, dass
er ein anderes Etablissement aufsuchen wird.«

»Leopold, glaube mir …«

»Egal ob ich dir glaube und was ich dir glaube, ich
kann jetzt praktisch gar nichts machen. Wir sind froh,
wenn alle, die da sind, noch etwas sehen und wir selbst
mit den Getränken durchkönnen. Das heißt, gegen eine
anständige Turnierspende – für einen guten Zweck,
wohlgemerkt – wäre es mir unter Umständen möglich, vorne beim Waldi bei den Zeitungslesern ein paar

alte Damen zu verscheuchen, die schon seit drei Stunden bei einem Kaffee sitzen – natürlich nur, wenn du aufgrund deiner weiblichen Gesellschaft auf die Partie verzichtest.«

»Aber wir wollen das Spiel doch sehen«, meldete sich Ingrid zu Wort, die kurz in der Menge untergetaucht war und jetzt plötzlich wieder neben Korber stand.

»Überlegt euch das schnell, ich hab keine Zeit, ich muss servieren«, wurde Leopold ungeduldig. »Fellner gegen Sykora, wie ich gesagt habe. Und der Fellner hat seine ganze Anhängerschaft aus dem Klub mitgebracht. Da geht was weiter.«

Korber hatte Maria mittlerweile aus den Augen verloren. Ingrid, die ohne ihr rotes Häubchen etwas erwachsener aussah, zuckte mit den Achseln. Beide schienen nicht so richtig zu wissen, was sie tun sollten, als Korber plötzlich eine Hand auf seiner rechten Schulter spürte. Die Berührung war kurz, aber gar nicht hastig und vertrauenerweckend.

Es war Angela ›Geli‹ Bauer, ehemalige Schülerin des Gymnasiums, jetzt treuer Kaffeehausstammgast, vielleicht keine absolute Schönheit, aber immer heiter und ausgeglichen – und laut Leopold eine junge Frau, die viel besser zu Korber passte als alles andere Weibliche, mit dem er sich sonst umgab.

»Wenn Sie wollen, können Sie unseren Platz haben, Herr Professor«, sagte sie. »Sie sehen von dort recht gut auf den Spieltisch. Wir haben ein bisschen gewürfelt, aber jetzt, wo so viele Leute herinnen sind, macht es uns keinen Spaß mehr. Viel Vergnügen.«

Korber wollte sich noch bedanken, aber da war die Geli auch schon nach draußen verschwunden. »Na also, warum nicht gleich«, raunte Leopold. Plötzlich war auch Maria wieder da. Sie winkte Korber und Ingrid von dem frei gewordenen Tisch zu. Es war auch schon höchste Zeit, denn kaum hatten sie ihre Getränke vor sich stehen, begann der große Rummel um das Finale.

Die beiden Kontrahenten – Georg Fellner und Egon Sykora – nahmen Aufstellung. Korber hatte Fellner gleich beim Hereingehen bemerkt, als sich dieser offensichtlich noch an der Theke stärkte. Er erkannte in ihm flüchtig den Kaffeehausgast von früher, aber auch an ihm war die Zeit nicht spurlos vorübergegangen. Das immer noch teils schelmisch, teils herablassend wirkende Gesicht wies bereits ein paar Grübchen und Falten auf, die Haare waren nicht mehr so dunkel wie früher, die ganze Gestalt war etwas runder geworden. Sykora war schlanker als sein Gegenüber, vielleicht ein wenig jünger, sah aber viel verbissener aus. Zwischen den beiden stand Herr Heller, der die Leitung der Partie übernahm, in einer alten Livree. Mit unzähligen Gesten und Gebärden erweckte er den Anschein größter Wichtigkeit. Das Ganze sah aus wie die Szenerie vor einem Boxkampf.

»Was tun sie jetzt?«, fragte Ingrid neugierig.

»Sie stoßen sich aus, wer anfängt«, erklärte Korber. »Jeder spielt dabei seinen Ball an die gegenüberliegende Bande, und zwar so tempiert, dass er möglichst nahe der herüberen Bande zu liegen kommt. Wer näher dran ist, hat den ersten Stoß, und das ist in der Dreibandpartie ein unschätzbarer Vorteil.«

Fellner und Sykora standen jetzt ganz knapp nebeneinander. Sie würdigten sich immer noch keines Blickes. ›Klack‹ ging es und ›klack‹. Langsam rollten die Bälle nach vor und wieder zurück. Sykora blieb knapper Sieger. Er durfte beginnen.

Sykora hatte sich offensichtlich viel vorgenommen, machte den ersten Punkt und gleich darauf zwei weitere. Aus dem von Fellners Anhängern dominierten Publikum kam zaghafter Applaus. Eine unscheinbare, in sich gekehrte Gestalt am Fenster attestierte auf Französisch: »Bon!« Jetzt Fellner. Bei seinem ersten Punkt brandete lauter Beifall auf, vom Fenster her kam wieder ein »Bon«; dann allerdings verfehlte er sein Ziel.

In der Folge taten sich beide Kontrahenten schwerer und waren nur selten erfolgreich. Die Partie begann sich in die Länge zu ziehen. An Korbers Tisch bemühte man sich um Konversation, aber die Voraussetzungen dazu waren denkbar ungünstig. Korber konnte mit Maria schlecht über die Schule reden, geschweige denn ein vertrauteres Gespräch führen. Maria wiederum, die ja eigentlich mit Korber verabredet war, war es in dieser Situation nicht möglich, mit ihrer Freundin Intimitäten auszutauschen. So folgte man dem Spiel und betrieb zwischendurch den üblichen Small Talk.

Zunächst einigten sich Ingrid und Korber, einander zu duzen, dann fragte Korber: »Du bist eine ehemalige Schülerin von Maria? Also auch Steirerin?«

»Ja, ich bin in der Nähe von Hartberg aufgewachsen.«

»Und jetzt lebst du in Wien?«

»Ja. Ich studiere hier. Ich wollte nicht in der Steiermark bleiben. Ich hatte dort keine sehr glückliche Kindheit.«

»Was studierst du, wenn ich fragen darf?«

»Ich hab's mal mit Journalistik versucht, aber da sind die Aussichten nicht rosig, also mache ich jetzt Betriebswirtschaft hier in Floridsdorf. Ich muss etwas lernen, mit dem sich was verdienen lässt. Ich habe keinen Geldscheißer und muss froh über das sein, was mir meine Adoptiveltern geben können. Na, und so nebenbei arbeite ich auch noch in einer Boutique.«

Korber glaubte zu wissen, dass in der Steiermark bei kinderreichen Familien ein Teil des Nachwuchses immer noch gern weggegeben wurde und bei Ersatzeltern aufwuchs, meist bei Bauern, wo es dann hieß, fleißig auf dem Hof mitzuhelfen. Ob das wohl bei Ingrid auch der Fall gewesen war? Er war neugierig, traute sich aber nicht zu fragen.

Nach einer kurzen Pause gab Ingrid die Antwort von selbst: »Meine Mutter ist früh gestorben, meinen Vater habe ich kaum gekannt«, sagte sie. »Mein Onkel und meine Tante haben sich meiner angenommen.«

»Komm, hör auf, davon zu reden«, unterbrach sie Maria. »Ich sehe doch, wie dich die Sache wieder aufregt.«

Tatsächlich bemerkte Korber, wie sich Ingrids Gesicht verfinsterte und ein paar Tränen über ihre Wangen kullerten. »Schauen wir mal, was sich machen lässt«, sagte sie mit einem aufgesetzten Lächeln und blickte starr nach vor zum Billardbrett.

»Bon«, kam es da wieder vom Fenster, begleitet von lautem Beifall.

»Das war aber jetzt ein schöner Stoß«, sagte Ingrid, die sich wieder gefasst zu haben schien.

»Eine verkehrte Quart«, erklärte Korber. »Heißt so, weil der Ball auf der ›verkehrten‹ Seite mit Gegeneffet angespielt werden muss. Sieht spektakulär aus, ist aber nicht so schwer. Man muss nur genau treffen, sonst gibt es einen ›Tusch‹, das heißt, der angespielte Ball kommt dem Spielball so in die Quere, dass er abgelenkt wird und den Punkt nicht machen kann.«

Korber schaute auf den Spielstand. Sykora führte, aber Fellner blieb ihm dicht auf den Fersen. Noch war jeder Ausgang möglich. Beide Kontrahenten mieden nach wie vor den Blick des anderen, es war, als ob sich eine eisige Wand zwischen ihnen befände. Im Gegensatz dazu lockerte sich die Stimmung an Korbers Tisch ein bisschen, als er ein paar Geschichten über das Kaffeehaus zu erzählen begann.

Beim Billard nahte die Entscheidung. Es stand 13 zu 13. Die nächsten zwei Punkte mussten über Sieg oder Niederlage entscheiden. Man hätte jetzt die berühmte Stecknadel fallen hören können.

Sykora war an der Reihe. Die Stellung sah nicht gerade vielversprechend aus, da ein sogenannter ›Vorbänder‹* gespielt werden musste. Aber Sykora mobilisierte seine letzten Reserven. Wie an einer Schnur gezogen lief der Ball ums Brett, dann machte es ›klack‹ und ›klack‹. Erst

---

* Ein Stoß, bei dem der Spielball zuerst an die Bande gespielt wird, ehe er die anderen Bälle trifft.

Schweigen, dann zögernder Applaus, dann ein bestätigendes »Bon«. Sykora fehlte jetzt nur mehr ein alles entscheidender Punkt. Und es war ein ›Sitzer‹*.

Gewissenhaft, mit aller nötigen Konzentration, ging Sykora daran, die Partie zu beenden und sich zum König des Turniers zu machen. Er wollte zum Stoß ansetzen, wurde jedoch durch das plötzliche betonte und anhaltende laute Quietschen von Fellners Queuekreide irritiert. Ein hasserfüllter Blick Sykoras. Ein Achselzucken Fellners. Sie war wieder da, die alte Feindschaft.

Sykora machte einen erneuten Versuch, aber er wirkte nicht mehr so ruhig wie ehedem, sondern gehetzt, wie jemand, der seine Sache hinter sich bringen will, bevor er erneut dabei gestört wird. Es war mucksmäuschenstill. Dann der Stoß. Oder doch zuerst der Pfiff? War es überhaupt merkbar, das von Fellner ganz leise durch die Zähne gesäuselte ›I hob valuan‹**? Sykoras Ball jedenfalls nahm einen kurzen Anlauf, traf die rote Kugel, aber wohl etwas zu voll, denn jäh verlor er sein Tempo und verkümmerte armselig in der Mitte des Brettes.

Es blieb ruhig, nur ein ganz leises »Mal, très mal!«, kam vom Fenster.

Sykora, der noch versuchte, seine Fassung zu wahren, sagte: »Das war nicht fair. Ich möchte den Stoß wiederholen.«

---

* Ein Stoß, bei dem normalerweise nichts schiefgehen kann.
** Refrain aus ›Mei potschertes Leb'n‹, einem Wiener Dialektsong der 1980er-Jahre, interpretiert vom ehemaligen Wiener Boxidol Hans Orsolics, der gegen Ende seiner Karriere zum Sinnbild aller Niederlagen wurde. Das Lied genießt – wohl vor allem aufgrund seines aussagekräftigen Titels – noch heute in Wien große Popularität.

Daraufhin Unruhe, Debatten, erste Zwischenrufe.

»Das ist nicht üblich«, unterrichtete ihn Herr Heller, der unter seiner Livree leicht zu schwitzen begann. »Herr Fellner ist an der Reihe.«

»Aber er hat doch gepfiffen«, beschwerte sich Sykora, »nur mit der Absicht, mich aus der Fassung zu bringen. Ich habe das Recht auf eine Wiederholung.«

»Sie hatten das Recht, mit Ihrem Stoß zu warten. Wenn Sie getroffen hätten, hätte es ja auch gezählt«, sagte Heller und spürte ein leichtes Würgen im Hals. Er war jetzt das Zünglein an der Waage, er musste entscheiden – ein Unterfangen, bei dem er sich auf jeden Fall den Hass eines der beiden Spieler zuziehen würde.

»Du hast ja nur schon wieder ein viel zu dünnes Nervenkostüm«, meldete sich jetzt Georg Fellner zu Wort, der die Situation zu genießen schien. »Ich habe bloß meine Niederlage besiegelt gesehen, da ist mir dieses Lied durch den Kopf gegangen und mir sind ein paar Töne herausgerutscht. Aber das war keinesfalls mit Absicht und schon während deines Stoßes.«

»Es war vorher«, protestierte Sykora, jetzt lauter werdend. »Darf ich den Stoß nun wiederholen oder nicht?«

»Nein«, stellte Herr Heller klar. »Herr Fellner kommt dran. Ich bitte nun beide Kontrahenten, sich zu beruhigen und die Partie fair zu Ende zu führen.«

Er hätte sich diese Worte sparen können, denn der aufgebrachte Sykora wollte Fellner den Weg versperren. Der aber machte nur zwei Schritte nach rechts und stieß seinen Ball scheinbar blind übers Brett. Zur Verwunderung aller traf er zuerst die weiße Kugel, lief dann über die vorgeschriebenen drei Banden und landete schließlich auf der roten Kugel, als ob es die selbstverständlichste Sache auf der Welt wäre.

Tosender Applaus. »Très bon«, Gleichstand.

»Siehst du, mir macht es nichts aus, wenn du mit unfairen Mitteln arbeiten willst, Egon«, stichelte Fellner. »Wo soll denn der Ball auch hinlaufen auf dem kleinen Brett? So, und jetzt schau dir bitte den Letzten an!«

Beinahe gleichgültig nahm Fellner noch einmal Maß, setzte kurz zu seinem letzten Stoß an, und schon lief sein Ball wie auf Schienen ums Brett, traf, wie von einem Magnet angezogen, erst Rot, dann Weiß, vollendete den Punkt. Frenetischer Applaus und Jubel unter den Anhängern Fellners, Anerkennung vom Rest des Publikums. Georg Fellner war der Sieger, und zum äußeren Zeichen der Championswürde hob Herr Heller seine Hand empor.

Nur Sykora wollte sich in dem allgemeinen Trubel nicht beruhigen. »Das ist unfair, wenn er mich nicht behindert hätte, hätte ich gewonnen«, pfauchte er. »Das war glatter Betrug, ich akzeptiere das Ergebnis nicht.«

»Brauchst du auch nicht, ist nicht nötig«, kam es boshaft von den Rängen. »Wir haben es alle gesehen, da kannst du dich beschweren, so viel du willst.«

»So seien Sie doch jetzt einmal friedlich«, versuchte Herr Heller einzulenken. »Sie haben ja auch eine großartige Leistung geboten und bekommen dafür einen wunderschönen Pokal. Das Schicksal war eben gegen Sie.«

»Das Schicksal? Eine Saubande hat meinen Sieg verhindert.«

»Nimm den Mund nur nicht so voll, du«, tönte es
erneut aus dem Lager Fellners.

»Kannst gleich eine haben, wenn du willst«, brüllte
Sykora in voller Erregung. Er war jetzt wirklich nicht
mehr zu halten und schien gewillt, eine Schlägerei vom
Zaun zu brechen. Eine Drängerei entstand, Hände fuh-
ren drohend in die Höhe. Einige Besonnene versuch-
ten, Ärgeres zu verhindern. Trotzdem gelang es Sykora,
Fellner mit dem Ellenbogen einen Rempler zu versetzen und dazu laut »Wart nur, du Arschloch, ich krieg
dich schon!« zu schreien. Kurz sah es so aus, als würde
Fellner zurückschlagen, aber schließlich lächelte er nur
provokant und sagte: »Kannst ja nicht anders, Tschapperl*. Hast noch nie anders können.«

Sykora drohte nun völlig auszurasten. Glücklicher-
weise hatte Herr Heller es geschafft, sich eine Gasse
zu ihm zu bahnen und ihn unsanft am Arm zu packen.
»Wir gehen jetzt«, sagte er mit Nachdruck. »Den Pokal
können Sie sich später abholen, wenn Sie den heutigen
Abend überschlafen haben.«

»Ich geh schon, ich geh schon«, prustete Sykora aus
sich heraus. »Aber ohne Begleitung. Den Pokal könnt
ihr euch in den Hintern schieben, den brauche ich nicht.
Gewonnen habe ich, versteht ihr, und nicht dieser auf-
geblasene Geck da, auch wenn gewisse Leute alles dar-
angesetzt haben, es zu verhindern. Ich bin der wahre
Sieger, das genügt mir.«

---

* Hilfloser Mensch.

»Weißt du, Egon, ich möchte dich ja nicht ärgern«, mischte sich Fellner mit süffisantem Lächeln noch einmal ein. »Nur eines lasse ich mir hier, vor meinen Freunden, nicht nehmen: Gewonnen habe *ich*, das kannst du drehen und wenden, wie du willst. Hättest der Sieger sein können, bist es aber nicht, egal, warum und wieso. Musst dich halt wieder einmal mit deiner Niederlage abfinden.« Und, nach einer Pause: »Kannst mich höchstens umbringen, dann ist der erste Platz vakant, und du darfst im Finale mitspielen.«

»Worauf du dich verlassen kannst«, geiferte Sykora von der Eingangstüre. »Im Geist habe ich es schon so oft getan, dass es mir nicht schwerfallen wird. Wenn ich du wäre, würde ich heute Nacht nicht allein nach Hause gehen. Es könnte dir etwas zustoßen.«

»Nichts für ungut, alter Sportsfreund!«

»Bis später, du mieses Charakterschwein. Feiere, solange du noch kannst. Aber pass auf, dass du aus deiner grenzenlosen Überheblichkeit nicht ein einziges und letztes Mal unsanft auf den Boden der Wirklichkeit geholt wirst.«

Damit verschwand Sykora hinaus in die Nacht, wo ein immer stärker auffrischender Wind den bevorstehenden Wettersturz ankündigte.

3

Es war sehr ruhig geworden im Kaffeehaus. Der Eklat hatte viele betroffen gemacht. Man diskutierte den Vorfall, aber mit gedämpfter Stimme, so, als wolle man nicht noch einen Wirbel heraufbeschwören:

»Das war aber nicht notwendig von dem Sykora, sich so aufzuregen.«

»Na ja, ganz fair hat man ihn nicht behandelt.«

»Er ist eben ein Heferl*, das hat der Fellner gewusst und im richtigen Moment ausgenutzt.«

»Die vertragen sich doch sowieso nicht. Jetzt werden sie wieder ein paar Jahre nichts miteinander reden.«

»Wart's ab! Ich traue es dem Sykora zu, dass er dem Fellner wirklich noch irgendwo auflauert.«

»Aber geh! Was bringt denn das? Außerdem: Er ist zwar ein Streithansl, aber kein Schläger. Er hat jetzt in seinem ersten Zorn etwas gesagt und wird sich schon wieder beruhigen.«

Tatsächlich hatte nach der kurzen, improvisierten Siegerehrung ein Großteil der Gäste das Lokal verlassen – wohl auch, weil man in der Ferne immer wieder Donnergrollen hörte und das Gewitter nun tatsächlich im Anrollen war.

»Ich werde mich auch auf den Weg machen«, sagte Maria zu Korber.

»Jetzt schon?«

---

* Leicht in Rage zu bringender Mensch.

»Ja! Es war nett, dieses Lokal kennenzulernen und mit dir zu plaudern, und dieses Billardspiel war auch sehr spannend. Ich hätte gar nicht gedacht, dass die Emotionen da so hochgehen können. Aber es war ein langer Tag, ich denke, es ist Zeit für mich. Und einen Abend haben wir ja immerhin noch gut für uns allein.«

»Richtig«, murmelte Korber leise. Er hätte Maria liebend gerne aufgehalten, aber wie? Er musste geduldig sein.

»Na, siehst du. Man kann halt nicht alles auf einmal haben.«

»Wo ist eigentlich Ingrid hin verschwunden?«

»Ich weiß nicht. Kann durchaus sein, dass sie schon gegangen ist. Es hat aber sicher nichts mit dir zu tun, sie ist nur manchmal so eigenartig. Da weiß sie selbst nicht, was sie will. Du hast ja schon gehört, dass sie ihren Vater nie gekannt hat. Ihre Mutter hat sich das Leben genommen, kurz bevor sie zur Schule kam, schließlich hat sich der Bruder des Kindes angenommen. Und das alles auf dem Land, Thomas! Das ist kein Honiglecken. Sie war schon immer sehr sensibel. Sie läuft davon und kommt wieder, wenn du verstehst, was ich meine. Ich habe das Gefühl, dass sie mich braucht und dass ich einfach für sie da sein muss, wenn sie es möchte, auch wenn das manchmal falsch ist.«

Korber nahm's wie eine allerletzte Entschuldigung. Ihm blieb die Hoffnung auf mehr. »Schon gut«, sagte er. »Welche Richtung gehst du?«

Maria lächelte ihn noch einmal beinahe zärtlich an:

»Das weißt du ganz genau, lieber Thomas: nach vor, zum Bahnhof, zur Straßenbahn. Aber du brauchst nicht den Kavalier spielen und mich begleiten, ich komme schon zurecht. Du willst sicher noch ein wenig mit deinen Freunden plaudern, ehe du dich auf den Heimweg machst.«

Korber zuckte mit den Schultern. »Kann sein. Schau jedenfalls, dass du nicht nass wirst. Ich glaube, es ist wirklich bald so weit, und ein Gewitter geht nieder.«

»Mach dir keine Sorgen. Erstens: Ich habe meine Regenjacke eingesteckt. Und zweitens: Wir Steirer sind solche Unbilden des Wetters gewohnt. Also mach's gut!«

Hastig drückte sie ihm einen Kuss auf die Wange, der ihn für einige Augenblicke benommen auf seinem Sessel kleben bleiben ließ, während sie enteilte, erst noch sichtbar, dann nur mehr Erinnerung, wie eine Gestalt aus einem Traum, deren Existenz mit dem Aufwachen erlischt. Mühsam rappelte er sich auf und schleppte sich nach vor zur Theke, wo sich bereits ein fröhlicher Kreis gebildet hatte. Daneben, am ersten Fenstertisch, feierte Fellner mit seinem verbliebenen Anhang seinen Sieg. Immer wieder ließ er Sekt in den Siegespokal nachschenken. Der Lautstärkepegel hatte bereits ein ziemlich hohes Maß erreicht, da und dort hörte man ein kräftiges ›Bon‹ aus den Gesprächsfetzen heraus. Der Hobbyfranzose war also geblieben. Zwischen ihm und Fellner fiel Korber erst jetzt ein halbwüchsiger Junge auf.

Oskar, schoss es ihm durch den Kopf, Oskar Fürst, Schüler am hiesigen Gymnasium und Korber bestens bekannt, obwohl er ihn nicht selbst unterrichtete. Wie alt mochte er sein? 14? 15? Jedenfalls noch ziemlich jung, um mit den Erwachsenen Sekt zu trinken und dabei eine Zigarette nach der anderen zu paffen, trotz seines zugegebenermaßen nicht mehr allzu kindlichen Aussehens.

Leopold hatte sofort Korbers Interesse an dem Jungen bemerkt. »Ist der Neffe vom Fellner«, raunte er ihm zu. »Die zwei stecken öfters zusammen. Der Fellner nimmt ihn beinahe überallhin mit.«

»Er geht bei uns in die Schule«, sagte Korber. »Trinkt mir ein bisschen viel für sein Alter.«

»Von mir hat er keinen Alkohol gekriegt, wenn du darauf anspielst, und was ihm sein Onkel einschenkt, muss mir egal sein. Aber bis morgen wird er schon wieder, die Jugend hält ganz schön viel aus. Du erzähle mir lieber, warum du auf einmal doch gekommen bist, und nicht nur mit einer Dame, sondern gleich mit zwei?«

Korber reagierte mit einer resignierenden Handbewegung. Leopolds Frage hatte ihn wieder auf seinen derzeitigen Gemütszustand aufmerksam gemacht, eine gefährliche Mischung aus Hoffnung und Selbstmitleid, die meistens dazu führte, dass er sich gehen ließ. Er beschloss, seine überschüssigen Gefühle in ein Glas Wein zu investieren, machte einen kleinen Schluck, dann weihte er seinen Freund ein.

»Ich sag dir, auf die Weiber ist kein Verlass«, sagte dieser, als Korber geendet hatte. »Erst tun sie dir schön, dann kriegen sie die Panik und nehmen irgendeinen Anstandswauwau mit. Ich kenn das.«

45

»Aber ich glaube nicht, dass es so war, Leopold. Die Kleine wirkte wirklich ein wenig hilflos und anhänglich. Ich fürchte, sie wird Maria nicht so schnell von der Kittelfalte weichen. Na ja, sie scheint tatsächlich eine schlimme Kindheit gehabt zu haben.«

»Haben wir das nicht alle, Thomas?«

»Sei nicht schon wieder so zynisch und gemein, Leopold. Ich verstehe ja, wenn sich die beiden kennen, miteinander quatschen wollen und es am Vortag irgendwie nicht geschafft haben, weil sie im Kino waren. Was mich ärgert, ist nur, dass ich mir dabei vorgekommen bin wie das fünfte Rad am Wagen und jetzt erst nicht weiß, ob ich mir bei Maria etwas erhoffen darf.«

»Wenn du meinen Rat hören willst, Thomas: Lass es bleiben. Das Mädchen war ihr heute wichtiger als du, das spricht eine deutliche Sprache.«

Korber überlegte einen Augenblick, ob er darauf antworten sollte. Er wollte nicht mit Leopold streiten, der wieder einmal alles besser wusste. Aber er wollte sich auch einmal nicht in einer Frau getäuscht haben, nur ein einziges Mal. Schließlich trank er zwei hastige Schlucke von seinem Glas und zündete sich eine Zigarette an. Im selben Augenblick öffnete sich ziemlich lautstark die Tür. Herein kam Max Fürst, Oskars Vater.

»Wo ist Oskar?«, zischte er.

Der Bub schob schnell sein Glas zur Seite.

»Da bist du ja, Lausejunge. Hast du schon einmal auf die Uhr geschaut, wie spät es ist? Aber wenn du mit deinem Onkel beisammen bist, ist dir ja alles egal. Morgen ist Schule, und du sitzt im Kaffeehaus und säufst.

Kein Wunder, dass deine Leistungen in der Schule ständig nachlassen. Aber zum Glück bin ich noch da. Du kommst jetzt mit mir, aber dalli!«

»Max, ich habe das Turnier heute gewonnen«, meldete sich Fellner zu Wort. Man merkte ihm an, dass er schon einen über den Durst getrunken hatte. »Dein Oskar hat mich dabei lautstark unterstützt, darum darf er auch noch ein wenig mit uns feiern. Komm, setz dich zu uns und nimm auch einen Schluck.«

»Du hast mich wohl falsch verstanden, der Junge geht jetzt«, donnerte Fürst. »Wenn du willst, kannst du hier weitersaufen, bis du unter den Tisch fällst, aber Oskar kommt mit mir. Und falls dir daran liegt, in Zukunft keine größeren Schwierigkeiten zu bekommen, lass deine Finger von ihm. Du bist kein Umgang für ihn. Du bist schuld, dass er in der Schule nichts mehr zusammenbringt und nicht mehr auf seine Mutter und mich hört, du allein.«

»Oskar ist alt genug, um auf sich selbst aufzupassen und zu entscheiden, ob er lieber einen lustigen Abend mit mir verbringt oder sich zu Hause langweilt.«

Oskar war in der Zwischenzeit aufgestanden und hatte seine Jacke angezogen. Er schien es für das Beste zu halten, sich in diese Angelegenheit nicht weiter einzumischen. Wortlos schlich er zur Türe hinaus.

»Bleib noch kurz da, Oskar«, rief ihm sein Vater nach. »Ich verbiete dir ab jetzt den Umgang mit deinem Onkel, hast du gehört? Und du lässt ihn auch in Ruhe, Georg, sonst bekommst du es mit mir zu tun.«

»Soll das vielleicht eine Drohung sein?« Wieder setzte Fellner sein provokantes Lächeln auf.

»Wenn du willst, können wir die Sache gleich draußen austragen, aber ohne deine Freunde, nur du und ich.«

Fellner machte keine Anstalten, dieser wütend geäußerten Forderung nachzukommen. Er fixierte seinen Schwager nur kurz mit von Wein und Sekt getrübtem Auge und prostete ihm mit dem Pokal zu. Einen Augenblick sah es so aus, als wolle Fürst nun tatsächlich handgreiflich werden. Aber er überlegte es sich und ging, wutentbrannt die Tür hinter sich ins Schloss knallend.

»Schon wieder beinahe eine Drängerei«, schüttelte Leopold den Kopf. »Jetzt bin ich nur gespannt, ob da noch was kommt. Meine Theorie, du weißt ja.«

»Und ich bin gespannt, wie Oskar morgen in der Schule wieder dreinschauen wird«, meinte Korber.

»Wenn der so weitermacht, wird er wirklich bald ein kleines Früchterl*«, sagte Leopold. »Dass er jetzt so leise gegangen ist, hat gar nichts zu sagen, wahrscheinlich hat er wirklich ein bisschen Angst vor seinem Vater. Irgendwie haut die Beziehung zwischen den beiden nicht mehr hin, dafür läuft er dem Fellner umso mehr nach. Der nimmt ihn überallhin mit, sogar in einem Nachtklub waren sie angeblich schon miteinander. Na ja, selbst hat er ja keine Kinder, aber so verdirbt er den Jungen. Zahlen gewünscht, bitte?«

Der Ruf war von Fellners Tisch gekommen, wo eine hitzige Debatte darüber entbrannt war, wer was zu bezahlen hatte. Fellner hatte offensichtlich im ers-

---

* Halbstarker.

ten Überschwang nach seinem Sieg den ganzen Tisch eingeladen, beharrte jetzt aber darauf, nur den Sekt gemeint zu haben. Er wollte das mit einer abschließenden Runde ausgleichen, das wiederum wollten seine Freunde nicht, die allesamt zum Aufbruch drängten. Daraus ergab sich ein Durcheinander, in dem es Leopold nur mit Mühe gelang, die ausstehenden Beträge einzukassieren. Schließlich bestellte Fellner noch ein Glas Wein und blieb sitzen.

Draußen begann es mit einem Male zu schütten, der Himmel öffnete seine Schleusen, und dazu blitzte und donnerte es gewaltig. Jetzt war es da, das Gewitter.

Ein älterer Herr eilte aufgeregt nach vor zur Theke. »Meine Regenjacke! Ich kann meine Regenjacke nicht finden«, stammelte er.

»Armer Teufel«, raunte Leopold Korber zu. »Aber ich hab's ja vorhergesagt.«

*

Frau Heller konnte den aufgebrachten Gast gerade noch beruhigen, indem sie ihm einen Privatschirm für den Heimweg zur Verfügung stellte. Ansonsten müsse er eine polizeiliche Anzeige machen, für Garderobe bestehe keine Haftung.

»Ich sag's ja, der Manteltrick! Einfach genial«, frohlockte Leopold. »Nur, dass der Täter offensichtlich gar keinen anderen hingehängt hat. Das stört mich ein bisschen. Aber sonst: genau zum richtigen Zeitpunkt. Bei einer derartigen Menschenansammlung musste so etwas einfach geschehen. Eigentlich habe ich ja mit noch Schlimmerem gerechnet …«

»Haben dir die zwei Wickel* von vorhin nicht genügt?«, fragte Korber seinen Freund mit einem leichten Seitenblick auf Fellner, der nur mehr ausdruckslos in sein Glas stierte und Schwierigkeiten hatte, seine Zigarette im Aschenbecher abzustauben.

Noch ehe Leopold antworten konnte, zuckten mehrere Blitze durch die Nacht, begleitet von markerschütternden Donnerschlägen. Dann herrschte vollkommene Dunkelheit, drinnen, draußen, überall. Kleine Hagelkörner klopften an die Fensterscheiben, und es war finster.

»Licht«, brüllte jemand von hinten nach vorne.

»Mach eines, wenn du kannst«, schallte es von der Theke zurück.

»Ich gehe einmal nachschauen, was da los ist«, konstatierte Frau Heller. »Vielleicht hat irgendwo der Blitz in eine Leitung eingeschlagen, vielleicht ist es auch nur eine Sicherung. Aber keine Sorge, wir bekommen die Sache schon in den Griff. Wir haben jede Menge Kerzen im Haus.« Tatsächlich verteilten Herr und Frau Heller, Leopold sowie ›Waldi‹ Waldbauer, der gerade seine Abrechnung hatte machen wollen, wenig später, als feststand, dass wohl wirklich das Unwetter an der plötzlichen Dunkelheit schuld war, Kerzen an den Tischen, und das Lokal erstrahlte in einem behaglichen Glanz.

Die verbliebenen Gäste nahmen die neue Situation großteils entspannt und mit Belustigung hin. An den

---

* Streitigkeiten, Auseinandersetzungen.

Billardbrettern waren noch immer einige Hobbyspieler tätig, die, animiert durch das Turnier, ihre Partie trotz des Schummerlichtes mit großem Ehrgeiz fortsetzten. Die legendäre Tarockrunde erging sich in Scherzen, wie wichtig es gerade bei solch diffusen Verhältnissen sei, den ›Neuner‹ vom ›Elfer‹ zu unterscheiden*. An den Fenstern und in den Logen plauderte und schwatzte man nach den kurzen Schrecksekunden nun wieder ziemlich fleißig, wobei sich das rötliche Licht der in der Aufregung angezündeten Zigaretten schön gegen die Dunkelheit abhob. An der Theke rückten die Leute enger zusammen und schienen wieder richtigen Durst zu kriegen.

Nach Hause zog es bei diesem Unwetter und der allgemeinen Finsternis jedenfalls niemanden. Nur der einsam beim ersten Fenstertisch sitzende Fellner rappelte sich auf und erweckte den Anschein, gehen zu wollen. »Da geht mir heute kein Licht mehr auf«, stammelte er, sichtlich vom Alkohol beeinträchtigt. »Den Pokal hole ich dann morgen ab, aber schön sauber machen bitte!« Und kaum hatte er gesprochen, war er auch schon auf dem Weg zur Tür.

»Taxi? Schirm?«, rief Leopold ihm fragend hinterher, aber Fellner schien nicht zu hören. Nicht immer ganz gerade, aber zielstrebig setzte er seine Schritte in die kühle, nasse, blitzende und donnernde Frühlingsnacht.

---

* Beim Wiener Tarock tragen sämtliche Trümpfe römische Zahlenzeichen. Obwohl die IX und die XI eher geringfügigen Wert haben, kann gerade hier eine Verwechslung zu einem peinlichen Fehler und zum Stich für die Gegenpartei führen.

»Ein höchst unangenehmer Zeitgenosse«, bemerkte eine robuste, große Gestalt mit Geheimratsecken neben Korber. »Mich wundert nur, dass er in seinem Leben noch nie so richtig eine abkassiert hat. Wirkt zuerst lustig und gemütlich, aber auf die Dauer kann er nur stänkern. Na ja, offenbar haben auch solche Leute einen Schutzengel.«

»Glauben Sie wirklich, er meint das Ganze so?«, fragte Korber mehr oder minder unbeteiligt.

»Oh ja, er meint es so«, sagte der große Mann. »Glauben Sie mir das, mein Freund. Man mag es für Lausbubenstreiche oder übertriebene Scherze halten, aber da steckt immer eine gehörige Portion Absicht dahinter. Unser lieber Fellner freut sich nämlich dann am meisten, wenn sich die anderen ärgern und vor Wut zu schäumen beginnen. Ich weiß das, ich kenne den Kerl von früher.«

Damit leerte er sein Glas, schob es irgendwo in den dämmrigen Raum, stützte seinen Arm sinnierend auf die Theke und raunte Korber mit gedämpfter Stimme zu: »Ich war auch einmal im Billardklub ›Alt-Floridsdorf‹, wo er immer noch spielt. Fragen Sie einmal die Leute dort, seine sogenannten Freunde. Fragen Sie!«

Korber roch fauligen Atem und eine Weinfahne. Er wollte eigentlich nichts mehr über diesen Fellner hören, aber offensichtlich hatte er das Pech, neben einem besonders mitteilungsbedürftigen Zeitgenossen zu stehen. Man kennt das ja: Man will seine Ruhe haben und wird angequatscht. Mitleidlos nutzt das Gegenüber die eigene In-sich-Gekehrtheit. Man konnte in dieser

Situation nur gehen oder den ganzen Schwall über sich ergehen lassen. Aber als Korber nach draußen sah, entschloss er sich zu bleiben, was auch immer sein Nachbar noch auf dem Herzen haben mochte.

Dann, nicht übertrieben laut, aber doch deutlich vernehmbar, das Geräusch: erst ein lautes Quietschen, dann ein dumpfer Ton, wie ein Aufprall.

Die Dame am zweiten Fenster erhob sich und starrte in die Nacht. Sie schüttelte ihren Kopf. »Ich glaube, da ist was passiert«, sagte sie. »Aber ich kann nichts sehen.«

Allgemeine Unruhe. Leopold erfasste als Erster die Situation und stürzte hinaus ins Freie. Er sah den Wagen mit den aufgedrehten Scheinwerfern, der mitten auf der Straße stand und den jungen Mann mit schütterem, lichtem Haar in der Autotür. Dann erkannte er auch das Bündel Mensch, das vor dem Auto lag. Es war Fellner.

»Was ist passiert?«, fragte er.

»Ich kann nichts dafür. Er ist regelrecht vor mein Auto gefallen«, sagte der Mann.

»Einfach so?«

»Ich weiß nicht. Ich bin hier die Straße entlanggefahren, gar nicht schnell aufgrund der äußeren Verhältnisse, da ist dieser Mann plötzlich nach hinten auf die Straße gestolpert, direkt in mein Auto.«

Leopold beugte sich über den Körper, in dessen Schädel eine Wunde klaffte. Er fühlte kurz den Puls und öffnete ein Auge. Kein Zweifel, der Mann lebte nicht mehr.

»Er ist tot«, stellte er trocken fest.

»Mein Gott! Wir müssen die Polizei verständigen.«

»Warten Sie«, versuchte Leopold den schockierten Fahrer zu beruhigen. »Gleich. Der Mann stolperte vor Ihr Auto, sagen Sie?«

»Mehr oder weniger, ja. Es passierte alles so rasch. Er tauchte direkt vor meinem Wagen auf, fiel nach hinten, und schon war es geschehen.«

»Überlegen Sie jetzt bitte gut: Könnte es sein, dass er gestoßen wurde?«

»Möglich, vielleicht. Was weiß ich? Das läuft alles in Bruchteilen von Sekunden ab, und man soll dann noch genau beschreiben, wie es war. Das ist doch unmöglich. Wer sind denn Sie überhaupt?«

Leopold rückte, unbeeindruckt vom Regen und seinem neugierigen Gegenüber, sein Mascherl zurecht. »Ich bin der Ober von dem Kaffeehaus da an der Ecke«, gab er herablassend Auskunft. »Den Pumperer* hat man bis zu uns hinein ins Lokal gehört. Da musste ich doch nachschauen, was los ist.«

»Ach so, ja, ja. Aber helfen Sie mir lieber, und stellen Sie keine so komischen Fragen.«

»Wieso?«, lächelte Leopold in die Dunkelheit. »Gerade dadurch helfe ich Ihnen. Wenn die Polizei kommt, werden Ihnen die Beamten dieselben Fragen stellen, nur noch präziser und intensiver. Wir müssen vorbereitet sein. Und ein wesentlicher Aspekt wird sein, ob Sie den Unfall verhindert hätten können. Die werden genau wissen wollen, ob er gestolpert ist, und

---

* Dumpfes Geräusch eines Falls oder Zusammenstoßes.

warum Sie dann nicht rechtzeitig angehalten haben, oder ob man ihm tatsächlich einen Stoß versetzt hat, was ungleich schneller abgelaufen wäre.«

»Sie könnten recht haben. Aber wer tut so etwas?«

»Das ist im Augenblick unerheblich. Immerhin ist es genauso möglich, wie dass er in Ihr Auto getaumelt ist, darum sollten wir es nicht außer Acht lassen.«

Leopold blickte rasch zu Fellner hinunter. Noch war es ruhig, aber es war nur eine Frage der Zeit, bis irgendwelche Nachtschwärmer, Autofahrer oder neugierigen Kaffeehausgäste zum Unfallort kommen würden. Jedes Detail, das für einen gewaltsamen Tod sprach, war von größter Wichtigkeit. Leider war es zu dunkel, um nennenswerte Einzelheiten erkennen zu können.

Neben der Leiche lag ein Schlüsselbund, der offensichtlich aus Fellners Jackentasche gefallen war; daneben befand sich ein kleines, weißes Etwas aus Papier.

»Normalerweise fahre ich nie diese Strecke«, jammerte der unglückliche Lenker. »Und jetzt passiert mir das! Ich könnte mich in den Hintern beißen.«

»Schicksal«, säuselte Leopold, während er versuchte, das weiße Papierstück möglichst unauffällig mit einer Pinzette in einer kleinen Plastiktüte unterzubringen, die er beide für ebensolche Zwecke stets bei sich trug. »Jedenfalls glaube ich, dass wir Sie aus dieser Sache hier noch einmal herausholen können.«

»Na hoffentlich. Aber sagen Sie, wen meinen Sie mit ›wir‹?«

Leopold blieb keine Zeit zu überprüfen, was für ein

55

Beweisstück er da an sich genommen hatte. Gefühlsmä-
ßig war es eine von einem Computer ausgestellte Ein-
trittskarte fürs Theater, Kino, ein Konzert oder eine
sonstige Veranstaltung. Man würde sehen.

»Wen ich mit ›wir‹ meine?«, fragte er gedankenverloren. »Mich natürlich. Und meinen Freund, Oberinspektor Juricek von der Mordkommission.«

*

Der Stromausfall und das schlechte Wetter hatten dafür
gesorgt, dass sich einstweilen noch kaum ein Schaulus-
tiger auf die Straße verirrte, sondern man vom Kaffeehaus aus die Vorgänge draußen beobachtete und auf das
Eintreffen der Polizei wartete. Wie Fratzen aus einem
diabolischen Satyrspiel klebten die Gesichter an den
großen Fenstern und starrten hinaus in die Dunkelheit. Man wusste mittlerweile, dass es einen Toten gab
und dass es sich um Fellner handelte. Das beruhigte
die Leute.

Die Kommentare gingen natürlich auseinander, die
Trauer um Fellners Hinscheiden hielt sich allerdings in
Grenzen. Und Leopolds Bemühen um eine erste rasche
Klärung der Sachlage wurde vor allem von Frau Heller
nicht goutiert. Sie schüttelte nur den Kopf, während sie
den Rauch aus ihrer Zigarette inhalierte und ein paar
Schlucke vom Rotwein nahm: »Wie kann man sich um
einen Toten kümmern und die Gäste im Kaffeehaus ver-
dursten lassen? Eine Leiche trinkt doch nichts mehr.«

Korber stand noch immer an der Theke und bereute

mittlerweile, dass er nicht zusammen mit Maria und Ingrid gegangen war, sondern sich wieder einmal von einer seiner Stimmungen hatte leiten lassen. Das hatte er nun davon! Finster war's, ein übel riechender Bursche war die längste Zeit neben ihm gestanden, mittlerweile allerdings Gott sei Dank gegangen, auf der Straße lag eine Leiche, und Leopold war schon jetzt so geschäftig, dass kein Zweifel bestand: Wenn an dieser Sache etwas faul war, würde es wieder losgehen, würde er wieder krampfhaft zu ermitteln versuchen und auf irgendeine Weise ihn, Korber, mit hineinziehen.

»Psst! Halt dich an, Thomas, ein glatter Mord«, hörte er da bereits die nur allzu bekannte Stimme in sein Ohr flüstern. »Der Fellner wurde kaltblütig vor das Auto gestoßen. Das erste Beweisstück habe ich schon. Ich erzähle dir später mehr, ich kann das arme Hascherl* nicht so lange allein draußen lassen. Der Arme ist völlig mit den Nerven herunter, dabei ist er sicher unschuldig.«

»Ach, Herr Leopold«, klang's da von hinter der Theke.

»Ja, Frau Chefin?«

»Haben wir denn gar keine Arbeit? Es wäre schon nett, wenn Sie mir noch ein wenig behilflich sein könnten und sich um unsere Gäste kümmern würden, jetzt, wo der Herr Waldbauer gegangen ist. Ich verliere hier nämlich schön langsam den Überblick.«

»Bitte sehr, bitte gleich, Frau Chefin. Aber zurzeit bin ich leider mit sehr wichtigen Dingen beschäftigt. Wie Sie sicher schon wissen, ist der arme Herr Fellner …«

---

* Armer, beklagenswerter, hilfloser Mensch.

»Hat der teure Verblichene vielleicht noch eine Bestellung aufgegeben?« Frau Hellers Stimme klang jetzt eine Nuance lauter und bedrohlicher.

»Nein, Frau Chefin, aber …«

»Dann …« Doch noch ehe Frau Heller zu einer größeren Strafpredigt ansetzen konnte, hörte man den sich rasch nähernden Signalton eines Einsatzfahrzeuges.

»Tut mir leid, Frau Chefin, aber ich glaube, jetzt bin ich wirklich unabkömmlich. Die Polizei ist da«, bemerkte Leopold nur sarkastisch. »Und ich bin ein wichtiger Zeuge.«

4

Oberinspektor Juricek überließ das Feld zuerst gern anderen. Dahinter steckten weder Hochnäsigkeit noch die Trägheit eines österreichischen Polizeibeamten. Wenn er in seinen braunen Mantel schlüpfte, sein Markenzeichen, einen breitkrempigen Sombrero, aufsetzte und sich ins Auto setzte, sollten die ersten groben Aufgaben am Tatort erledigt sein und vielleicht schon einige Erkenntnisse vorliegen.

So kam es, dass Inspektor Bollek mit hochrotem Kopf im Regen und in der Dunkelheit stand und zunächst einmal die Ermittlungen durchführte. »Ist das vielleicht ein Scheißwetter«, fluchte er, »und sehen tut man auch so gut wie gar nichts.«

»Die Störung liegt im Umspannwerk Bisamberg«, sagte ein Beamter der Spurensicherung. »Ich hab's im Autoradio in den Nachrichten gehört.«

»So, so«, grummelte Bollek, dessen Laune an einem Tiefpunkt angelangt war. Dann wandte er sich an den in seinem Auto kauernden Unglückslenker und fragte: »Sie haben also diesen Kerl da zusammengefahren? Warum haben Sie dann bei der Mordkommission angerufen? Weshalb sind wir Ihrer Meinung da zuständig?«

»Aber ich habe doch gar nicht angerufen«, beteuerte der Angesprochene.

»Nein, das war ich«, meldete sich da schon der flink herbeigeeilte Leopold zu Wort. »Der Tote – es handelt sich übrigens um Georg Fellner – ist ja auf äußerst merkwürdige Art und Weise vor das Auto geraten. Rückwärts stolpernd, ganz plötzlich. Da hat doch jemand nachgeholfen, das liegt auf der Hand.«

»Gar nichts liegt auf der Hand«, sagte Bollek scharf. »Wer sind Sie überhaupt, dass Sie sich da einmischen?« Der grelle Strahl einer Taschenlampe fiel in Leopolds Gesicht. »Aber das ist doch … unser lieber Freund, Herr Hofer, der Kaffeehausober, dessen Lieblingsbeschäftigung es ist, sich um Dinge zu kümmern, die ihn nichts angehen, und die Arbeit der Polizei zu erschweren, wo immer es geht. Wahrscheinlich haben Sie sich auch schon recht eifrig an der Leiche zu schaffen gemacht.«

»Nicht direkt, Herr Inspektor, nicht direkt. Aber bitte: W. Hofer, Leopold W. Hofer. Auf diese Initiale lege ich größten Wert.«

»Ich pfeife auf Ihre Initiale. Sagen Sie mir lieber, weshalb Sie schon wieder einmal ungebeten am Tatort sind.«

»Ganz einfach, Herr Inspektor. Das Unglück hat sich sozusagen genau vor meinem Arbeitsplatz abgespielt. Erhebliche Geschäftsstörung gewissermaßen. Zuerst der Stromausfall, und dann das. Da musste ich doch nachschauen gehen.«

»Haben Sie den Unfallhergang gesehen?«

»Nein! Der liebe Herr, der jetzt so verzweifelt ist, weil er eigentlich gar nichts dafür kann, hat mir alles erzählt. Vielleicht fragen Sie ihn, wie es ja eigentlich Ihre Aufgabe ist.«

Bollek, der zu hohem Blutdruck neigte, war einem

Wutausbruch gefährlich nahe. »Verschwinden Sie jetzt, aber schleunigst«, schrie er Leopold ins Gesicht. »Ihre üble Art, sich wichtig zu machen, ist uns bereits bekannt. Gehen Sie nur wieder schön fleißig an Ihre Arbeit. Sollten wir etwas von Ihnen brauchen, werden wir Sie holen. Bis dahin Abmarsch!«

Nur widerwillig wich Leopold der polizeilichen Gewalt. Bollek war ihm sozusagen ein rotes Tuch im Auge. Schon beim letzten Fall hatte der Inspektor nur wenig Fingerspitzengefühl bewiesen und einen Stammgast des Cafés unschuldig eine Nacht im Gefängnis verbringen lassen. Man musste auch dieses Mal aufpassen, dass er in seinem Übereifer nicht zu weit ging. Aber ohne seinen Freund und früheren Schulkollegen, Oberinspektor Juricek, konnte Leopold derzeit nicht viel tun.

Als er das Kaffeehaus betrat, gafften die Leute noch immer durch die Fenster. Anscheinend unberührt vom Geschehen ringsumher wurde dagegen am ersten Brett nach wie vor ehrgeizig Billard gespielt und an den hinteren Tischen tarockiert. Die improvisierte Kerzenbeleuchtung verlieh dem Ganzen einen gespenstischen Anstrich.

»Leopold, ein neuer Gast«, hörte er seine Chefin ungeduldig rufen. Tatsächlich nahm Leopold an der Theke neben Korber die Umrisse eines großen, starken Mannes wahr, dessen breitkrempiger Hut ihm bekannt vorkam.

»Servus, Leopold«, hörte er da auch schon die vertraute Stimme seines Freundes, des Oberinspektors Richard Juricek. »Komm, sei so lieb und erzähl mir mal, was da draußen los war und warum du gleich bei uns in der Mordkommission angerufen hast. Wer ist der Mann? Und weshalb soll er ermordet worden sein?«

»Servus, Richard«, sagte Leopold einigermaßen erstaunt. »Du bist gar nicht draußen, bei den anderen, am Tatort?«

»Nein, nein, die sollen ruhig einstweilen die grobe Arbeit ohne mich machen. Bring mir erst einmal ein Mineralwasser gegen den Durst. Und erzähl, Leopold, um Gottes willen, erzähl.«

Leopold nahm sich einen Anlauf. »Also, wie du vielleicht gehört oder auf den Plakaten gelesen hast, hatten wir heute die Endausscheidung in einem Billardturnier. Der Tote draußen – er heißt Georg Fellner – hat gewonnen und danach noch mit seinen Freunden gefeiert. Dann sind das Gewitter und der Stromausfall gekommen. Da ist er gegangen. Kurz danach kam es zu dem Unfall – das heißt, ich glaube nicht, dass es ein Unfall war.«

»Und was führt dich zu dieser Erkenntnis?«

»Richard, der Fellner war betrunken, aber er konnte noch gerade gehen. Und dann stürzt er verkehrt vor ein Auto, das Ganze in ziemlichem Schwung. Das ist doch nicht normal. Da hat jemand nachgeholfen.«

Juricek überlegte, drehte das Glas mit seinem Mineralwasser hin und her. »Schauen wir einmal, was der Unfalllenker sagt oder ob die Spurensicherung etwas herausfindet. Oder gibt es sonst noch Zeugen?«

»Ich glaube nicht. Natürlich war es auch stockdunkel.«

»Und es hat geregnet, und es war kein Mensch auf der Straße. Das könnte natürlich jemand ausgenutzt haben. Aber das ist alles sehr dünn, Leopold. Was wäre zum Beispiel das Motiv? Warum sollte jemand bei diesem miserablen Wetter Fellner auflauern, um ihn dann vor ein Auto zu stoßen?«

Leopold zuckte die Achseln. »Ich weiß auch nicht, aber es ist die einzig logische Erklärung. Da waren etwa heute diese unschönen Szenen mit Sykora, Fellners Finalgegner. Die beiden waren immer große Rivalen, und nach einem Streit beim Spiel haben sie überhaupt nichts mehr miteinander geredet. Ausgerechnet heute, beim Finale, treffen sie wieder aufeinander. Fellner hat – wie es so seine Art ist – nicht ganz fair gespielt, seinen Gegner ein bisschen psychologisch fertiggemacht. Da ist es dann zum Eklat gekommen. Sykora hat Fellner beschimpft und bedroht.«

»Dann ist also dieser Sykora dein Hauptverdächtiger?«, meinte Juricek nachdenklich.

»Ich weiß es eben nicht, Richard. Sykora ist schnell in der Höhe und schimpft, stößt vielleicht ein paar Drohungen aus. Aber ich traue ihm einen Mord offen gestanden nicht zu.«

»Du traust deinen Gästen nie einen Mord zu, das ist ja der Fehler. Dabei wird's wohl irgendeiner von ihnen gewesen sein, wenn's ein Mord war.«

Nun meldete sich Korber zu Wort. »Da war auch noch Fellners Schwager, Max Fürst. Sie müssen nämlich wissen, Herr Oberinspektor, dass Fellners Neffe Oskar heute auch beim Turnier zugesehen hat. Der Junge geht bei uns in die Schule, und seine Leistungen und die Mitarbeit im Unterricht sind eher bescheiden. Dafür war er ständig mit Fellner unterwegs. Heute hat er auch fleißig mit den anderen den Sieg seines Onkels begossen. Dann kam sein Vater und hatte eine Auseinandersetzung mit Fellner. Schließlich hat er den Jungen wütend mitgenommen.«

»Wenn wir jeden verdächtigen, der schon einmal wütend auf Fellner war, haben wir viele Kandidaten«, unterbrach ihn Leopold. »Das ist nämlich in Wahrheit die Schwierigkeit, Richard: Der Fellner ist nur mit wenigen gut ausgekommen, weil er gerne provoziert und einen unregelmäßigen Lebenswandel gehabt hat. Er hat einfach polarisiert. Einerseits hat er immer Leute angezogen, denn bei ihm war was los, andererseits sind seine Scherze und Aktionen oft auf Kosten anderer gegangen. Und heute sind viele von denen zusammengekommen, auch seine ganzen Klubfreunde. Es war eine total unüberschaubare Situation, vor allem, als dann noch das Licht ausgegangen ist. Ich habe da ja so eine Theorie ...«

»Fakten brauchen wir, Leopold, Fakten«, sagte Juricek. »Was hat dieser Fellner eigentlich gemacht? Was war er von Beruf?«

»Er hat das Hotelfach gelernt. Soviel ich weiß, ist er dann eine Zeit unterwegs gewesen und hat gejobbt, bis er seine jetzige Frau Olga kennenlernte. Sie hat eine Pension in Strebersdorf.«

»Die Pension ›Olga‹?«

Leopold nickte. »Genau. Da hat er ein bisschen geholfen und mitkassiert. Bei der Post ist er dann auch untergekommen. Dort hat er sich in der Personalabteilung wichtig gemacht.«

Korber fiel ein, dass seine neue Kollegin Maria Hinterleitner jetzt wahrscheinlich in ebendieser Pension selig schlief, ohne zu ahnen, was an diesem Abend nach ihrem Abschied noch alles vorgefallen war.

»Gehen wir weiter«, sagte Juricek. »Wann ist der Unfall passiert? Und wie groß waren die Zeitabstände? Wann haben etwa Sykora, dieser Fürst und Fellner das Kaffeehaus verlassen?«

Leopold blickte automatisch auf die Kaffeehausuhr, deren Zeiger immer ein wenig hintennachliefen, so als ob in der Welt hier herinnen die Zeit stehen geblieben sei. Er versuchte, sich zu erinnern.

»Ich denke, Fellner ist so um halb elf gegangen, und ziemlich bald danach lag er vor dem Auto. Fürst und sein Sohn haben das Lokal etwa eine Viertelstunde vorher verlassen. Sykora ging ja viel früher, gleich nach seiner verlorenen Partie, also etwas vor neun.«

Juricek schüttelte den Kopf. »Fürst hatte seinen Sohn dabei, der seinen Onkel gern mochte, wie ihr sagt. Und Sykora hätte beinahe zwei Stunden auf Fellner warten müssen, einen Teil davon bei diesem Sauwetter. Kannst du dir vorstellen, dass seine Wut so groß war?«

»Warum nicht? Durchaus möglich, dass er sich zunächst einmal irgendwo hat volllaufen lassen und dann zurückgekommen ist, um Fellner zu stellen. Aber wie gesagt, eine Wut auf Fellner hatten einige. Weißt du, wie viele andere Leute heute da waren, Richard? Da lief das Vorrundenfinale in der Dreibandpartie, und Fellners Anhang war komplett vertreten. Jeder hatte die Gelegenheit. Deshalb müssen wir …«

»Abwarten, Leopold. Noch ist das mit dem Mord nur eine nebulöse Theorie. Ich gehe jetzt einmal nachschauen, was meine Leute draußen in der Zwischenzeit herausgefunden haben. Vielleicht bringt das mehr Licht in die Sache.«

Als Juricek das Wort ›Licht‹ aussprach, gingen wie auf ein geheimes Zauberwort alle Lichter im Lokal und draußen wieder an. Ungläubig blinzelten die noch verbliebenen Gäste nach oben. Wie schnell hatten sie sich an die angenehm schummrige Kerzenbeleuchtung gewöhnt, doch jetzt waren alle froh, dass die Zivilisation wieder in Floridsdorf Einkehr gefunden hatte. Man konnte beruhigt nach Hause gehen – oder noch ein Glas auf den Schrecken trinken.

Inzwischen stand Juricek vor dem Kaffeehaus. »Na, Bollek, wie schaut's aus?«, grüßte er seinen Kollegen.

»Guten Abend, Herr Oberinspektor. Verkehrsunfall mit tödlichem Ausgang, würde ich sagen. Bei dem Toten handelt es sich um einen gewissen Georg Fellner. Er war betrunken und ist regelrecht in das Auto hineingestolpert. Der Fahrzeuglenker, Herr Florian Silber, hat ihn bei den herrschenden Bedingungen wohl zu spät gesehen und keine Chance gehabt, rechtzeitig abzubremsen. Fellner war sofort tot.«

»Sie meinen also nicht, dass Fellner vor das Auto gestoßen wurde, wie man uns am Telefon erzählt hat?«

Bollek lächelte verkrampft. Dabei wischte er sich mit einem Tuch die Regentropfen von der hohen Stirn. »Ich weiß, Ihr Freund, der Kaffeehausober, ist von dieser Idee ganz besessen. Aber im Augenblick deutet nichts darauf hin. Zeugen gibt es leider keine. Trotzdem: Es war ein normaler Unfall, glauben Sie mir.«

»Was sagt dieser Silber?«

»Er ist sich nicht sicher, es ging alles viel zu schnell. Er hat zwar auch einmal die Möglichkeit angedeutet, dass jemand Fellner vor sein Auto bugsiert haben könnte, aber er hat sehr zusammenhanglos geredet. Der Mann steht schwer unter Schock. Er konnte kaum einen klaren Gedanken fassen.«

Nun war aber auch schon wieder Leopold zur Stelle, den es nicht an seinem Platz im Kaffeehaus hielt: »Bei mir hat er nicht zusammenhanglos geredet, also liegt es vielleicht an der Art der Befragung und vor allem daran, was man hören will. Außerdem darf ich Sie bitten, sich die Leiche einmal genau anzusehen, jetzt, wo alles so schön beleuchtet ist. Heben Sie doch kurz den rechten Arm in die Höhe.«

Bollek kämpfte mühsam gegen alle Arten von Aggressionen an, die in ihm hochstiegen. Der jetzt langsam nachlassende Regen, der ihm auf den Kopf tropfte, der Einsatz in der bis vor Kurzem völlig dunklen Nacht, der ihm auf die Nerven ging, die Kellnergestalt, die sich überall einmischte und den Besserwisser spielte – all das brachte ihn in Rage, färbte sein Gesicht dunkelrot und suchte nach einem Ventil, mit dem er seinem Ärger Luft verschaffen konnte. »Sie haben nichts, aber auch absolut nichts hier verloren«, platzte es aus ihm heraus. »Ihre ständigen Einmischungen behindern nur unsere Ermittlungen. Also marsch, zurück ins Kaffeehaus, sonst werden Sie mich kennenlernen, Herr Ober!«

»Hofer, verehrter Inspektor, Leopold W. Hofer, in aller Bescheidenheit. Das ›W‹ ist eine Initiale, wie Sie sich vielleicht erinnern können. Richard, bitte sag deinen Beamten, sie sollen kurz Fellners rechten Arm in die Höhe heben, ich darf's ja nicht.«

Juricek machte eine kurze Bewegung mit dem Kopf, und es geschah.

»Ich habe mich also vorhin doch nicht verschaut«, rief Leopold voll Begeisterung. »Siehst du, wie die Jacke unter der Armbeuge aufgerissen ist?«

»Das ist doch normal, dass das Gewand nicht heil bleibt, wenn man unter ein Auto gerät«, brummte Bollek.

»Aber an dieser Stelle ist eine Naht, und es sieht nicht so aus, als ob der Riss durch den Aufprall entstanden wäre. Nein, nein, so etwas passiert eher, wenn man von jemandem heftig an der Jacke gepackt wird – jemandem, der einen dann mit voller Wucht auf die Straße stößt.«

»Du bist dir sicher, dass der Riss nicht schon vorher da war?«, erkundigte sich Juricek.

»100 Prozent! Ich hab dem Fellner ja noch selbst aus der Jacke geholfen, als der heute bei uns zur Türe hereinkam. Da war alles intakt, sonst wäre es mir aufgefallen.«

Bollek blickte ungläubig auf Juricek. Der war sich selbst noch nicht klar darüber, was er von der Sache halten sollte. »Alles schön und gut«, meinte er. »Aber am liebsten wäre mir, wenn wir jemanden auftreiben könnten, der etwas gesehen hat, einen Zeugen. Bollek, gehen Sie bitte einmal ins Café und hören sich bei den

Leuten um. Vielleicht hat doch irgendwer ein brauchbares Detail bemerkt, das ihm vorerst nicht wichtig erschienen ist.«

Bollek verschwand ins Trockene. Kaum war er weg, deutete Leopold auf ein Fenster im zweiten Stock des gegenüberliegenden Hauses, aus dem noch Licht kam und in dem man die Umrisse eines Kopfes erkennen konnte. »Da oben wohnt der Erwin Seidl«, sagte er zu Juricek. »Früher war er öfter im Kaffeehaus, aber jetzt ist er gesundheitlich schon so bedient, dass er seine Wohnung kaum noch verlassen kann. Hängt den ganzen Tag am Fenster rum. Wenn einer etwas gesehen hat, dann er.«

»Na, dann nichts wie rauf«, sagte Juricek.

*

Erwin Seidl blickte angeregt durch die Glasscheibe seines Wohnzimmerfensters hinaus in die nun wieder erleuchtete Dunkelheit, hinaus auf die Blaulichter, die Menschen, die Leiche. Sein Pulsschlag hatte sich seit dem ganz plötzlich und unerwartet eingetretenen Vorfall sprunghaft erhöht. In den langen Jahren seines stumpfen Dahinvegetierens hinter dem Fenster hatte er nichts Vergleichbares beobachten können. Viele Menschen hatte er gesehen, ihre Gewohnheiten studiert, ihre Kleidung, die Uhrzeit, zu der sie an seinem Fenster vorübergingen, in welcher Begleitung, und noch vieles andere mehr. Das Fenster war ein immer wichtigerer Teil seines Lebens geworden, sein Fenster zur Außenwelt im wahrsten Sinne des Wortes. Er war kaum mehr in der Lage, die eigenen vier Wände zu verlassen. Sein allgemeiner Gesundheitszustand war immer bedenklicher geworden, ohne dass er sich sehr darum gekümmert hätte. Sein Herz wurde schwächer, seine Beine machten nicht mehr so mit, wie er wollte, sein Blut war schlecht. Vor einigen Jahren hatte das ihm, dem kleinen Druckereiarbeiter, die Pension gebracht. Aber das hatte seine Lage nur verschlimmert, denn er hatte schnell aufgehört, irgendwo nach einem Sinn seines zu Ende gehenden Lebens zu suchen. Die Wohnung, in der er zusammen mit seinem Sohn Eduard hauste, war zu einem bereitwillig angenommenen Gefängnis geworden, seine wichtigste Aussicht die aus dem Wohnzimmerfenster – oft eintönig, aber doch nicht immer vorhersehbar.

So wie an diesem Abend, bei Wind, Wetter und stromloser Finsternis. Er war sich bewusst, dass er wahrscheinlich niemals mehr in seinem Leben etwas Derartiges würde mit anschauen dürfen. Es war ein finaler Augenblick, ein Höhepunkt, der ihn zunächst so ergriff, dass er wie gelähmt hinter dem Vorhang erstarrte und nicht wusste, was er weiter tun sollte. Die Polizei rufen? Die Rettung? Als er wieder einen klaren Gedanken fassen konnte, kam bereits das erste Auto mit Blaulicht angefahren, und er konnte sich wieder auf seine Rolle als Zuschauer verlegen. Der Fahrer des Unglückswagens musste den Hergang der Sache ja erkannt haben …

Als es an seiner Tür läutete, wusste er dennoch: Das waren sie. Jetzt waren sie hier, die Polizisten, um ihn zu fragen, was er denn von seinem Fenster aus gesehen hätte. Langsam, begleitet von dem schweren Atem, der ihn schon nach wenigen Schritten behinderte, ging er, um zu öffnen.

»Oberinspektor Juricek, Kriminalpolizei. Dürfen wir kurz hereinkommen?«

»Bitte sehr, meine Herren. Ich habe Sie bereits erwartet.«

Zuerst hatte Seidl nur den großen Mann mit dem breitkrempigen Hut und der Dienstmarke wahrgenommen, jetzt bemerkte er auch Leopold. »Servus Erwin. Ich habe dich hinter dem Fenster stehen sehen«, sagte der nur kurz. »Da habe ich gewusst, dass du uns helfen kannst. Beantworte dem Herrn Oberinspektor bitte alle Fragen gewissenhaft und genau, dann bist du ihn bald wieder los.«

»Wir sind der Meinung, dass Sie den Unfall gesehen haben«, sagte Juricek trocken.

»Wie? Ja … ja natürlich«, erwiderte Seidl ein wenig aufgeregt. Dabei ließ er sich in einen weichen Lehnsessel fallen, trank hastig von einem Glas Rotwein, das auf dem kleinen Couchtisch stand, und zündete sich eine Zigarette an.

Juricek und Leopold nahmen auf dem Sofa Platz. »Wir sind uns über den Hergang noch nicht ganz im Klaren. Können Sie uns etwas darüber erzählen?«, fragte Juricek weiter.

Seidl zögerte. Er fuhr sich mit der einen Hand durch sein strähniges, glatt zurückgekämmtes Haar, die andere hielt die Zigarette und zitterte merklich. »Wissen Sie, es war dunkel, stockfinstere Nacht, und der Regen kam herunter wie ein Wasserfall«, sagte er. »Ich konnte also das meiste nur bruchstückhaft erkennen. Zuerst kam der Mann aus dem Kaffeehaus und bewegte sich in Richtung Bahnhof. Er ging nicht mehr sehr sicher und blieb dann unter dem Baum hier gegenüber stehen. Er war sichtlich überrascht von der Schwere des Regens. Ich glaube fast, er hat überlegt, ob er nicht umkehren und ins ›Heller‹ zurückgehen soll.« Seidl sog an seiner Zigarette, als hätte er wochenlang kein Nikotin mehr bekommen. Nervös hielt er sie mit seinem angebräunten Zeigefinger fest. Aber trotz seiner inneren Unruhe kamen seine Worte klar und deutlich.

»Plötzlich kam aus dem Hauseingang hinter ihm diese Gestalt, die ich zunächst auch nicht bemerkt hatte«, fuhr er fort. »Sie war in eine dunkle Regenjacke gehüllt und schien etwas von ihm zu wollen. Er sagte etwas, aber ich konnte nicht verstehen was, ich hatte das Fenster geschlossen. Daraufhin packte ihn die Gestalt mit beiden Händen und schüttelte ihn. Als das Auto kam, versetzte sie ihm einen kräftigen Stoß und rannte davon. Den Rest wissen Sie ja.«

»Haben Sie erkannt, ob es ein Mann oder eine Frau war?«, fragte Juricek.

Seidl schüttelte den Kopf.

»Ist Ihnen sonst irgendetwas aufgefallen? Können Sie etwa ungefähr sagen, wie groß die Gestalt war? Größer oder kleiner als das Opfer?«

»Größer glaube ich nicht, aber ich bin mir nicht sicher. Ich konnte ja nur Umrisse erkennen. Außerdem war mein Fenster zu und voller Regentropfen. Die Gestalt trug eine dunkle Jacke mit Kapuze, mehr weiß ich nicht.«

»Aber Sie sind sich sicher, dass der Tote vor das Auto gestoßen wurde?«

Seidl nickte.

»Warum haben Sie dann nicht gleich die Polizei verständigt?«, wollte Juricek wissen.

Seidl zögerte. Die Situation war ihm offensichtlich peinlich.

»Wissen Sie, ich habe so etwas noch nie erlebt«, sagte er schließlich. »Ich stand da wie vom Blitz getroffen, öffnete kurz das Fenster, beugte mich hinaus, wollte mehr sehen. Es war wie in einem Film, bei dem man sicher sein möchte, dass er aus ist, bevor man geht. Ich hörte noch die Schritte des weglaufenden Täters, sah das Auto und den Mann am Boden ... Es handelt sich um Georg Fellner, nicht wahr?«

»Gratuliere, den haben Sie ja gleich ganz genau erkannt«, spöttelte Juricek.

»Ich kenne den Kerl. So eine Visage vergisst man nicht.«

Juricek hob leicht die Augenbrauen. »Da sollten Sie mir aber mehr darüber erzählen«, sagte er.

»Früher, als ich gesundheitlich besser beisammen war, vor dem Tod meiner Frau, ging ich öfters hinunter ins Kaffeehaus. So richtig gesund war ich freilich damals auch schon nicht. Fellner hielt sich zu der Zeit auch noch häufig im ›Heller‹ auf. Er konnte mich nicht leiden. Er warf mir vor, ein Simulant zu sein, wenn ich wieder einmal von der Arbeit zu Hause bleiben musste und trotzdem auf ein Glas hineinschaute. Er machte dann seine dummen Witze auf meine Kosten, dabei hatte er keine Ahnung, was es heißt, in einer Druckerei zu arbeiten, bei all den giftigen Dämpfen. Und ich durfte ihm schön artig ein Getränk zahlen, damit er mich nicht verpfiff.«

Seidl zündete sich eine weitere Zigarette an. Seine trüben, gelb verfärbten Augen flackerten. »Ich erkannte zu spät, dass dieser Mensch einfach einen miesen Charakter hatte. So machte ich den Fehler, ihn zu bitten, mir wegen meines Sohnes Eduard zu helfen, den er noch mehr verachtete als mich, weil er keinen wirklichen Schulabschluss hatte, noch immer bei mir wohnte und nur Gelegenheitsarbeiten verrichtete. Ich fragte Fellner, ob es denn eine Möglichkeit gäbe, ihn bei der Post unterzubringen. Na schön, meinte er, Eduard solle bei einem Vorstellungsgespräch vorbeischauen, dann würde man weitersehen. Ich hätte ahnen müssen, was dann kam. Eduard fängt nämlich leicht zu stottern an, besonders, wenn er aufgeregt ist. Sie können sich denken, wie ihn Fellner bei diesem Gespräch zur Sau gemacht und imitiert hat und es schließlich genoss, als Eduard die Wut packte. Einen richtigen Spaß hat er sich aus dem Ganzen gemacht. Sie können sich auch vorstellen, dass Eduard den Posten nie bekommen hat. Dafür hat Fellner noch lange danach keine Möglichkeit ausgelassen, mir mitzuteilen, was für einen dämlichen Sohn ich hätte. Aber jetzt liegt er da unten und schaut, glaube ich, auch nicht gerade gescheit drein.«

»Sie konnten Fellner also nicht leiden«, stellte Juricek fest.

»Nein, das kann man wirklich nicht behaupten.«

»Sie haben ihn gehasst, nicht wahr?«

Seidl überlegte, wartete mit der Antwort, so, als wolle er jetzt nur ja keinen Fehler machen. »Gehasst, nun ja«, sagte er dann vorsichtig, »natürlich habe ich ihn damals gehasst. Aber jetzt ist alles nicht mehr so wichtig. Wenn es einem gesundheitlich einmal so schlecht geht wie mir und kaum Hoffnung besteht, dass es noch einmal besser wird, stumpft man ab. Was bedeuten da die Enttäuschungen vergangener Tage.« Er spürte den prüfenden Blick Juriceks und bekam eine trockene Kehle, sodass er husten musste. »Sie werden doch nicht glauben, dass ich ihn umgebracht habe? Ich war die ganze Zeit über hier. Außerdem erlaubt es mir mein körperlicher Zustand nur selten, hinunter auf die Straße zu gehen – und wenn ich es getan hätte, wäre ich auch mit einem betrunkenen Fellner nicht fertig geworden.«

»Mag schon sein«, sagte Juricek. »Lebt Ihr Sohn immer noch hier?«

Seidl nickte.

»Wo ist er denn jetzt?«

»Ich weiß nicht. Wahrscheinlich ist er nach der Arbeit noch einen trinken gegangen. Halten Sie etwa ihn für den Mörder? Das ist doch lächerlich.«

»Einstweilen halte ich alles für möglich. Sie waren beide sauer auf Fellner, hatten beide ein Motiv.«

»So wie viele andere auch«, protestierte Seidl, und seine Hand zitterte dabei. »Warum sollte jemand von

uns ihm denn gerade heute bei diesem Sauwetter auf-
gelauert haben?«

Im selben Augenblick hörte man kurz das Geräusch
eines Schlüssels, dann öffnete sich die Tür, und Eduard
Seidl kam herein. »Hallo, Daddy, du hast es sicher schon
gesehen. D… den Fellner hat's erwischt«, verkündete
er heiter. »Er liegt in einer Lacke und rührt sich nicht
mehr, und ich g… glaube, in ein paar Stunden fängt er
zu stinken an. Hab ich eine F… Freude.«

»Wenn er etwas getrunken hat, sagt er immer Daddy
zu mir«, bemerkte Seidl lakonisch. »Wo kommst du
denn her, Eduard?«

»Na von wo denn! Vom ›Jimmy's‹ am Schlingermarkt, dort hab ich noch ein p… paar Bier getrunken.
Ich hatte solche Angst, im Dunkeln nach Hause zu
gehen. Man sieht ja, was da p… passieren kann.«

Erst jetzt betrat Eduard Seidl das Wohnzimmer und
gewahrte Leopold und den fremden Herrn mit dem
auffälligen Hut. Er wirkte wirklich nicht mehr ganz
nüchtern. Das fette, hinten zu einem Schwanz zusam-
mengebundene Haar, die kleine, runde, altmodische
Brille und die grauen, schlechten und bereits etwas
lückenhaften Zähne deuteten darauf hin, dass er nicht
viel auf sein Äußeres hielt. Er stierte ungläubig in die
Runde. »Wer sind denn die Herren, Daddy?«, fragte
er verduzt.

»Polizei«, sagte Seidl. »Den Herrn Leopold kennst
du ja, glaube ich. Es ist wegen Fellner.«

»Denken die v… vielleicht, dass du etwas mit der
Sache zu tun hast?«

»Wir sind nur gekommen, um Ihrem Vater ein paar Fragen zu stellen«, sagte Juricek. »Er hat von hier heroben alles beobachtet. Und Sie haben gerade eine kleine Lokaltour hinter sich?«

»So ähnlich, ja.«

»Ist Ihnen dabei nicht zufällig Fellner über den Weg gelaufen? Sodass Sie auf den Gedanken kamen, ihm alles heimzuzahlen, was er Ihnen und Ihrem Vater früher angetan hat? Heute, in der Dunkelheit, war die Gelegenheit doch besonders günstig. Ein kleiner Schubser, schon ist die Sache erledigt. Dann läuft man davon und feiert den Erfolg noch bei ein paar Gläsern. War es so?«

»W… Was erlauben S… Sie sich?«, empörte sich Eduard Seidl lautstark.

»Ich erlaube mir gar nichts«, bemerkte Juricek trocken. »Ich frage nur: War es so? Eine einfache Antwort genügt, ja oder nein.«

»Ich habe mit dem Tod von d… diesem Ekel überhaupt nichts zu tun, überhaupt nichts, hören Sie?«, brüllte Eduard. »Ich habe schon gesagt, dass ich ein p… paar Biere getrunken und das ›Jimmy's‹ erst verlassen habe, als das Licht wieder anging und der Regen leichter wurde. D… Dafür gibt es Zeugen. Man wird sich doch noch ein b… bisschen freuen dürfen.«

Juricek zuckte mit den Achseln. »Schon gut«, sagte er. »Mehr will ich ja auch vorläufig nicht wissen. Ich schicke Ihnen nur noch jemanden herauf, der Ihre Aussage protokolliert. Wir melden uns allerdings sofort, wenn wir noch irgendwelche Fragen haben. Einstweilen also auf Wiedersehen, meine Herren.«

Juricek und Leopold traten hinaus in den dunklen, kleinen Vorraum. Dabei streifte Leopold an etwas Kaltes, Nasses: eine dunkle Regenjacke. Offenbar Eduard Seidls Regenjacke. Wie kommt es, dachte er kurz bei sich, dass die Jacke so nass ist, wo Eduard Seidl das Unwetter doch nach eigenen Angaben in einem Lokal am Schlingermarkt abgewartet hat?

Er deutete seinem Freund kurz, aber Juricek hatte schon die Türschnalle in der Hand und schien der Sache weiter keine größere Bedeutung zuzumessen.

»Na schön, dann eben nicht«, murmelte er kaum hörbar auf ihrem Weg zurück auf die Straße.

5

Korber lehnte noch immer an der Theke des ›Heller‹, ließ die Dinge um sich herum geschehen, schnappte Gesprächsfetzen auf, sah Beamte kommen und gehen und versuchte tunlichst, sich aus der Sache herauszuhalten. Bei einer Zigarette und einem Glas Wein – er hatte vergessen zu zählen, das wievielte es war – ließ er zusammen mit Herrn Heller das unglückliche Ende der Partie zwischen Fellner und Sykora Revue passieren. Es habe ja so kommen müssen, meinte Herr Heller verzweifelt, wenn zwei derartige Rivalen aufeinanderträfen, sei man in Wirklichkeit machtlos. Jede seiner Entscheidungen wäre angefochten worden, jede. Er habe sich absolut neutral verhalten und das Spiel regelkonform geleitet. Man stelle sich eine ähnliche Situation im Schachspiel vor. Da gebe es eine klare Richtlinie: berührt, geführt, egal, ob jemand vorher pfeift oder mit der Zunge schnalzt. Schon Bobby Fischer habe sich 1972 gegenüber Anatoli Karpow auf diese unfaire Art einen Vorteil verschafft. Aber wo finde man heute noch sportliches Verhalten? Wer sich darum bemühe, sei eben in der Mehrzahl der Fälle der Verlierer. Dass Fellners Tod jetzt eine Art höhere Gerechtigkeit darstelle, dagegen verwehre er sich freilich aufs Entschiedenste.

Mittlerweile kam es vor dem Kaffeehaus durch das plötzliche Auftauchen Sykoras zu einer dramatischen Verkettung von Ereignissen.

Sykora wurde von einer Gruppe der mittlerweile zahlreicher gewordenen Umstehenden erkannt. Er war offensichtlich durch übermäßigen Alkoholkonsum schwer beeinträchtigt und nicht mehr Herr seiner selbst. »Na, Georg, jetzt liegst du endlich in deinem Dreck und kannst nicht mehr aufstehen, wie ich's dir prophezeit habe«, grölte er lautstark.

Daraufhin kam es schnell zu Mutmaßungen, um nicht zu sagen Vorverurteilungen, und ohne jedwede Beweise oder Indizien war sich die Menge sicher, dass es sich um Mord handelte, ganz einfach deshalb, weil es einen logischen Täter gab. Sykora hatte seine Drohung wahr gemacht, Fellner den tödlichen Stoß versetzt, war geflohen, hatte daraufhin irgendwo ein paar Gläser gekippt und war derart gestärkt an den Ort des Verbrechens zurückgekehrt, um zu sehen, ob es Fellner wirklich erwischt hatte. Das Volk setzte sich in Bewegung. Sykora erkannte den Ernst seiner Lage, taumelte, lief. Ungeschickt bewegte er sich ein paar Häuser weiter fort, dann wurde er von zwei Kerlen gestellt. Aber Sykora gab sich nicht so leicht geschlagen, landete eine Rechte im Gesicht eines Verfolgers, versuchte, sich von dem anderen loszureißen – zu spät. Jetzt waren auch schon zwei Polizisten da und nahmen ihn beinahe mühelos in ihre Obhut.

Bollek, bis jetzt eindeutiger Verfechter der Unfalltheorie, kam zu der Überzeugung, dass dies alles einen höheren Sinn haben müsse. Es handelte sich um Mord, daran war nicht mehr zu zweifeln. Nur schade, dass Sykora kaum in der Lage war, eine Aussage zu machen.

Er habe vorn, in einem kleinen Stehbeisl* nahe der S-Bahn-Unterführung noch ein wenig getrunken, um seinen Ärger ein wenig abzukühlen, war das Einzige, was er sagte.

Im ›Elvira‹ erinnerte man sich an den unangenehmen Patron, der einige Gläser Bier und Schnaps getrunken und schließlich zu krakeelen begonnen habe, es sei eine Saubande am Werk, deren Oberschwein er jetzt das Handwerk legen müsse. Daraufhin habe man ihn aus dem Lokal hinauskomplimentiert – jedenfalls noch vor dem Stromausfall.

Als Juricek mit Leopold von Seidl zurückkam, hatte Bollek damit den Fall so gut wie gelöst. Selbstverständlich hatte man es mit einem Mord zu tun. Es gab einen Täter, ein Motiv und die Gewissheit, dass sich alles so abgespielt hatte, wie er es jetzt in seinem Kopf deutlich vor sich sah: Sykora hatte nach seinem unliebsamen Rausschmiss aus dem ›Heller‹ seinen ersten Ärger im nächstbesten Lokal hinuntergespült. Als man ihn schließlich auch dort auf die Straße schickte, kam erneut ungezähmte Wut in ihm auf: Wut auf den Verursacher seines Unglücks. Er bewegte sich Richtung Kaffeehaus, um eine Aussprache mit Fellner zu suchen. Vielleicht nötigten ihn das Gewitter und der stärker werdende Regen dazu, in einer Hauseinfahrt Unterstand zu suchen. Dann wurde es ganz finster. Ehe Sykora noch Überlegungen anstellen konnte, wie er weiter vorgehen sollte, kam Fellner sozusagen auf dem Präsentierteller vorbei. Er stellte ihn zur Rede, es kam zum Streit.

---

* Kneipe, in der kaum Sitzplätze vorhanden sind.

Schließlich packte Sykora Fellner und stieß ihn vor das zufällig vorbeikommende Auto.

»Nehmt ihn mit aufs Kommissariat«, brummte Juricek, »und behaltet ihn dort, bis wir von ihm eine halbwegs zusammenhängende Aussage haben. Ich schätze, ihr werdet ihn dazu ein wenig ausnüchtern müssen. Ansonsten können von mir aus alle gehen – bis auf Frau Dichtl, die brauche ich noch.« Es war ja noch die Todesnachricht an Fellners Gattin Olga zu überbringen, eine Aufgabe, die er stets mit einem flauen Gefühl im Magen erledigte, sooft er sie in seinen langen Jahren im Polizeidienst schon hinter sich hatte bringen müssen. Dazu hatte er gerne eine Frau an seiner Seite.

Dann ging er noch einmal mit Leopold ins Kaffeehaus. Sie stellten sich an die Theke. Juricek winkte Frau Heller herbei und sagte: »Für euch habe ich jetzt noch eine kleine Aufgabe, damit euch nicht langweilig wird. Ihr werdet euch ja denken können, worum es geht. Ich brauche eine möglichst vollständige Liste aller Leute, die heute Abend da waren und noch vor Fellner gegangen sind. Morgen Nachmittag schaue ich noch einmal vorbei, da möchte ich sie haben.«

Frau Heller machte sich sofort beflissen an die Arbeit, während Leopold seinem Freund zuraunte: »Also glaubst du doch nicht, dass es der Sykora war.«

»Einstweilen glaube ich gar nichts. Er hat sich zwar selten dumm aufgeführt, hat, soviel ich gesehen habe, eine dunkle Jacke an und war immer in der Nähe des Tatortes. Aber bitte. Soll sich einmal der liebe Bollek damit befassen, dann sehen wir weiter. Interessant wäre natürlich zu wissen, wer von euren Gästen noch so eine Jacke dabeihatte.«

»Jeder konnte eine tragen«, lächelte Leopold verschmitzt. »Genau so eine Jacke ist nämlich bei uns vor dem Mord gestohlen worden. Der Manteltrick, verstehst du?«

*

»Sperrstunde«, rief Herr Heller und hielt zum Beweis, dass er seine Drohung wahr machen würde, wie ein Kerkermeister einen großen Schlüsselbund in der Hand. Außer ihm befanden sich ohnedies nur mehr Leopold und Korber im Lokal. Sie lungerten am ersten Fenstertisch herum, dort, wo Fellner noch mit seinen Freunden gefeiert hatte, und tranken Weißwein aus einer noch rasch von Korber spendierten Bouteille.

»So kommst du mir nicht davon«, sagte Leopold, seinen Chef geflissentlich überhörend, zu seinem Freund. »Dass du mich zu dieser Flasche einlädst, ist die eine Sache. Aber dass du ein ganz mieser Drückeberger bist, wenn du nicht tust, worum ich dich bitte, ist eine andere.«

»Warum schon wieder ich?«, lallte Korber müde.

»Wie oft soll ich dir das noch sagen, Thomas: Ich muss arbeiten, ich habe keine Zeit. Außerdem würden sich einige im Klub ›Alt-Floridsdorf‹ wundern, wenn ich dort auf einmal auftauchen würde und Mitglied werden wollte, wo ich doch immer über den Klub gelästert und die Billardkultur in unserem Kaffeehaus verteidigt habe. Nein, nein, das musst schon du machen. Und es ist wichtig, dort haben wir alle ehemaligen Spezi vom Fellner auf einem Fleck. Du sagst, du hättest durch das Turnier wieder einen richtigen Gusto aufs Billardspielen bekommen und möchtest ein paar Nachhilfestunden nehmen. Das kostet sicher nicht viel. Du schaust dich ein wenig um, und wenn wir den Mörder haben, kannst du jederzeit wieder aufhören.«

»Glaubst du, sie nehmen mich dort überhaupt? Das ist doch ein ganz kleiner Klub, bei dem sich sicherlich in den letzten Jahren niemand Neuer beworben hat. Soviel ich weiß, spielen sie keine Meisterschaft mehr, nur mehr unter sich.«

»Warum nicht?«, beschwichtigte Leopold und schenkte Korber nach, um seinen Freund bei Laune zu halten. »Ein bisschen Nachwuchs schadet dort nichts. Alle Jungen fahren doch jetzt hinaus ins ›Bisamberg Billards‹, weil sie glauben, dass sie dort Snooker lernen.«

»Sperrstunde, meine Herren! Das war ein langer und aufregender Tag heute.« Herr Heller klimperte unruhig und unüberhörbar mit seinen Schlüsseln.

»Setzen Sie sich doch noch einen Augenblick zu uns, Herr Chef, und trinken Sie ein Glas mit. Ich kann den Thomas jetzt nicht so einfach hier fortlassen«, sagte Leopold.

»Nein, du musst natürlich warten, bis du mich weichgeklopft hast und ich mich wieder von dir breitschlagen lasse«, protestierte Kober. »Aber diesmal nicht. Auch ich habe meine Arbeit und mein Privatleben.«

»Damit meinst du doch nur deine Weiber beziehungsweise deine Maria. Aber wenn sie was auf dich hält, läuft sie dir schon nicht davon. Wahres Wonneherz wartet willig, um es mit einem Stabreim zu sagen«, deklamierte Leopold.

»Stabreim«, gluckste Korber und schüttelte den Kopf. »Das mir, zu dieser Stunde.«

»Na ja, leicht werden Sie es in jedem Fall nicht haben, Herr Korber«, ächzte Heller, während er mit leisen Zeichen des Unmutes neben den beiden Platz nahm und sich ebenfalls ein Glas einschenkte. »Die im Klub ›Alt-Floridsdorf‹ sind eine eingeschworene Clique, wie Sie selbst schon bemerkt haben. Bis in die 70er-Jahre konnte man hier im Bezirk ja nur in unserem Kaffeehaus Billard spielen. Dann haben sich einige Herren – wie es heißt, nach einer durchzechten Nacht – entschlossen, einen Klub aufzumachen, ›in Erinnerung an alte Zeiten‹, was auch immer das für sie bedeutet hat. Sie haben im Extrazimmer von dem kleinen Lokal vorne in der ›Roten Burg‹* zwei Tische aufstellen lassen und sich mit der Zeit mehr oder minder von der Kneipe emanzipiert, mit eigenem Eingang und so. Zwei Tische, dass ich nicht lache. Damit wollten sie uns ans Leder, haben geglaubt, sie werden eine Konkurrenz. Schauen Sie sich um, lieber Lehrer: Wir haben noch heute unsere drei Tische, und besser gepflegt sind sie auch.«

Heller schien richtig in Fahrt zu kommen, nun, da seine Frau zu Bette lag. Leopold und Korber blieb nichts anderes übrig, als ihm zuzuhören, wenn sie ihre Flasche

---

* Der Gemeindebau heißt zwar ›Bieler Hof‹, wird im Volksmund aber seit jeher wegen seiner roten Fassade ›Rote Burg‹ genannt. Der Klub und das Lokal sind – wie alle anderen im Buch – frei erfunden.

in Ruhe leer trinken wollten. »Sie haben es schon bald aufgegeben, mit uns in Wettbewerb zu treten, sind lieber unter sich geblieben. Ich glaube im Gegensatz zu Leopold nicht, dass sie gerne jemand Neuen bei sich aufnehmen. Bei todes- oder altersbedingten Ausfällen vielleicht schon, aber sonst … Und wissen Sie, Herr Lehrer, was man sich noch über den Klub erzählt?«

Korber schüttelte den Kopf. Er versuchte gerade herauszufinden, welche Klasse er in der ersten Stunde unterrichten musste.

»Von regelrechten Orgien ist die Rede, überhaupt, seit Fellner dabei war. Eigener Eingang, mehr brauche ich nicht zu sagen. Da sind dann auf den Tischen ganz andere Stöße vollführt worden. Soll alles der Fellner arrangiert haben.«

»Thomas, das wäre doch was, wenn du auch gleich bei so einer Orgie dabei sein würdest. Da hätten wir schnell eine Spur zu dem Mörder«, sagte Leopold zu seinem Freund.

Korber war in seinen Gedanken woanders. Es war, soweit er sich erinnern konnte, die sechste Klasse in Deutsch. Die sechste Klasse in der ersten Stunde. Stoff: Vorbereitung der Präsentationen. ›Ratschläge für einen schlechten Redner‹ von Kurt Tucholsky. ›Fange nie mit dem Anfang an, sondern immer drei Meilen *vor* dem Anfang‹, und so weiter.

»Aber das Beste kommt noch, meine Herren! Fellners Frau war auch einmal bei einer solchen Orgie zugegen, heißt es, mehr oder weniger unfreiwillig, und da soll er mit ihr auch seine bösen Scherze getrieben haben – schlimme Dinge, wenn man den Gerüchten Glauben schenken soll.«

»Nein, was Sie alles wissen, Herr Chef, das weiß ja nicht einmal ich«, bemerkte Leopold staunend, ohne sich nach pikanten Details zu erkundigen. »Und trotzdem ist sie ihm bis zuletzt treu geblieben?«

»Das würde ich nicht behaupten. Angeblich hat sie einen Freund, und die Ehe existiert nur mehr auf dem Papier, wegen der Pension. Eine traurige Geschichte«, sagte Heller. »Und so etwas nennt sich Billardklub. Zwei Tische! Ich beneide Sie jedenfalls nicht um Ihre Aufgabe, Herr Lehrer.«

»Du gehst aber trotzdem morgen dorthin und nimmst ein paar Trainingseinheiten«, sagte Leopold streng.

»Also gut, von mir aus«, gab Korber, noch immer in Trance, nach. Sechste Klasse, dachte er. Da darf ich mich nicht blamieren. Den Wortwitz von Tucholsky herausstreichen. ›Wenn du einen Witz machst, lach vorher, damit die Leute die Pointe verstehen‹, und so weiter.

»Das ist schön von dir, dass du mich nicht im Stich lässt«, freute Leopold sich.

»Sperrstunde«, sagte Heller und rasselte ein letztes Mal mit den Schlüsseln.

Und so traten Leopold und Korber hinaus in die nun wieder trockene, aber kühle Frühlingsnacht. Automatisch steuerten beide auf Leopolds Wagen zu. Es war ein ungeschriebenes Gesetz, dass er seinen Freund nach solchen langen Abenden nach Hause brachte. »Morgen hat der Waldi Frühdienst, da werde ich mich vor meinem Arbeitsbeginn noch nach der Kinokarte erkundi-

87

gen«, murmelte Leopold mehr zu sich selbst, als sie bei seinem Auto ankamen.

»Nach welcher Kinokarte?«, fragte Korber, den die frische Nachtluft wieder munter gemacht hatte.

Leopold knallte die Wagentüre zu und fuhr los. »Welche Kinokarte, welche Kinokarte«, sagte er mürrisch. »Ach so, das habe ich dir ja noch gar nicht erzählt. Es handelt sich um ein Beweisstück, das ich neben Fellner gefunden habe, eine Karte aus dem Kinocenter Nord von gestern Abend. Etwas vom Regen verwaschen, aber noch eindeutig identifizierbar. Nur der Titel ist schon etwas unleserlich, irgendetwas mit ›Morgen …‹«

»›Morgen ist Dienstag‹«, ergänzte Korber. »Ein Rührstück, eine Schnulze. Relativ aktuell.« Dabei wünschte er sich, dicht neben Maria Hinterleitner in einem abgedunkelten Kinosaal zu sitzen, ihren Körper zu ahnen, ihre Haut zu riechen und ihre Gegenwart zu fühlen.

»Also gut, Herr Professor, ›Morgen ist Dienstag‹. Den Film muss sich der Fellner einen Tag vor seinem Tod noch angeschaut haben. Zeitlich geht sich das aus, weil er seine Billardpartien am Nachmittag gespielt hat. Interessanter Aspekt, oder?«

»Sag mir lieber, warum du die Karte, wenn sie schon ein Beweisstück ist, nicht deinem Freund Juricek gezeigt hast. Da macht dir sicher wieder dieser Bollek Schwierigkeiten.«

»Das lass nur einmal meine Sorge sein, Thomas«, entgegnete Leopold verärgert. »Gerade Bollek hat mich heute gründlich demotiviert. Soll er schauen, wie weit er ohne die Karte kommt. Aber keine Angst, wenn es wichtig ist, wird Richard schon noch davon erfahren. Mich interessiert einmal vorrangig, *mit wem* Fellner im Kino war. Der hat sich diesen Schmusefilm sicher nicht allein angeschaut, da wette ich was. Ist es verwegen, wenn ich behaupte: Da war ein Weib dabei?«

»Behaupte, was du willst«, brummte Korber. »Aber nehmen wir einmal an, dieses Ticket gehört Fellner, und er war mit einer Frau im Kino. Was sagt das aus? Hast du im Kaffeehaus unter seinen Bekannten, also im Kreis der Verdächtigen, auch nur eine Frau gesehen?«

»Muss es denn die Frau getan haben? Es gibt genug eifersüchtige Männer auf der Welt, merk dir das. Nein, nein, die Dinge müssen sich erst entwickeln, und wir sind schon einmal auf der richtigen Spur.«

Mit diesen Worten stieg Leopold etwas unsanft auf die Bremse, das Zeichen für seinen Freund, dass sie bei ihm zu Hause angekommen waren. Nachdem sie sich verabschiedet hatten, atmete Korber mit ein paar kurzen, gierigen Zügen die Jedlersdorfer Nachtluft ein. Dann ging er hinauf in seine kleine, bescheidene Wohnung.

Als er sich niederlegte, versuchte er, den Tag und dessen Ereignisse aus seinem Gedächtnis zu streichen. Er schlief kurz und traumlos.

*

Olga Fellner saß Juricek und seiner Kollegin, Frau Inspektor Dichtl, gefasst gegenüber. Ihr Gesichtsausdruck blieb unbewegt, ihre Augen starrten ins Leere. Und gerade diese blaugrünen Augen waren es, die Juricek stutzig machten. Sie waren von Anfang an gerötet gewesen, schon als Olga die Türe geöffnet und sie, vorbei an der Rezeption, ins Wohnzimmer geführt hatte – so als hätte sie eben gerade geweint. Von irgendwoher, von irgendwem musste sie bereits vom Tod ihres Mannes erfahren haben. Natürlich stritt sie es ab, spielte den beiden Beamten eine Komödie vor. Aber sie wusste von dem Unfall, das traute sich Juricek zu wetten. Oder war sie gar an den Geschehnissen beteiligt gewesen?

»Nach dem derzeitigen Stand der Dinge müssen wir davon ausgehen, dass Ihr Mann gewaltsam ums Leben kam«, sagte Juricek. »Hatte er Feinde?«

»Gott, wie können Sie jetzt so etwas fragen«, sagte Olga Fellner mit schwacher Stimme, aber deutlich vernehmbar. »Feinde. Das klingt ja so, als sollte ich, kaum dass ich von seinem Ableben erfahre, gleich mit einer Liste kommen, wer ihn alles getötet haben könnte. Finden Sie das nicht ein wenig pietätlos?«

»Es ist leider unsere Aufgabe, Fragen zu stellen, auch wenn wir wissen, dass sie Ihnen in der augenblicklichen Situation alles andere als angenehm sind«, versuchte Frau Inspektor Dichtl zu beruhigen. »Kurz gesagt, wir meinen, es war Mord, und vielleicht wissen Sie, wer es getan hat.«

Olga Fellner seufzte. »Da kann ich Ihnen leider nicht dienen. Ich habe keine Ahnung.«

»Was war Ihr Mann für ein Mensch?«, fragte jetzt wieder Juricek. »Können Sie uns vielleicht darüber etwas sagen?«

»Kein einfacher jedenfalls, das wird sich vielleicht schon bis zu Ihnen herumgesprochen haben. Ich würde sagen: ein Kind, ein großes Kind, das nie richtig erwachsen geworden ist. Ein Kind hat viele Begabungen und gute Ideen. Die hatte er auch und machte wenig daraus. Ein Kind braucht Anerkennung und Aufmerksamkeit. Die hat er immer lautstark gesucht. Ein Kind spielt gerne, und sein Leben lang hat Georg andere Menschen als Spielzeug betrachtet. Aber an Verantwortung hat's ihm, wie jedem Kind, gefehlt. Genügt Ihnen das?«

Juricek nickte. »Und wie sind Sie mit diesem großen Kind ausgekommen?«

Sie seufzte. »Überraschend gut. Es war eine Liebesheirat, und wir hatten ein paar tolle Jahre zusammen. Natürlich gab es auch Probleme, wer hat die nicht in 15 Jahren Ehe. Zeitweise war er, wie gesagt, sehr schwierig, aber ich wusste mit ihm umzugehen. Wir waren bis zuletzt gute Partner.«

Sein Gefühl sagte Juricek, dass etwas an dieser Aussage nicht stimmte. Zu aufgesetzt klangen die Worte, zu mechanisch kamen sie daher. ›Ich hatte kein Motiv, Georg umzubringen, ich mochte meinen Mann‹, sollte wohl die Botschaft lauten. Allein, Juricek fehlte der Glaube. Von wirklicher Liebe oder Anteilnahme spürte er nichts.

Wie also war das gemeinsame Leben von Georg und Olga Fellner wirklich verlaufen? Juricek schaute sich kurz um. Die Wohnung war nicht allzu groß, man hatte offensichtlich Platz zugunsten der Fremdenzimmer gespart. Das Wohnzimmer, in dem sie sich jetzt befanden, war stilvoll-rustikal eingerichtet: eine Bauernecke mit Sitzbank, zwei Glasvitrinen, eine alte Pendeluhr an der Wand, der Fernseher in einem kleinen Schrank versteckt, ein Regal mit alten Büchern. Hatte Fellner sich hier wohlgefühlt, oder war er nur Gast im eigenen Heim gewesen?

»Haben Sie Kinder?«, fragte Juricek direkter, als er vorgehabt hatte.

»Nein«, sagte Olga überrascht und entrüstet zugleich. »Was hat denn das alles mit dem Tod meines Mannes zu tun?«

»Ich möchte mir ein Bild machen, Frau Fellner: von Ihrem Mann, Ihrer Beziehung zu ihm, von seinen Bekannten und Freunden. Er war öfters mit Ihrem Neffen, Oskar Fürst, zusammen, habe ich gehört. Mochte er den Jungen sehr?«

»Das kann man wohl sagen. Für Oskar hätte er beinahe alles getan. Ich weiß freilich nicht, ob Georg immer der beste Umgang für ihn war. Mein Bruder behauptet das Gegenteil.«

»Dass Ihr Mann Oskar zu allerlei Unfug verleitete, ihn nachts überallhin mitnahm? Dass er schuld daran war, wenn Oskars Leistungen in der Schule nachließen? Das machte ihn wohl wütend und führte zu Streitigkeiten?«

»Ja, mein Gott! Max hat Georg nie besonders leiden können, und dass mein Mann dann auch noch ein so gutes Verhältnis zu seinem Sohn hatte, bereitete ihm ziemliche Probleme. Mein Bruder ist als Vater ein ziemlicher Versager, viel zu streng und konservativ, mit

Georg hatte Oskar eben seinen Spaß. Die zwei sind schon ab und zu aneinandergeraten, von wegen Erziehung und so. Georg hat Max dabei immer ganz schön auf die Palme gebracht.«

Das war offensichtlich Fellners Stärke gewesen: andere Leute auf die Palme bringen. Juricek sparte sich die Frage, ob Olga Max zu einem Gewaltverbrechen an ihrem Mann fähig hielt. Er würde wohl keine ehrliche Antwort erhalten. Stattdessen fragte er: »Wo waren Sie heute Abend zwischen 22 und 23 Uhr?«

»Hier zu Hause. Ich habe ferngesehen und auf Georg gewartet. Als er nicht auftauchte, ging ich zu Bett.«

»Gibt es dafür Zeugen? Damit Sie mich nicht falsch verstehen: Ich muss Sie das fragen.«

»Das sogenannte Alibi, nicht wahr? Nein, ich glaube nicht, dass es dafür Zeugen gibt«, sagte Olga matt, aber bestimmt. »Die Pension und unsere privaten Räumlichkeiten sind baulich voneinander abgetrennt, geläutet hat in dieser Zeit auch niemand. Aber Sie können sich ja erkundigen, vielleicht hat mich jemand wahrgenommen.«

Juricek erhob sich und reichte Olga Fellner zum Abschied die Hand. »Das war's dann, Frau Fellner. Sobald wir etwas in Erfahrung gebracht haben oder noch von Ihnen wissen wollen, werden wir uns wieder bei Ihnen melden. Jetzt lassen wir Sie aber in Ruhe. Kommen Sie zurecht?«

Sie nickte stumm. »Noch einmal herzliches Beileid«, murmelte Juricek verlegen. Er war für solche Situationen nicht geschaffen.

Draußen auf der Straße genoss er für einige Augenblicke die Frische der Nacht, ehe er den Mantelkragen hochstellte und kurz in Richtung seiner Kollegin brummte: »Und?«

Vera Dichtl kannte ihren Vorgesetzten. Sollte heißen: ›Wie würden eigentlich Sie als Frau die Fellner einschätzen? Das war schließlich einer der Gründe, weshalb ich Sie mitgenommen habe.‹ »Diese Frau ist glatt wie ein Fisch«, sagte sie. »Ich glaube auch, dass sie bereits über den Tod ihres Mannes informiert war.«

Juricek nickte zufrieden. »Sehen Sie, und genau dasselbe habe ich mir auch gedacht.«

6

Als Leopold gegen Mittag die Kassenhalle des Kinocenters betrat, konstatierte er eine abstoßende Leere. Es war noch nicht viel los. Ein paar Halbwüchsige standen herum, in einer Ecke lehnte ein Pärchen. Was Leopold aber sofort auffiel und bis in sein Innerstes irritierte, war die Seelenlosigkeit, die dieser Ort ausstrahlte, die absolute Anonymität von allem und jedem, das sich hier herinnen befand, die Sterilität der nackten Wände. Das tat weh.

Ein Kino – was war das früher im Bezirk für ein Ort gewesen. Ein Kulturzentrum mit Herz, ein Treffpunkt, der gleich nach dem Kaffeehaus kam, der Einlass in eine Traumwelt, den man jederzeit ansteuern konnte, wenn man ein Rezept gegen Trübsal brauchte. Leopold erinnerte sich an den Geruch von Popcorn, der den Saal von der ersten bis zur letzten Reihe durchströmte, und an eine seltsame Mischkulanz anderer Düfte, die heute wohl durch ein intaktes Belüftungssystem endgültig vertrieben worden waren. Damals genügte es, wenn zuweilen ein Angestellter mit Raumspray den Kampf gegen Gestank und stickige Luft aufnahm. Er erinnerte sich an die Klappsessel aus Holz, in denen man unbequem saß und die Füße nicht ausstrecken konnte, daran, dass man seinen Platz immer hinter jemandem hatte, der weit größer war als man selbst und an dem vorbeizuschauen unweigerlich zu Genickstarre führte. Wenn man jedoch ein Mädchen mithatte, spielte das alles keine Rolle. Sie war ganz nah, und man konnte in der Dunkelheit viel mit ihr anstellen. Er erinnerte sich auch an Augenblicke, wo es auf der Leinwand plötzlich finster wurde, weil der Film gerissen war. Niemand vermochte dann zu sagen, wann die Vorstellung weitergehen würde, denn der Operateur hatte die verruchte Gewohnheit, zwischen zwei Filmrollen auf ein Glas Bier zu gehen. Irgendwie wurde er aber doch noch von irgendwo hergezaubert, und alles fand ein gutes Ende.

Ein Kino hatte eben Atmosphäre gehabt. Im Foyer hatten sich selbst an einem Freitag am frühen Nachmittag mitunter mehr Leute getroffen als sonntags nach der Kirche – wenn man Leopolds Erinnerungen Glauben schenken durfte. Ließ man hingegen hier seinen Blick durch die Runde schweifen ... Einfach gar nichts war los. Das Pärchen in der Ecke machte nicht einmal den Ansatz zu einer Knutscherei. Sicherlich, man wurde mit der neuesten Technik verwöhnt, mit gepolsterten Sitzen, genügend Platz und optimaler Sicht. Dennoch blieb Leopold dabei: Diese neuen Kinozentren waren einfach keine Kinos mehr.

Leopold zog ein Foto aus der Innentasche seines Mantels, das er in der Bezirkszeitung gefunden hatte und auf dem Fellner zusammen mit einigen anderen Billardspielern quasi zur Vorankündigung des Turniers abgebildet war. Das Foto hatte auch schon einige Jahre auf dem Buckel, Fellner war darauf allerdings noch gut zu erkennen. Für den heutigen Zweck musste es reichen.

Ein wenig unsicher schritt Leopold auf eine der beiden geöffneten Kassen zu, in der eine Enddreißigerin mit Brille und kurzen, schwarzgelockten Haaren saß.

Der Ort war ihm noch immer nicht geheuer. »Keine Angst, junger Mann«, sagte die Dame. »Der nächste Film ist jugendfrei.«

Leopold machte eine beschwichtigende Geste. »Verzeihen Sie, ich bin nicht gekommen, um mir eine Karte zu kaufen«, sagte er. »Ich bräuchte eine Auskunft. Waren Sie vorgestern Abend hier?«

»Ja, warum?«

»Können Sie mir sagen, ob dieser Herr« – er zeigte auf das Foto – »in der Vorstellung um 20 Uhr war? Der Film heißt ›Morgen ist Dienstag‹, glaube ich.«

»Warum wollen Sie denn das wissen? Sind Sie von der Polizei oder sonst ein Schnüffler?«

»Na ja, eigentlich bin ich privat da. Der Herr ist nämlich gestern Abend plötzlich verstorben, und über seine letzten Stunden ist uns wenig bekannt. Es sind einige Gerüchte im Umlauf, deshalb würde ich gerne wissen, ob er sich diesen Film angesehen hat, und ob allein oder in Begleitung.«

»Männlich oder weiblich?«, kam es spontan von der Dame in der Kassa.

»Ich tippe stark auf weiblich.«

»Also, wenn ich ehrlich bin, kann ich mich nicht an den Herrn erinnern, aber am Abend sind ja auch mehr Kassen geöffnet. Mit einer Tussi, sagen Sie? Sind Sie sich da sicher?«

»Ziemlich. Warum?«

Jetzt kam der Dame erstmals ein Lächeln aus. »Haben Sie denn noch nichts von dem Film gehört, junger Mann? Na, dann erzähle ich Ihnen ein bisschen was, es ist jetzt ohnehin kaum etwas los. Es geht um eine junge Frau, die mit einer anderen jungen Frau in einer Beziehung lebt, aus der sie aber irgendwie aussteigen will.«

»Sie meinen eine lesbische Beziehung?«

»Die Männer nennen es gerne so. Ich würde sagen, die beiden Frauen mögen einander eben sehr. Da lernt sie – Pat heißt sie, glaube ich – John, einen jungen Mann, kennen. Der lebt aber in einer Beziehung mit seinem Universitätsprofessor.«

»Die beiden mögen sich wohl auch sehr?«, fragte Leopold interessiert.

»Stimmt! Aber Pat und John verlieben sich ineinander, und das verkompliziert die Sache. Sie wissen nicht, wie sie mit ihren neuen Neigungen umgehen sollen, dazu kommen Eifersucht und Intrigen der Partner, also ein ziemliches Chaos. Jeder fragt sich: Kommen Pat und John zusammen? Und jetzt kommen wir zum entscheidenden Abschnitt. Pat ist der festen Überzeugung, dass alle wichtigen Entscheidungen in ihrem Leben an einem Dienstag fallen. Am Montag sieht es so aus, als sei ihre Beziehung zu John endgültig gestorben, aber …«

»Aber es kommt ja der Dienstag.« Leopold konnte dem Ganzen noch folgen.

»Eben. Sie haben's erraten, junger Mann. Am Dienstag wendet sich das Blatt noch einmal. Happy End für Pat und John, aber nicht für alle. Haben Sie nicht gelesen, dass es Proteste lesbischer Vereinigungen gegen das Ende des Films gab?«

»Sie meinen, Proteste von vielen Frauen, die sich gern mögen«, korrigierte Leopold spitzbübisch.

»Genau das meine ich«, lächelte die Dame in der Kassa

zurück. »Der Film sei stark tendenziös und diskriminierend. Er beweise die konservative Einstellung unserer Gesellschaft und ihre feindselige Haltung gleichgeschlechtlichen Paaren gegenüber. Auch einige Männer, die sich gern mögen, haben protestiert, aber mehr Frauen. Seither ist es Kult, dass sich Frauen den Film mit ihrer Freundin anschauen und Männer mit ihrem Freund, aus Solidarität sozusagen. Am Mittwoch konnte man schon einige Pärchen sehen, ich habe ein Auge dafür. Der Herr auf dem Foto ist mir dabei nicht aufgefallen.«

»Können Sie vielleicht Ihre Kollegen und Kolleginnen fragen und mich dann zurückrufen?«, bat Leopold und spielte dabei seinen ganzen Charme aus. »Das ist meine Nummer.«

»Gerne. Hoffentlich nützt's was.« Sie steckte den Zettel ein. »Aber ob es die Gerüchte zum Verstummen bringen wird? Wie gesagt: Herr und Dame ist bei diesem Film eher selten, schon gar nicht, wenn es so ist, wie ich denke, dass Sie meinen.«

Leopold musste einmal kurz angestrengt nachdenken, um den Sinn des letzten Satzes vollständig zu erfassen. Dann bedankte er sich und ging. Eigentlich war er so klug wie zuvor. Er wusste nicht einmal, ob sich Fellner den Film angesehen hatte, geschweige denn mit wem. Warum hätte er sich ihn ansehen sollen? Ein allzu großer Cineast schien dieser Lebemann nicht zu sein. Und um sich mit einer Dame zu vergnügen, wie es wohl eher seine Art war, dazu bot ›Morgen ist Dienstag‹ offenbar keinen Anlass.

Da fiel Leopold wieder Oskar Fürst ein, der unauffäl-

lige Junge, der in der Schule Schwierigkeiten hatte, weil
er sich so viel mit seinem Onkel herumtrieb und für sein
Alter ganz schön verdorben war. Gab es da mehr als dieses rein vertrauliche Verhältnis? Bestand gar eine homo-
erotische Neigung zwischen den beiden, in etwa so eine
wie zwischen dem Studenten und dem Universitätsprofessor im Film? Und war Georg Fellner deswegen mit
Oskar Fürst an diesem Mittwoch ins Kino gegangen?

Leopold wollte diesen Gedanken gleich wieder verwer-
fen, aber je näher er seiner Arbeitsstätte kam, desto lieber
gewann er ihn. Was sprach eigentlich dagegen? Auf jeden
Fall erhielt der Mordfall dadurch einen neuen Aspekt,
und Oskar Fürst und sein Vater waren tief darin verwickelt – wenn, ja wenn ihm die Kinotante den Besuch Fellners noch bestätigen konnte. Eines stand für Leopold aber
jetzt schon fest: Nichts war mehr so wie früher im Kino.

*

»Leopold, Leopold! Wir haben Frau Jahn auf unserer
Liste vergessen, die war doch bis neun Uhr da und hat
sogar noch eine zweite Schale Kaffee getrunken.«

»Frau Chefin, die Jahn ist über 80, kann nicht einmal mehr gescheit stehen geschweige denn gehen, ist so
schmächtig, dass sie vom ersten Regentropfen erschlagen worden wäre, und hat vom Fellner sicher noch
nie etwas gehört. Was hat sie also auf unserer Liste zu
suchen?«, protestierte Leopold gelangweilt.

»Lieber Leopold, darf ich Sie daran erinnern, dass
dies quasi ein offizieller Auftrag der Polizei ist, den

ich gewissenhaft zu erfüllen gedenke? Da ist äußerste Genauigkeit geboten. Das ist nicht so wie bei Ihren heimlichen Aktionen, mit denen Sie immer alles durcheinanderbringen. Das muss seine Ordnung haben. Jeder muss auf die Liste, hören Sie, jeder, der sich gestern im Kaffeehaus aufgehalten hat.«

»Sie haben hoffentlich berücksichtigt, dass diejenigen, die zur Tatzeit herinnen waren, das Verbrechen schwerlich begangen haben können.«

»Halten Sie mich nicht für blöd, Leopold, so viel Hausverstand sollten Sie Ihrer Chefin schon zutrauen. Aber sonst: Lückenlos muss es sein, hat der Herr Oberinspektor gesagt, das habe ich noch im Ohr. Ich habe ja sogar Herrn Sykora notiert, obwohl er derzeit ohnehin als Hauptverdächtiger eingesperrt ist. Um Gottes willen, hoffentlich hat er noch nicht gestanden. Sonst wären ja meine ganzen Bemühungen umsonst.«

Leopold schüttelte den Kopf. »Da machen Sie sich nur einmal keine Sorgen, ich glaube nicht, dass er's getan hat. Schauen Sie lieber, dass die Liste stimmt, wenn mein Freund, der Oberinspektor, kommt. Und das kann bald sein.«

Die Türe öffnete sich, aber nicht Oberinspektor Richard Juricek betrat das Lokal, sondern der große, robuste Mann mit den Geheimratsecken und dem fauligen Mundgeruch von gestern Abend. Er stellte sich an die Theke und rief, sichtlich von seiner Wichtigkeit überzeugt: »Habe die Ehre. Einen großen Schwarzen. Und einen Weinbrand.«

Noch ehe der Kaffee zur Gänze in die Schale geronnen war, erinnerte sich Leopold an den Kerl. Ein unsympathischer Bursche, der sicher etwas auf dem Kerbholz hatte. »Haben wir den auf unserer Liste?«, fragte er leise und dezent zu Frau Heller hinüber.

»Um Gottes willen, nein! Ich weiß ja nicht einmal, wie er heißt«, kam es von Frau Heller. »Wissen Sie's?«

»Nein, aber das werden wir gleich haben«, sagte Leopold und wandte sich dann mit seiner schönsten Unschuldsmiene an den Unbekannten: »Wie heißen Sie denn?«

»Muss man jetzt schon seinen Namen nennen, wenn man etwas in einem Kaffeehaus bestellt?«, reagierte dieser unwirsch.

»Normalerweise nicht.« Leopold versuchte es jetzt mit einem Lächeln. »Aber Sie wissen ja, was gestern hier bei uns vorgefallen ist. Ein Toter, und keiner kennt sich aus. Die Polizei sucht Zeugen. Da können Sie ihr und uns sehr behilflich sein.«

»Polizei? I bewahre. Die sollen schon selbst zu mir kommen, wenn sie etwas wollen, einem Ober brauche ich keine Fragen zu beantworten.« Bedächtig nahm der unsympathische Gast einen Schluck von dem heißen Kaffee, dann schüttete er den Weinbrand hinein und rührte um. Er überlegte kurz. »Es ist wegen Sykora, nicht?«, sagte er dann.

»Wegen Sykora?« Leopold zog neugierig seine Augenbrauen in die Höhe.

»Ja natürlich! Glauben Sie, ich bin ein Trottel? Der wurde doch gestern abgeführt, nicht?«

»Allerdings.«

»Soll den Fellner vors Auto gestoßen haben. Also, zutrauen würde ich's ihm. Aber er war's nicht.«

»Er war's nicht?«

»Ausgeschlossen. Man braucht ja nur zwei und zwei zusammenzuzählen.« Freund Mundgeruch rührte weiter in seinem Kaffee um. »Kurz nachdem alles passiert war, habe ich Sykora vorne beim Bahnhof gesehen. Er hat sich lautstark darüber aufgeregt, dass er nichts mehr zu trinken bekommt, nicht einmal mehr bei der Würstelbude. Er hat nicht wie jemand gewirkt, der gerade ein Verbrechen begangen hat, sondern eher wie einer, der aufgrund akuten Alkoholmangels bald eines begehen wird.«

»Aber er ist zurückgekommen und hat sich dadurch verdächtig gemacht.«

Der Unbekannte machte eine wegwerfende Handbewegung und zog lautstark den Rotz durch die Nase nach oben. Leopold erschauerte. »Verdächtig gemacht, verdächtig gemacht«, kam es mit einem Husten aus dem Mund des Gastes, der sich dabei eine Zigarette anzündete. »Wenn ich das schon höre. Blödsinn. Wenn Sie mich fragen, war er zur Zeit des Mordes bei der Würstelbude. Allerdings haben ihn später Leute aus Fellners Runde animiert, den Ort des Verbrechens aufzusuchen, das habe ich mit eigenen Augen gesehen. In seinem Suff hat Sykora das auch getan – zu seinem Unglück. Aber den wahren Täter muss man ganz woanders suchen.«

Er zog hastig an seiner Zigarette und begann, den Schleim in seinem Hals mit ein paar gurgelähnlichen Geräuschen zu bearbeiten. Am liebsten hätte Leopold den unbekannten Herrn, von dem er fürchtete, er könne jetzt jeden Augenblick auf den Kaffeehausboden spucken, des Lokals verwiesen. Dazu aber war er im Moment viel zu neugierig, und so kam aus seinem Mund nur ein zärtliches: »Ja? Wo denn?«

Der Herr trank den Kaffee in einem Zug aus. »Ich habe heute Nacht verdammt schlecht geschlafen. Geben Sie mir noch etwas von dem Zeug«, sagte er. Dann dieselbe Prozedur: ein Schluck vom heißen Kaffee, Weinbrand hinein, umrühren. Erst jetzt war er wieder verhandlungsbereit. »Wo?«, wiederholte er die Frage. »Im Billardklub Alt-Floridsdorf natürlich, wo sonst. Nach außen hin alles gute Freunde, aber in Wahrheit ... Na, lassen wir das, ich habs ja gestern schon diesem netten Lehrer zu erklären versucht. Wo ist er übrigens? Ich war der Meinung, er kommt öfters her.«

»Hat sich heute noch nicht anschauen lassen«, bemerkte Leopold und dachte: Hoffentlich bleibt's auch dabei, mein Freund, du hast heute Abend eine wichtige Mission zu erfüllen. Sich in dem Klub umzuschauen, erschien ihm nach dieser letzten Bemerkung des rotznasigen Unbekannten tatsächlich immer wichtiger, noch dazu, wo zu befürchten stand, dass von dem Gast nicht mehr viel Zusammenhängendes in Erfahrung zu bringen war. Es blieb bei Andeutungen, nichts Bestimmtes. Oder doch?

»Lacroix, den Namen müssen Sie sich merken«, kam's mit einem Mal aus dem ungepflegten Mund. »René Lacroix, ein Überbleibsel aus dem Zweiten Weltkrieg. Ein französischer Besatzungssoldat ist wegen seiner Mutter dageblieben. Er war gestern auch hier. Sie erkennen ihn immer daran, dass er krampfhaft versucht, ein paar Brocken Französisch in seine Rede einfließen zu lassen, dabei kann er's kaum, der arme Teufel. Das heißt, ein armer Teufel ist er ja gerade nicht, der hat's faustdick hinter den Ohren. Dem Fellner ist er jedenfalls zuletzt ganz schön auf der Nase herumgetanzt.« Sprach's und trank den Kaffee wieder in einem Zug aus, nicht ohne vorher die Flüssigkeit in seiner Nase etwas weiter nach oben zu befördern.

Der Hobbyfranzose, fuhr es Leopold durch den Kopf, während er sich, durch eine kurze Andeutung des Gastes ermuntert, anschickte, einen weiteren Kaffee mit Weinbrand zuzubereiten. Klar, dass auch der etwas mit der Sache zu tun haben musste.

»Hat ihm ganz einfach die Frau ausgespannt. L'amour, verstehen Sie? Aber Fellner war selbst schuld mit seiner leichtlebigen Art. Offenbar steht die Olga auf alles Französische.« Ein unmotiviertes, asthmatisches Lachen leitete eine Niesorgie ein. Leopold konnte mit einem rechtzeitig gezückten Papiertaschentuch gerade noch das Ärgste verhindern. »Verzeihen Sie«, räusperte sich der Unbekannte auf eine Art, die erneut ein öffentliches Ausspeien befürchten ließ, »verzeihen Sie! Ist mir nur gerade so in den Sinn gekommen, der kleine Scherz. Wo waren wir? Ach ja, bei Olga. Also sehen Sie, die Olga braucht Geld. Die Pension geht immer schlechter, Zahlungen sind ausständig, und so weiter. Fellner wollte nichts mehr zuschießen, als er das von dem Haberer* erfuhr … nicht lachen, Geld hatte Fellner genug, trotz seines aufwendigen Lebenswandels … und angenommen, Lacroix hat Fellner umgebracht: Dann erbt Olga das Geld, das sie

---

* Freund, Genosse; Ausdruck aus der Gaunersprache, heute allgemeiner Dialektausdruck.

105

braucht, um schuldenfrei zu werden, und er kassiert seinen Teil. Ist doch nicht so weit hergeholt, oder?«

Schluck, Weinbrand, umrühren. Kurze Pause. Schnell noch mal den Rotz hochgezogen. Ein Schluck, noch ein Schluck, diesmal sehr geräuschvoll, und wieder war die Tasse leer. Leopold beutelte es ab. Aber wer Wichtiges erfahren wollte, der musste eben leiden.

»Sie können mir vieles einreden, aber der Sykora ... Nie und nimmer ... Die Klubpartie hat ihn aufs Glatteis geführt.« Immer zusammenhangloser wurde des Unbekannten Rede. »Stecken alle mit Lacroix unter einer Decke ... Beherrscht die ganze Mischpoche, glauben Sie mir ... Wo ist eigentlich der nette Lehrer von gestern?«

Leopold wurde ungeduldig. Viel würde aus dem ungepflegten Gast nicht mehr herauszubringen sein. »Warum gehen Sie denn nicht zur Polizei und erzählen ihr das alles?«, fragte er. »Dann wäre Sykora aus dem Schneider und Lacroix, den Sie offensichtlich gar nicht mögen, käme in Schwierigkeiten.«

»Polizei? Ja sind Sie denn wahnsinnig?«, entrüstete sich sein Gegenüber. »Nein, nein, ausgeschlossen. Die haben schon einmal versucht, mir den Unterschied zwischen Eigentum und Fremdbesitz zu erklären. Hat mich zwei Jahre gekostet. Um die Brüder mache ich einen weiten Bogen, so wie gestern. Wenn ich eine Polizeiuniform sehe, wechsle ich normalerweise die Straßenseite, da werde ich denen doch keinen Besuch abstatten.« Schwerfällig kramte er Geld aus der Hosentasche und knallte es auf die Theke. »Das hier ist ehrlich verdient«, sagte er. »Good bye mein Freund!«

Leopold wunderte sich noch, wer dieser seltsame Kerl war und ob er ihn schon einmal irgendwo gesehen hatte, da betrat sozusagen mit dem Windhauch, den der Fremde beim Hinausgehen hinterließ, Maria Hinterleitner mit strahlend weißem Lächeln das Lokal. Täuschte sich Leopold, oder wurde es tatsächlich in diesem Augenblick heller im Kaffeehaus und erhielt die von Rauch und Kaffeeduft geschwängerte Luft eine neue Frische? Jedenfalls zerschmolz er so richtig hinter der Theke. Es gab Augenblicke, da meinte er, seinen Freund Thomas Korber jenseits aller Belehrungen, die er sonst für ihn und seine schwärmerischen Liebesaffären parat hatte, zu verstehen. So wie diesen.

»Grüß Gott, Herr ... Leopold, nicht wahr?«, kam es heiter aus Marias Mund. »Ist vielleicht mein Freund, Herr Professor Korber da? Ich hatte nämlich ein paar Wege, war heute nicht in der Schule und hätte ihn gerne noch gesehen.«

»Bedaure«, sagte Leopold mit belegter Stimme und bedauerte vor allem, dass er so verlegen war. »Der Herr Professor haben heute noch nicht die Ehre gehabt, uns einen Besuch abzustatten, und ich fürchte beinahe, Sie werden vergeblich auf ihn warten.«

»Schade«, meinte Maria, »wirklich schade. Aber andererseits wollte ich ohnehin einen Kaffee trinken, also bringen Sie mir bitte eine Melange mit einem schönen Sahnehäubchen.«

Während Leopold den Kaffee aus der Maschine herunterrinnen ließ, sah er, wie Maria Hinterleitner ihr Handy aus der Tasche nahm und einen Anruf tätigte.

Das gefiel ihm gar nicht. Wenn sie Thomas Korber anrief und ihm schön tat, war Gefahr im Verzug. Denn wenn Thomas sich heute Abend im Billardklub ›Alt-Floridsdorf‹ umhören und unter Umständen diesem Lacroix oder jemand anders auf die Schliche kommen sollte, konnte niemand Sentimentalitäten brauchen, die ihn von seiner Aufgabe ablenkten oder gar dazu brachten, sich die Sache noch einmal zu überlegen. Leider neigte Thomas zu solchen Schwächen, und Maria …

Leopold meinte, ein hastiges »Schön, dass du Zeit hast! Bis bald!« zu hören, als er mit der Melange kam. Das war's dann auch schon wieder. Das Handy wanderte zurück in die Tasche. Und Leopold stand ebenso ratlos wie neugierig da. Dass einen die Frauen in solchen Situationen auch immerfort anlächeln mussten.

»Sagen Sie, was ist dieser Professor Korber eigentlich für ein Mensch?«, fragte Maria, während sie sich eine Zigarette anzündete. »Sie kennen ihn sicher sehr gut, das ist ja sein Stammlokal. Auf mich macht er irgendwie den Eindruck, als ob er ein bisschen einsam wäre.«

»Na ja, im Grunde sind viele Menschen einsam und kommen zu uns«, antwortete Leopold ausweichend. »Sonst würden wir ja kein Geschäft machen. Sie suchen eine Unterhaltung, ein zweites Zuhause, und das finden sie im Kaffeehaus. Der Thomas ist schon in Ordnung. Freilich, alleinstehend ist er, und manchmal merkt man das.«

»Ich mache mir Vorwürfe«, gestand Maria. »Vielleicht hätte ich gestern noch ein bisschen dableiben sollen. Eigentlich wollte Thomas ja mit mir fortgehen.

Aber Ingrid – das war die andere Dame – ist eine gute Freundin von mir, eine ehemalige Schülerin aus Hartberg, die mich manchmal dringend braucht. Die Sache ist ein wenig kompliziert.«

»Wie kompliziert?«, entfuhr es Leopold. »Entschuldigen Sie, wenn ich frage, aber es geht um meinen Freund, und der ist leider manchmal auch kompliziert.«

Maria lächelte diesmal nur kurz. »Wirklich? Ich glaube, Ingrid hat ihm gestern Abend ohnedies schon ein wenig über ihre unglückliche Kindheit erzählt. Ihre Mutter hat nie verkraftet, dass sie von Ingrids Vater sitzen gelassen worden ist, und hat sich erhängt. Das arme Kind hat sie dann gefunden, den Strick um den Hals – mit acht Jahren. Sie können sich vorstellen, dass sie das nie ganz verkraftet hat, trotz psychologischer Behandlung und allem Drumherum. Ich bin so eine Art Vertrauensperson, besonders seit wir uns hier in Wien wieder getroffen haben. Aber ich werde sicher bald einmal mit Thomas ausgehen, das verspreche ich Ihnen, vielleicht schon heute oder morgen.«

»Lieber morgen«, entfuhr es Leopold.

»Meinen Sie? Na, wir werden ja sehen.« Jetzt lächelte sie wieder so, dass Leopold überzeugt war, niemand auf der ganzen Welt könnte ihr je wegen irgendeiner Sache böse sein. »Hat er denn heute schon etwas vor?«, fragte sie schelmisch.

»Ich weiß nicht. Aber wenn er nicht im Kaffeehaus auftaucht, ist das kein gutes Zeichen. Da ist er müde und abgespannt und will eigentlich nur in Ruhe gelassen werden ...« Leopold drückte sich sichtlich verle-

gen herum. Hatte Maria Thomas nun angerufen oder
nicht?

»Denken Sie das wirklich?«

Was sollte er sagen? Jeden Augenblick, so fürchtete
Leopold, konnte sich die Türe öffnen und sein Freund
Thomas eintreten. Dann würde Maria ihn umgarnen, in
ihr Netz einfangen und dazu verleiten, den Abend mit
ihr zu verbringen. Und Thomas' Einsatz im Billardklub
›Alt-Floridsdorf‹? Den konnte er sich dann vermutlich in die Haare schmieren. »Meistens ist es halt so«,
bemerkte er schroff und begab sich hinter die Theke.

Dann öffnete sich die Türe tatsächlich, aber kein ver-
liebter Thomas Korber kam herein, sondern das ein
wenig zerzauste Rotkäppchen vom Vortag. Sie begrüßte
Maria mit einer herzlichen Umarmung und einem Kuss,
dass Leopold gleich ganz warm ums Herz wurde. Mit
Freuden brachte er noch eine Melange. Maria hatte sich
vorhin am Telefon mit ihrer Freundin Ingrid verabredet. Er hatte sich unnötig Sorgen gemacht.

Andererseits: Wieso steckten die beiden Damen
schon wieder beieinander? Wurde Maria von Ingrid
wieder dringend benötigt? Für seinen Freund Thomas
Korber konnte das nichts Gutes bedeuten, denn er hatte
sich in eine liebenswürdige, sympathische, schöne Frau
verliebt, die sich den Problemen einer anderen, jüngeren
Frau mehr widmete als seinen eigenen. Ja, Maria hatte
noch nicht einmal begonnen, die Probleme von Thomas zu entdecken. Thomas hatte vermutlich das Übliche
getan: Er hatte seine Gefühle an ein weibliches Wesen
verschenkt, das diese nicht erwidern würde. Nicht gut

für die Stimmung. Leopold sah wieder eine Menge psychologische Kleinarbeit auf sich zukommen.

Und er sah noch mehr. Er vermeinte zu bemerken, wie sich während des Gespräches Marias Hand um Ingrids Hüfte legte und sie dort zärtlich zu kraulen begann. Jetzt aber!

War das nur ein Versuch Marias, beruhigend auf ihre Freundin einzuwirken, oder war da mehr? Fand die Lehrerin vielleicht etwas an dem Fingernägel kauenden Rotkäppchen? Jetzt nahm sie einen Schluck vom Kaffee, und Ingrid schnuckelte ihr doch glatt mit den Fingern das Sahnehäubchen von den Lippen. Beide lachten und schauten für einen Augenblick wirklich aus wie ein verliebtes Paar.

Leopold gefiel das nicht, um ehrlich zu sein: überhaupt nicht. Er zog sich diskret zurück und servierte einen Toast in die hintere Loge. Wie viele andere Vertreter seines Geschlechts war er unangenehm von der Tatsache berührt, dass die Frauen nebst anderen Bereichen auch in der Liebe ohne Männer ihr Auslangen zu finden schienen. Das wirkte irgendwie beunruhigend. Für Thomas sah er jetzt sowieso endgültig schwarz. Er konnte nur hoffen, dass sein Freund nicht doch noch unvermutet auftauchte und diese Tragödie miterlebte.

Wieder öffnete sich die Tür, und Frau Jahn stolperte auf ihrem Stock herein. Bei ihrem Anblick besserte sich Leopolds Laune schlagartig. »Frau Chefin, jetzt wird's ernst«, rief er in die Küche. »Unsere Mörderin ist da.«

*

Draußen, in der Welt vor dem Kaffeehaus, wurde es schon langsam finster. Drinnen wurde eifrig gespielt, in Zeitungen geblättert, getratscht und getrunken. Thomas Korber war, Gott sei Dank, nicht gekommen, und Maria Hinterleitner und ihre Freundin Ingrid waren, Gott sei Dank, schon wieder gegangen. Das Herumgeschnuckele hatte Leopold überhaupt nicht gepasst.

Jetzt schob Oberinspektor Juricek seinen breitkrempigen Hut in die rauchgeschwängerte Luft hinein. Er grüßte, stellte sich nach vor an die Bar und bestellte einen großen Braunen. Frau Heller war sofort zur Stelle, um ihn zu bedienen. »Sie müssen sich jetzt schon ein wenig unseren Gästen widmen, wie das ja Ihre eigentliche Aufgabe ist, Leopold«, sagte sie dann gekünstelt. »Sie stören nur, während ich mit dem Herrn Kommissar parliere. Hier handelt es sich jetzt um legale polizeiliche Aufklärungsarbeit und nicht um eine Ihrer Räubergeschichten.«

Juricek rührte gelassen in seiner Kaffeetasse um. »Lassen Sie meinen Freund ruhig zuhören, Frau Heller«, sagte er dann. »Er kennt ja sicher so ziemlich alle, die draufstehen, und das kann sehr hilfreich sein.«

»Ist eh nix los«, bemerkte der Angesprochene mit einer ausladenden Geste.

So musste Frau Heller widerwillig in Kauf nehmen, dass Leopold bei der Präsentation ihrer mit großer Sorgfalt erstellten Liste zugegen war. Dadurch konnte sie sich natürlich bei Weitem nicht so in Szene setzen wie geplant. Leopold redete ständig drein, immer wusste er noch etwas zu berichten, und die Länge des Aufenthaltes einzelner

Gäste schien er auswendig im Kopf gespeichert zu haben. Frau Heller bekam schließlich vom Herrn Oberinspektor ein kleines kriminalistisches Lob. Das war aber auch schon alles. Dann wandte der sich seinem Freund zu.

»Die Leute aus dem Billardklub sind die wichtigsten. Die werden wir uns einzeln vornehmen«, sagte Juricek zusammenfassend.

»Mein Freund Thomas Korber wird heute dort eine Billardstunde oder deren zwo nehmen«, bemerkte Leopold vorsichtig. »Ich habe gemeint, er kann sich bei dieser Gelegenheit ein bisschen umhören. Nur wenn es dir recht ist, selbstverständlich.«

Juricek lächelte kurz süffisant. »Ach, wir spielen schon wieder den Privatdetektiv? Und schicken Herrn Korber in die Schlacht, während wir uns selbst im Hintergrund halten? Interessant. Also, dagegen, dass er sich im Billard verbessern will, kann ich wohl nichts einwenden. Aber er soll sich das Ganze nur anschauen, hörst du? Nur anschauen. Vielleicht fällt ihm ja etwas auf. Den Rest erledigen wir. Du weißt: keine Eigenmächtigkeiten! Das kann verdammt gefährlich werden, vor allem, wenn sich dort wirklich ein Mörder aufhält.«

»Du glaubst also nicht, dass es der Sykora war?«

Juricek zuckte mit den Achseln. »Was weiß ich? Wir stehen erst am Anfang der Ermittlungen. Natürlich spricht viel gegen Sykora. Er ist ein unbeherrschter Patron, hat Fellner mehrmals bedroht, war ständig in der Nähe des Tatortes. Zu seiner Verteidigung ist ihm eigentlich nichts eingefallen, weil er sich an den gestrigen Abend nur bruchstückhaft erinnern kann. Und

Bollek hat ihn so ins Herz geschlossen, dass er ihn noch eine ganze Weile bei uns haben will.«

»Aber richtigen Beweis habt ihr noch keinen. Und gerade vorhin hat ein Gast behauptet, er habe Sykora zur Tatzeit – das heißt, nur kurz nachher – vorne beim Bahnhof bei einem Würstelstand gesehen.«

»Wie heißt der Mann?«

»Weiß ich nicht. Ist kein Stammgast, war aber gestern beim Turnier da und ist heute wiedergekommen. Kennt die ganzen Leute. Seinen Namen hat er uns leider nicht verraten.«

»Na, dann zählt das nicht viel. Nein, nein, ein bisschen wird Sykora schon noch bei uns brummen müssen. Vielleicht fällt ihm ja noch ein, was er gemacht hat, nachdem er das ›Elvira‹ verlassen hat, und wer oder was ihn entlasten könnte. Natürlich verfolgen wir auch andere Spuren. Mit Oskar Fürst und seinem Vater haben wir schon gesprochen. Jetzt müssen wir uns eben die anderen Gäste ansehen, hauptsächlich diese Leute vom Billardklub. Sie sind ja tatsächlich hier auf der Liste rot unterstrichen. Ich kann nur wiederholen, das haben Sie wirklich sehr schön gemacht, Frau Heller.«

»Danke vielmals. Man tut, was man kann, und es ist ja auch meine staatsbürgerliche Pflicht. Ich hab halt geschaut, dass sich der Herr Kommissar gleich auskennen«, sagte Frau Heller, errötete leicht und nahm einen Schluck vom Rotwein.

Juricek steckte die Liste ein und wollte schon gehen, da hielt ihn Leopold noch mit einer Frage zurück: »Sag, Richard, glaubst du … ich meine, wäre es möglich,

114

dass … dass Oskar Fürst mit dem Fellner eine Art Verhältnis hatte?«

Juricek blieb einigermaßen irritiert stehen. »Wovon redest du? Was für eine Art Verhältnis soll denn das sein?«

»Na ja, eben stärker als zwischen Onkel und Neffe üblicherweise. Ich meine, könnte es sein, dass der Fellner einen richtigen Stand auf Oskar hatte?«

Juricek schüttelte den Kopf: »Was du schon wieder daherredest, Leopold. Sieht mir ganz so aus, als ob du deine Nase bereits fleißig in Dinge steckst, die dich nichts angehen. Damit wir uns gleich richtig verstehen: Es ist hilfreich, wenn du dich umhörst, die Augen offenhältst und uns informierst, wenn dir etwas Verdächtiges auffällt. Aber es gibt Dinge, die Sache der Polizei sind und dich nichts angehen. Nach dem, was ich jetzt alles gehört habe, fürchte ich, du steckst schon mitten drinnen in der ganzen Geschichte. Hast du etwas auf dem Herzen? Dann sprich jetzt, oder schweige für immer.«

Leopold zögerte. »Olga Fellner ist von ihrem Mann nicht immer sehr fein behandelt worden. Sie hat einen Liebhaber, diesen Lacroix, und nach dem Billard sollen im Klub Orgien stattgefunden haben. Reicht das?«

»Fürs Erste nicht schlecht«, lächelte Juricek. »Ich weiß ja, wofür ich dich habe studieren lassen. Noch was?«

Wieder zögerte Leopold. Jetzt war an sich der Augenblick, um mit der Kinokarte herauszurücken. Aber sollte er wirklich? Zwei Seelen wohnten – ach! – in seiner Brust. Einerseits konnte er sich durch Abgabe des Tickets

rühmen, einen wichtigen Beweis geliefert zu haben und
weiterhin Juriceks vollstes Vertrauen genießen. Andererseits war die Karte sein Trumpf, den er auszuspielen
gedachte, wenn die Zeit dafür gekommen war, sein Infor-
mationsvorsprung gegenüber seinem Freund und vor
allem gegenüber Intimfeind Bollek. Brav sein und kriminalistisch zu ermitteln waren zwei grundverschiedene
Dinge. Also beschloss er abzuwarten. Irgendwie würde
er in der Not das Ding dann schon deichseln.

»Nein«, sagte er deshalb unschuldig, »einstweilen
nicht.«

»Alsdann.« Juricek tippte sich zum Abschied auf seinen Sombrero. »Sobald es etwas Neues gibt, rühr dich
bitte. Aber – na, du weißt schon.«

»Da haben Sie's gehört, Leopold«, kam es von Frau
Heller hinter der Theke. »Ordentliche Arbeit ist gefragt
und kein Herumschnüffeln. Sie werden sehen, die Liste
ist der Schlüssel zum Täter. Und Sie sollten sich jetzt
wirklich wieder mehr ums Geschäft kümmern.«

Gerade als Leopold daranging, dieser Aufforderung
nachzukommen, läutete sein Handy. Am anderen Ende
der Leitung war eine geschäftige Dame vom Kinocenter Nord. Leopold lauschte ihren Ausführungen interessiert und suchte sich ein stilles Winkerl, um noch ein
paar Fragen zu stellen. Am Ende des Gespräches wirkte
er heiter und zufrieden. Er freute sich vor allem, dass er
die Kinokarte, die so unscheinbar in einer Pfütze gelegen war, immer noch bei sich hatte.

*

Erwin Seidl wandte sich vom Fenster ab. Er hatte genug gesehen, seine gelblichen Augen waren müde. Das Leben draußen würde weitergehen, auch ohne dass er dabei zuschaute.

»Sag, was tust du eigentlich die ganze Zeit?«, rief er ins Nebenzimmer, wo sein Sohn Eduard an einer Bierflasche nuckelte und irgendwelche Dinge auf seinem Computer abschoss.

»Ich vertreibe mir die Zeit, genauso wie du.«

»Ich habe geglaubt, du hast eine Arbeit.«

Eduard stöhnte laut hörbar auf. »Wie oft soll ich dir noch s… sagen, dass dich das nichts angeht, Daddy?«

»Solange du bei mir wohnst, geht es mich etwas an. Du erzählst mir immer weiß Gott etwas, wo du dich jetzt gerade abstrudelst und was für einen Superjob du bald haben wirst, und dann lungerst du nur hier zu Hause und in diversen Lokalen herum.«

»Siehst du, d… darum werde ich darüber überhaupt nichts mehr reden.«

Erwin Seidl ließ sich bleiern in seinen Lehnsessel fallen. Er spürte seine Gliedmaßen heute noch stärker als sonst. Mit zitternden Händen zündete er sich eine Zigarette an. »Gestern, als sich der Mann von der Polizei nach dir erkundigt hat, habe ich ihm gesagt, dass du beschäftigt bist. Schöne Blamage, wenn herauskommt, dass das nicht stimmt«, sagte er.

»Das k… kann denen doch egal sein.«

»Mir aber nicht.« Erwin Seidls Stimme wurde etwas lauter. »Du bemühst dich einfach viel zu wenig und wartest darauf, dass dir deine Zechkumpane einen

Posten vermitteln. Es kann doch nicht so schwer sein, eine Arbeit zu finden. Es werden immer Leute gesucht: im Gastgewerbe, oder irgendwo in einem Lager ...«

»K... Kisten schleppen?«

»Zum Beispiel. Sonst hättest du eben etwas Gescheites lernen müssen.«

Funkstille. Aus dem Nebenzimmer klang das ratternde Geräusch des Computerspiels. Seidl blies Rauchwölkchen in die Luft und staubte seine Zigarette im Aschenbecher ab. Dann versuchte er es erneut: »Ich habe mein ganzes Leben lang schwer gearbeitet, solange ich konnte. Es wäre mir gar nicht eingefallen, so sinnlos in der Gegend herumzusitzen. Aber bitte, tu was du willst. Jeder ist seines Glückes Schmied. Früher hatte ich noch den Ehrgeiz, dir einen Posten zu verschaffen, heute hingegen ...«

»Das hast du schon einmal versucht, Daddy.« Man konnte Eduards sarkastisches Lachen aus dem Nebenzimmer hören. »Das einzige Resultat war, dass mich d... dein Freund Fellner, d... dieses Schwein, bloßgestellt hat. Aber jetzt kann er niemandem mehr etwas zuleide tun, Gott sei Dank!«

»Hast du ihn umgebracht, Eduard?«

Keine Antwort, nur immer dieselben elektronischen Geräusche.

»Ob du ihn umgebracht hast, will ich wissen.«

»Was soll diese Frage? Hast d... du mich gesehen?«

»Ich weiß es nicht.«

»Aber w... wenn ich es war, hättest d... du mich doch

sehen müssen, Daddy«, kam es jetzt vorwurfsvoll aus dem Nebenzimmer.

»Es war dunkel, und man konnte nur wenig erkennen. Aber die Gestalt kam auf unser Haus zugelaufen. Ich hatte sofort die unheilvolle Ahnung, dass du es sein könntest. Gut möglich, dass du dich im ersten Schock irgendwo verborgen hast, ehe du in die Wohnung gekommen bist, am Dachboden, im Keller, wer weiß. Und dann ist da noch deine Regenjacke. Sie war gestern tropfnass, obwohl du mir und dem Herrn von der Polizei erzählt hast, dass du das Ende des Unwetters bei ›Jimmy's‹ abgewartet hast. Ich möchte wissen, warum.«

Wieder Funkstille. Erwin Seidl erhielt von seinem Sohn keine Antwort. Er versuchte sich vorzustellen, wie Eduard in heldenhafter Pose seinen Erzfeind, den Unhold Fellner, am Abend zuvor auf die Straße gestoßen hatte. Er hatte ihm dabei fest in die Augen geblickt und ohne zu stottern die letzten Worte mit auf den Weg gegeben. Dann war er, einem ersten Impuls folgend, auf das eigene Haus zugerannt, hatte sich versteckt. Warum war er nicht gleich hinauf in die Wohnung gekommen? Wahrscheinlich hatte er Angst vor ihm, seinem Vater, gehabt: dass er ihm in seiner Aufregung alles gestehen würde, dass sein Vater ihn nicht verstehen und die Polizei rasch alles herausfinden würde. So hatte er eben in einer finsteren Ecke abgewartet, bis sich sein erster Schock gelegt hatte.

Wenn er sich nur sicher sein hätte können, dass es nicht so gewesen war.

Aus dem Nebenzimmer drangen keine Geräusche mehr aus der anderen, virtuellen Welt. Der Computer war abgedreht. Eduard kam heraus. Er war offenbar im Begriff wegzugehen.

»Wo willst du hin?«

»Ich habe dir doch gesagt, d… dass ich dir nicht mehr alles auf die Nase binden werde, D… Daddy.«

»Du gehst trinken. Ich sehe es dir an. Computer und trinken, was anderes kennst du ja gar nicht mehr.«

»M… mag sein. Na und?«

Erwin Seidl fühlte sich wirklich nicht gut. Das war in den letzten Tagen oft so gewesen, öfter als sonst. Er hatte keine Angst vor dem Tod. Er hatte Angst, seinen Sohn allein auf dieser Welt zurückzulassen.

»Was wirst du tun, wenn ich einmal nicht mehr da bin?«, fragte er in den Vorraum hinaus, wo Eduard seine Jacke überstreifte.

»Das Leben geht weiter, Daddy, auch ohne d… dich, so viel steht fest«, sagte Eduard und steckte noch einmal den Kopf zur Wohnzimmertüre herein. »Du brauchst dir g… gar keine Sorgen zu machen. Und vielleicht k… komme ich ja schon bald zu G… Geld.«

Erwin Seidl blickte seinen Sohn kurz an. »Wenn ich dir nur vertrauen könnte«, stieß er hervor. »Ich als dein eigener Vater weiß nicht, ob du Fellner umgebracht hast. Wenn du mir nur eine ehrliche Antwort geben würdest. Ich werde nicht mehr lange leben. Ich möchte nicht mit dem Gefühl sterben, dass du ein Mörder bist. Also: Hast du es getan?«

Wieder wich Eduard der Frage aus: »Was auch immer

war, ist o… oder sein wird: Ich weiß, ich kann dir vertrauen, D… Daddy. Du wirst mich nicht verraten. So, jetzt m… muss ich aber gehen.«

Erwin Seidl hörte, wie die Tür ins Schloss fiel. Er war wieder allein.

Es war nicht gut, dass er so viel allein war. Seine Gedanken kreisten immer um dieselben Dinge. Die Antworten, die er suchte, bekam er nicht – so wie jetzt. Vielleicht sollte er sich doch wieder mehr unters Volk mischen. Er würde nicht mehr viele Gelegenheiten dazu haben. Warum also die körperlichen Beschwerden als Vorwand nehmen, um sich zu verstecken? Das war jetzt nicht mehr notwendig.

Er rauchte noch langsam eine Zigarette. Dabei fielen ihm immer wieder die Augen zu. Gerade noch rechtzeitig konnte Erwin Seidl die Kippe im Aschenbecher ausdämpfen, dann schlief er ein.

7

Der bisherige Tag zählte zu den wenig ereignisreichen im Leben des Thomas Korber. Die erste Schulstunde, in die er noch matt von den Ereignissen des Vortags ging, hatte Kurt Tucholsky Gott sei Dank im Alleingang für ihn erledigt. Dann hatte er Maria Hinterleitner gesucht, um ihr von der spektakulären Entwicklung des vergangenen Abends zu berichten, und enttäuscht feststellen müssen, dass sie als fehlend eingetragen war. Er konnte nur hoffen, dass sie morgen wiederkommen und am Wochenende Zeit für ihn haben würde. Schließlich hatte er sich am Nachmittag daheim ein wenig ausgeruht, damit er am Abend für alles fit sein würde, was da möglicherweise auf ihn zukam. Leopold hatte sich nicht mehr bei ihm gemeldet. Irgendwie war er froh darüber.

Jetzt blickte er in die Gesichter von drei Herren unterschiedlichen Alters im Billardklub ›Alt-Floridsdorf‹.

»Sie wollen also Klubmitglied werden?«, fragte Kurt Neuling, der älteste, ein kleines, dürres, unscheinbares Männchen, an die 70 oder darüber, mit schütteren grauen Haaren und stechenden Augen, die hinter seiner Hornbrille groß hervorquollen.

»Nous sommes complets«, konstatierte René Lacroix, der Korber schon am Vorabend im Kaffeehaus aufgefallen war, mitleidlos. »Wir sind vollzählig.«

»Ich weiß gar nicht, wann wir das letzte Mal jemanden aufgenommen haben«, versuchte sich Mario Mitterhofer, ein sportlicher Typ im Trainingsanzug, etwa Mitte 40, zu erinnern. Man hörte dabei sofort den steirischen Akzent heraus. »Waren das nicht der kleine Oskar Fürst und sein Freund?«

»Richtig«, bemerkte Neuling. »Bitte missverstehen Sie uns nicht, aber wir sind kein großer Verein, der beliebig Mitglieder betreuen kann. Wir sind sozusagen eine kleine, gewachsene Gemeinschaft, der es an den Möglichkeiten fehlt ...«

»Aber ich suche doch nur ein paar Trainingseinheiten unter erfahrenen Spielern, die einem den einen oder anderen guten Tipp geben können. Ich werde Sie sicher nicht über Gebühr in Anspruch nehmen. Das Turnier im ›Heller‹ hat einfach wieder meine Sinne fürs Billard angeregt«, brachte Korber sein Anliegen vor, so gut es ging.

»Ein Mitglied ist uns ja gestern auf tragische Weise verloren gegangen«, lenkte Mitterhofer ein.

»Das tut nichts zur Sache«, meinte Neuling. »Wir müssten eine Gesinnungsprüfung mit ihm machen, Mario.«

»Und warum prüfen wir nicht einfach, ob er Billard spielen kann?«, fragte Mitterhofer. »Durch den Ausfall von Fellner fehlt uns ohnedies gerade ein Mann für eine schöne Viererpartie.«

Neuling schaute sehr skeptisch durch seine Hornbrille.

»Die ›Gesinnungsprüfung‹ kannst du nachher immer

noch durchführen, wenn du willst«, sagte Mitterhofer und verzog seine Mundwinkel dabei zu einem leichten Grinsen.

»Bon«, kam es von Lacroix. »Aber beginnen wir jetzt bitte, meine Herren, je n'ai pas beaucoup de temps.«

»Schön«, sagte Neuling. »Meinetwegen. Schauen wir uns einmal an, was Sie können, Herr … äh … Korber. Nehmen Sie jedoch bitte zur Kenntnis, dass ich als einer der Gründerväter dieses Vereins über eine etwaige Aufnahme entscheide, und zwar allein, unparteiisch und vorurteilslos.«

Man suchte für Korber einen geeignete Queue und stellte sich dann bei einem der beiden Billardbretter auf. Es schien, als würde sich die Lage jetzt ein bisschen entspannen.

»Mit einem Georg Fellner kann ich mich natürlich in keiner Weise messen«, sagte Korber zögernd.

»Sie spielen jetzt einmal außer Konkurrenz bei uns mit. Es ist jedenfalls eine gute Gelegenheit, Ihre Spielstärke zu bestimmen. Alles Weitere sehen wir nachher«, sagte Kurt Neuling. Er hörte schon schwer und hinkte leicht beim Gehen. Aber beim Spiel ging eine seltsame Verwandlung in ihm vor. Er war einer von denjenigen, die die Bälle streichelten und liebkosten. Wenn er sich über das Billardbrett beugte, geschah dies mit vollendeter Eleganz.

»Bon«, konstatierte Lacroix mit leichtem Kopfnicken. »Habt ihr etwas dagegen, wenn wir die Partie dem Andenken unseres verstorbenen Freundes Georg widmen, chers amis?«

»Keineswegs«, sagte Mario Mitterhofer. »Sie haben sicher schon vom tragischen Tod unseres Klubmitglieds gehört, Herr Korber.« Ohne eine Antwort abzuwarten, winkte er eine Kellnerin durch die Glastüre, die in das nebenstehende Lokal führte, herbei. »Trinken wir eine Runde Marillenbrand auf Georg Fellner«, schlug er vor. »Das ist gleichzeitig ein vorzügliches Zielwasser.«

»Darf ich – sozusagen zum Einstand – diese Runde bezahlen?«, fragte Korber vorsichtig. Er hatte vor, das Geld anschließend Leopold als Spesen zu verrechnen.

»Aber gerne«, meinte Neuling und rückte dabei seine Brille zurecht. So etwas wie ein flüchtiges Lächeln huschte über sein Gesicht. Es schien, als würde er sein Misstrauen Korber gegenüber langsam ablegen. »Bis 20 Uhr beziehen wir unsere Getränke und kleine Speisen aus dem ›Roten Burgstüberl‹ nebenan«, erklärte er ihm. »Das ist sozusagen der Dank dafür, dass wir dieses Lokal benützen dürfen. Danach bedienen wir uns aus unserem eigenen Eiskasten, und jeder zahlt einen kleinen Unkostenbeitrag laut Liste. Wir sind hier eigentlich völlig unabhängig: eigener Eingang, eigener Kühlschrank, eigener Zugang zur Toilette. Da fällt mir ein, dass wir Olga noch Georgs Schlüssel abnehmen müssen.«

»Pas de problème«, bemerkte Lacroix.

»Wer hat hier eigentlich alles einen Schlüssel?«, fragte Korber interessiert.

»Sie brauchen keine Angst zu haben, ab 16 Uhr ist immer jemand hier«, beruhigte ihn Neuling. »Ich oder Viktor Papp, unser zweites noch verbliebenes Gründungsmitglied, das heute leider fehlt. Fellner hatte den dritten Schlüssel, einen gibt es zur Sicherheit noch im Burgstüberl.«

Die Kellnerin brachte auf einem Tablett vier mit Marillenbrand gefüllte Gläser. Man nahm Haltung an. »Auf unseren viel zu früh von uns gegangenen Freund Georg«, hieß es, und: »Auf Georg, den Unverwüstlichen.« Dann wurden die Gläser in einem Zug geleert. Korber kam die ganze Prozedur reichlich gekünstelt vor.

Nun wendete man sich dem Billardspiel zu. Man einigte sich auf eine Dreibandpartie, bei der eine Runde beim für Sonntag ins Auge gefassten allgemeinen Heurigenbesuch ausgespielt werden sollte. Korber durfte dabei als Gast mitmachen.

Schon bald hörte er anerkennende Worte aus dem Mund Neulings. Er sei durchaus nicht unbegabt, schätze seine Möglichkeiten richtig ein und habe eine Menge guter Ideen. Am Tempo und an der Spielkonstanz müsse er allerdings noch arbeiten. Man könne an der Behebung dieser Schwächen im Anschluss an diese Partie noch ein wenig arbeiten.

Ansonsten ging es eher schweigsam zu; hin und wieder ein ›Bon‹ von Lacroix, das war es aber auch schon. Sollten das die Herren sein, die hier auch einmal eine richtige Orgie feierten? Korber konnte sich das kaum vorstellen. Vielleicht war man ihm gegenüber nur vorsichtig und gab sich betont zurückhaltend. Vielleicht brauchte man auch absolute Ruhe zur Konzentration aufs Spiel. Oder war Fellner tatsächlich derjenige gewesen, der hier für Stimmung gesorgt hatte? Bei Korber stellte sich Langeweile ein, und seine Laune besserte

sich erst, als die Kellnerin wieder auftauchte und er ein
großes Bier bei ihr bestellen konnte.

»Wie lange gibt es den Klub eigentlich schon?«, fragte
er und machte einen großen Schluck.

»Wir existieren seit mehr als 30 Jahren«, antwortete Neuling ein wenig irritiert. »Ich weiß nicht, war
es die Idee von mir, von Viktor oder von unserem leider
bereits verstorbenen lieben Freund Eugen.« Er stellte
den Queue beiseite, um sich ganz seinen Ausführungen
widmen zu können. »Das Burgstüberl war ja schon seit
jeher unser Stammlokal, und wir verbrachten hier viele
vergnügliche Abende. Irgendwie sind wir dann einmal
nach ein paar Gläsern auf die Idee gekommen, das Hin-
terzimmer, das früher einmal als eine Art Fernsehraum
gedient hatte – als es noch nicht selbstverständlich war,
einen Fernseher zu besitzen, junger Mann –, für uns
zu nützen. Wir malten uns aus, wie es wäre, wenn wir
hier ein eigenes Billardzimmer hätten. Und dann kam
einer von uns, ich weiß nicht mehr genau, wer es war,
auf die Idee, einen Klub zu gründen und ihn ›Alt-Floridsdorf‹ zu nennen.«

»Warum denn gerade ›Alt-Floridsdorf‹?«

»Es war eine Zeit der großen Revolten«, begann Neuling ganz so wie Tucholskys schlechter Redner weit vor
dem Anfang, »besser gesagt die Zeit nach den Studen-
tenunruhen, die hier in Österreich ja Gott sei Dank
die Ordnung nicht so erschüttert haben wie anderswo,
aber immerhin. Man hatte trotzdem das Gefühl, dass
kein Stein auf dem anderen geblieben war. Die Jugend

lief ungewaschen und mit langen Haaren herum, sprach von freier Liebe und rauchte sich einen Joint. Keiner von denen wollte etwas arbeiten, keiner. Aber was erzähle ich Ihnen da, das wissen Sie ja sicher alles, Herr ... äh ... Korber. Sie sind übrigens dran.«

Korber stieß kurz und unkonzentriert. Der Stoß ging daneben. Neuling fuhr fort: »Die Konstanz fehlt Ihnen, junger Mann, wenn ich mir diese Bemerkung erlauben darf, die Konstanz. Und was hat der Jugend damals gefehlt? Die Werte! Die haben ja überhaupt allen gefehlt. Wer nicht jung war und keine wirren Ideen im Kopf hatte, dachte nur ans Geldverdienen, ein Auto, ein Haus. Reich wollten sie alle werden, und ihre Kinder sollten es besser haben als sie. Wo blieben da die Werte, wer verlor auch nur einen Gedanken an unsere schöne Heimat hier im Bezirk? Schauen Sie sich draußen um, Herr Korber. Das hier ist historischer Boden, der an die Donau grenzt, einen europäischen Fluss, unser Donaufeld. Vorne befindet sich unsere Pfarrkirche Sankt Leopold, die drittgrößte von ganz Wien, eingeweiht noch von unserem lieben Kaiser Franz Joseph. Aber das weiß ja keiner mehr. Wer kann mir heute noch das Mühlschüttel zeigen, wo die Zigeuner in ihren Wohnwägen gehaust haben, ehe sie es durch das Teppichverkaufen zu einem bescheidenen Wohlstand gebracht haben?«

Fragend hielt er inne. Die anderen hatten die Partie unterbrochen und blickten ebenso fragend zurück. Man schien Neuling und die Ausführlichkeit seiner Ausführungen zu kennen. Lacroix betätigte nervös sein Handy.

»Bonsoir Chérie«, turtelte er hinein. »Non, je ne serais pas tard. Ich komme, sobald es geht. Tschau.«

Während sich Korber kurz fragte, wer wohl diese ›Chérie‹ sein mochte, erzählte Neuling weiter: »Damals kümmerte es viele nicht einmal, dass der Bundespräsident, unser geliebter Franz Jonas, ein waschechter Floridsdorfer war, ein Schriftsetzer, der aus einfachsten Verhältnissen bis an die Spitze unseres Landes gestoßen war; dass unser Finanzminister Androsch ebenfalls aus Floridsdorf kam und vorne am Gymnasium studiert hatte. Unser Bezirk erlebte eine Blüte seiner Geschichte, und niemand nahm Kenntnis davon. Da musste etwas geschehen. Wir haben deshalb diesen Klub damals einstimmig ›Alt-Floridsdorf‹ getauft, um unseren Sinn fürs Historische zu betonen. Eine Reihe von Veranstaltungen sollte das Billardspiel ergänzen, Vortragsabende, Darbietungen Floridsdorfer Künstler, gemütliche Kaffeenachmittage zum Austausch von Erfahrungen …«

»Wozu es aber niemals gekommen ist, wie wir alle wissen«, unterbrach ihn Lacroix unwirsch. »Können wir die Partie jetzt zu Ende spielen? Ich habe heute Abend noch einen wichtigen Termin.«

Neuling hörte nicht. Er war gerade voll in Fahrt. »Es kam zunächst zu einigen Treffen im kleinen Kreis, bei denen zumindest ein kleiner Gedankenaustausch stattfand«, sagte er. Plötzlich bekam sein Gesicht einen verbitterten Ausdruck. »Bis dann Fellner auftauchte …«

»Fellner war gar nicht von Anfang an dabei?«, fragte Korber neugierig.

»Sie haben ja gehört, dass nur mehr unser Kurt und Viktor Papp, den Sie noch nicht kennen, aus der Gründerzeit übrig geblieben sind«, brachte sich Mario Mitterhofer in das Gespräch ein, nachdem er eine weitere Runde Marillenbrand bestellt hatte. »Fellner und ich arbeiteten damals noch im Gastgewerbe. Wir lernten uns in der Steiermark kennen, am Stubenbergsee, wo wir beide auf Saison waren. Dann, als es mich Steirer nach Wien verschlug, trafen wir uns wieder. Eigentlich ist ja Fellner schuld, dass ich hier bei diesem Klub bin. Er hat so lange auf mich eingeredet, bis ich mir die Sache einmal ansah. Tja, und heute bin ich froh darüber. In diesem Sinne: Trinken wir doch noch einmal auf den so unerwartet Verblichenen. Prost!«

Schweigend leerten die vier ihre Gläser. Mitterhofer schaute noch einmal nachdenklich in die Runde, dann sagte er: »Er soll ja umgebracht worden sein. Seltsam. Wer kann so etwas getan haben? Ich meine, wir wissen alle, dass er mit mehreren Leuten Meinungsverschiedenheiten hatte und manchmal ein ziemlich lästiger Patron sein konnte, und dann noch die Geschichten mit den Weibern ...« Er erhielt einen vorwurfsvollen Blick von Neuling. »Aber wegen solcher Sachen bringt man jemanden doch nicht um«, schloss er hastig seine Rede ab.

Weiterhin Schweigen. Lacroix klopfte ungeduldig mit seinen Fingern auf die Umrandung des Billardbrettes. »Wir wissen, dass er ein Aas war, Mario. Vielleicht hat er den Tod nicht verdient. Trotzdem lebt er nicht mehr. Wer ihn umgebracht haben könnte, darüber sollte vielleicht jeder für sich nachdenken«, sagte er dann. »Mais j'ai rien de temps, meine Herren, ich habe keine Zeit, verdammt noch einmal.«

Neuling schien das Geschehen um ihn herum nicht zu registrieren. Oder verstellte er sich nur? Seelenruhig stellte er sein Glas ab, lächelte in die Runde und bemerkte: »Ich denke, wenn wir die Partie rasch zu Ende bringen, könnte ich sogar noch ein wenig mit Herrn Korber üben. Sind die Herren einverstanden?«

»Bon«, grummelte Lacroix, stellte sich ans Brett, stieß hastig und nervös und verfehlte sein Ziel um einiges. Er hatte offensichtlich die Freude am Spiel verloren. Am Ende der Partie landete er an letzter Stelle, sogar noch hinter Korber, dem in der Folge einige gute Bälle gelangen.

Das alles schien für ihn keine Bedeutung mehr zu haben. Er summte ein leises »Au revoir, Messieurs« vor sich hin und machte sich, ohne einen der anderen eines Blickes zu würdigen, auf und davon.

*

»Geduld und Ruhe zeichnen einen guten Billardspieler aus«, dozierte Neuling. »Geduld und Ruhe, etwas, das immer weniger Menschen besitzen in unserer hektischen Zeit. Mit ein Grund, warum die Jungen es nur mehr selten zu etwas bringen, aber schauen Sie uns Alte an. Ganz nervös ist er geworden, unser Kollege Lacroix, als ob er etwas versäumen würde. Jetzt kann er am Sonntag beim Heurigen zahlen.«

Nach Lacroix hatte auch Mitterhofer eilig das Klublokal verlassen. Korber stand mit Neuling im gleißenden Licht der Neonröhre, die über dem Billardbrett hing und sich in Neulings altmodischer Brille spiegelte. Er trank den Schaum von seinem Glas Bier, das er noch rasch bestellt hatte, ehe das Burgstüberl seine Pforten geschlossen hatte.

»Jeder Stoß, mag er Ihnen auch noch so einfach erscheinen, muss mit voller Konzentration ausgeführt werden«, belehrte Neuling Korber weiter. »Es ist erforderlich, die Bälle immer präzise anzuspielen. Machen Sie dabei ja nicht den Fehler der meisten Hobbyspieler: Gehen Sie sparsam mit dem Effet um. Je mehr Effet Sie verwenden, desto weniger können Sie die nachfolgende Stellung berechnen. Sehen Sie, hier zum Beispiel.« Neuling baute eine Stellung für Korber auf. »Spielen Sie den weißen Ball jetzt ohne Effet an. Er kommt dann genau wieder hierher zurück, während Ihr Ball den roten trifft. Ein klassischer Stellungsstoß.«

Korber setzte zum Stoß an. »Keinen Effet, habe ich gesagt«, krächzte Neuling hinter ihm. Korber spürte die stechenden, hinter zwei Neonröhren verborgenen Augen in seinem Genick und den heißen Atem seines Lehrers auf seiner Wange. Er begann zu schwitzen. »Mittelstoß«, hämmerte Neuling in seinen Rücken. »Los, jetzt!«

Korbers Stoß fiel erbärmlich aus. Der weiße Ball, der zurückkommen hätte sollen, blieb kraftlos am anderen Ende des Brettes liegen.

»Wie ich es mir gedacht habe«, presste Neuling hervor. »Das war nichts, Herr Korber, gar nichts. Sie haben jetzt zwar den Punkt gemacht, aber die Bälle gnadenlos auf das gesamte Brett verteilt. Sie haben viel zu hastig gestoßen. Was ist denn los mit Ihnen? Zuerst waren Sie weitaus lockerer.«

Korber wollte etwas zu seiner Entschuldigung anführen, doch Neuling ließ sich nicht unterbrechen. »Keine Angst, wir werden Ihnen das schon abgewöhnen. Es sind eben die Schwächen eines reinen Kaffeehausspielers. Ihnen fehlen die Stärken des Klubspielers: Sicherheit, Konstanz, Ökonomie. Das werden wir Ihnen hier noch beibringen. Eigenwillige Ideen vergessen Sie vorerst bitte. So, und jetzt das Ganze noch einmal.«

Wieder setzte Korber an, wieder fixierte Neuling jede seiner Bewegungen. »Ganz ruhig! Mittelstoß! Kein Effet!«, hörte er die schnarrende Stimme hinter sich. Er spürte eine leichte Schwäche in seiner rechten Hand, gerade als er sich daranmachte, den Stoß auszuführen.

»Warum zögern Sie?«, kam's mit verhaltener Freundlichkeit.

»Offensichtlich denke ich zu viel nach, weil ich keinen Fehler machen will.«

»Probieren geht über Studieren.«

Korbers Ball setzte sich in Bewegung. Immerhin bekam man jetzt eine Ahnung, wie der Stoß gedacht war. »Schon besser«, schnarrte Neuling anerkennend.

Korber kippte hastig die Hälfte seines Glases hinunter. Warum war er bloß hier? Es gab 100 andere Möglichkeiten, einen angenehmen Abend zu verbringen. Allein mit Neuling fühlte er sich wie einer der verschwitzten Schüler aus seinen Klassen vor einer Prüfung. Er musste das Gespräch auf Fellner lenken, um vielleicht doch noch etwas Wichtiges herauszubekommen.

»Hat Fellner sich eigentlich beim Spielen an Regeln gehalten?«, fragte er. »Soviel ich weiß, hat er doch meistens improvisiert und sehr unorthodox gespielt. Aber der Erfolg hat ihm recht gegeben.«

»Fellner hatte eine schöpferische Begabung«, sagte Neuling, während er die Bälle noch einmal in derselben Position aufstellte. »Aber auch die kann man nur zur Entfaltung bringen, wenn man durch die harte Schule der Grundlagen gegangen ist. Fellner war eben ein hervorragender Billardspieler mit einer begnadeten Fantasie. Wenn nur sein Charakter so einwandfrei gewesen wäre wie seine Spielkunst.«

»Sein Charakter?«, setzte Korber nach. Aber entweder hörte Neuling wirklich schlecht, oder er stellte sich jetzt taub. »Ja, natürlich noch einmal«, forderte er Korber auf. »Sie dürfen sich an Fellner kein Beispiel nehmen. Wir sind bei der Grundlagenschule. Das Tempo stimmt noch nicht. Also: Konzentration auf den weißen Ball. Genau anspielen. Ohne Effet! Sachte, aber nicht zu sachte.«

In seiner Verzweiflung stieß Korber jetzt ohne Überlegen wild drauflos, es gelang ihm dabei aber ein ausnehmend guter Stoß. Alle Bälle fanden sich in einer Ecke zusammen. »Bravo«, hörte er Neulings Lob in seinem Rücken. »Ausgezeichnet!«

Doch ehe Neuling etwas über das weitere Zusammenhalten der Bälle dozieren konnte, blickte ihm Korber in die neonröhrenverspiegelten Brillengläser und sagte lauter, als er ursprünglich vorgehabt hatte: »Sie mochten Fellner also nicht.«

»Es ist kein Geheimnis«, sagte Neuling ungerührt. »Kein Charakter, keine Disziplin. Fellner hat die Prinzipien dieses Klubs aufgeweicht und letztendlich zerstört. Floridsdorf oder Alt-Floridsdorf kümmerten ihn einen Dreck. Deswegen – seien Sie mir nicht böse – stehe ich auf dem Standpunkt, dass man die Gesinnung neuer Mitglieder diesbezüglich durchaus prüfen sollte. Er kam ja von auswärts, genauso wie dieser Mitterhofer. Wir hätten sie einfach nicht aufnehmen sollen. Fellner wollte Spaß haben, und leider hat die Spaßgesellschaft dann auch gesiegt und diesen Verein quasi übernommen. Wir sind heute nur mehr eine kleine Runde. Einige von uns sind von selbst gegangen, einige hat man hinausgeekelt, einige sind gestorben. Dazugekommen sind nur wenige.« Er seufzte. »Von der alten Garde sind nur noch Viktor – Herr Papp – und ich dabei. Wir haben uns mit Fellner arrangiert, weil uns der Klub noch heute am Herzen liegt. Wir werden weiterhin als Gründerväter anerkannt.«

Dass man bei Neuling nicht viel Spaß haben durfte, hatte Korber schon herausgefunden. Aber war es nur dieser Auffassungsunterschied, der zu einer Antipathie Neulings Fellner gegenüber geführt hatte? Inwieweit ging es um das kleine Gefühl der Macht, hier im Klub den Ton angeben zu dürfen? Und was war mit den Orgien, über die Korber am Vorabend von Herrn Heller erfahren hatte?

»Fellner war eben ein sehr leichtlebiger Mensch«, versuchte er, ein weiteres Stichwort zu geben.

»Das kann man wohl sagen«, stieg Neuling sofort ein. »Vor allem die Damen hatten es ihm angetan. Kennen Sie schon die Geschichte von seinem ›Einstand‹ bei uns? Ich kann sie Ihnen erzählen, sie hat leider schon die Runde gemacht. Wir gingen abends nach dem Billardspiel noch schnell einen trinken. Als alle guter Laune waren, schlug Fellner vor, eine Bar mit hübschen Mädchen zu besuchen. Sie können sich vorstellen, wie die Sache weiterging. Alle hatten ihr Vergnügen, und Fellner zahlte das Ganze. Schlimm war es, und ich gebe zu, auch ich habe mitgemacht. Viele von uns kannten es ja gar nicht mehr, das Gefühl einer wilden, erotischen Nacht.

Damit hat er bekommen, was er wollte. Der Klub lag ihm zu Füßen. Als mein Freund Viktor Papp einmal ein ernstes Wort mit ihm redete, um eine gewisse hereinbrechende Sittenlosigkeit zu verhindern, berichtete Fellner dessen Frau über die Vorkommnisse an jenem unseligen Abend. Mehr brauche ich Ihnen nicht zu sagen, Viktors Ehe war in höchster Gefahr. Seither soll noch einiges Schlimmes passiert sein, aber Viktor und ich haben dazu geschwiegen.«

Neuling unterbrach seine Rede, baute eine neue Stellung auf. Korber schmierte seinen Queue und versuchte, sich Namen und Details zu merken. Allein, der Schnaps, das Bier und die nun eintretende Stille taten das ihre. Er wurde müde. »Ohne Effet?«, fragte er träge und beinahe herausfordernd.

Neuling reagierte nicht. »Sie werden verstehen, dass ich diesem Mann keine Träne nachweine«, sagte er. Er blickte geradeaus und schien von Korber gar keine Notiz zu nehmen. Seine Augen wurden wieder von dem grellen Neonlicht verdeckt. »Vor den anderen konnte ich das natürlich nicht so zeigen. Nun ja, jetzt ist er tot und muss seine Taten vor einem höheren Richter verantworten.«

Während Korber noch überlegte, ob er nun stoßen sollte oder nicht und unsicher ansetzte, spürte er die Hand des abgewendet zu ihm stehenden Neuling auf seiner Schulter: »Lassen Sie es gut sein, Herr Korber, es ist spät geworden. Nun, einige Ihrer Stöße waren schon ganz passabel, aber wie gesagt: An der Konstanz und an der Sicherheit müssen Sie noch arbeiten. Wie wäre es mit einem Stündchen morgen?«

»Morgen habe ich schon etwas vor«, beeilte sich Korber zu sagen.

»Nun, dann würden wir uns ganz besonders freuen, wenn wir Sie am Sonntagnachmittag beim Heurigen begrüßen könnten. Sie würden dann meinen guten alten Freund Viktor Papp und noch einige andere Klubmitglieder kennenlernen sowie einige unserer Ehefrauen. Und wir könnten uns dann auch darüber unterhalten, wie wir Ihre Mitgliedschaft handhaben werden.«

»Danke für die Einladung, ich muss nur …«

»Beim Engelbrecht in Strebersdorf sitzen wir immer ab drei Uhr nachmittags«, sagte Neuling geistesabwesend. Er schien Korbers Einwand gar nicht gehört zu haben. »Ich hoffe, Sie kommen.« Dabei drehte er die

Neonleuchte über dem Billardbrett ab. »Ich muss nur noch ein paar Dinge auf ihren Platz räumen, dann können wir schon gehen.«

*

Korber war über den plötzlichen Aufbruch überrascht. Er stellte seinen Queue in den dafür vorgesehenen Kasten, während Neuling geschäftig letzte Handgriffe im Halbdunkel des Raumes verrichtete. Dabei spürte er das Bier, welches sich zwischenzeitlich in seiner Blase angesammelt hatte. In der Absicht, Neuling nicht zu stören, begab er sich schnell auf die Toilette, die vom Klubraum aus durch eine kleine Passage zu erreichen war. Breitbeinig und erleichtert stellte er sich an die Rinne und ließ dem Wasser seinen Lauf.

Er schaute auf seine Uhr. Nach elf war es mittlerweile schon und ging auf die Mitternacht zu. Obwohl er einiges Nützliche erfahren hatte, bezweifelte Korber die Wichtigkeit seiner Mission. Klatsch und Tratsch, ein paar Feindseligkeiten, der übliche Neid und eine kleine Portion Vorstadterotik: Wie sein Freund Leopold damit einen Mordfall auflösen wollte, blieb ihm schleierhaft. Am ehesten schien ihm noch Neuling verdächtig, der einen mit seinen schwachen, hervorquellenden Augen durchbohren konnte und immer die unangenehme körperliche Nähe zu einem suchte. Aber war das nicht nur sein subjektiver Eindruck nach der qualvollen Lehrstunde?

Plötzlich hörte er ein seltsames Klicken an der äußeren Tür. Noch während ihn eine furchtbare Ahnung befiel und er eilends hinausstürzte, wurde es um Korber herum finster. Er wusste, dass das diesmal kein Stromausfall war. »Herr Neuling«, schrie er verzweifelt. »Herr Neuling, so warten Sie doch! Ich bin noch da!«

Er tastete nach der Schnalle und zog an, aber vergeblich. Die Türe war versperrt und Neuling offenbar seines Weges gegangen.

Mit einem lauten »Scheiße!« ließ sich Korber auf den Boden des WC-Vorraumes fallen. Das hatte er nun davon, dass er einem guten Freund, dessen Fantasie durch jeden Mordfall in seiner Umgebung auf seltsame Weise angeregt wurde, einen Dienst hatte erweisen wollen. Er war in der Toilette des Billardklubs ›Alt-Floridsdorf‹ eingeschlossen.

War er bloß von dem schwerhörigen und zweifellos schon etwas verkalkten Neuling vergessen worden, oder hatte er sich irgendwie verraten? Hatte er zu viele zu intime Fragen gestellt? Hatte Neuling Verdacht geschöpft und dies geschickt hinter der Fassade eines alternden Billardspielers verborgen? War Neuling tiefer in diesen Mordfall verwickelt, als man annehmen wollte? Fragen über Fragen, aber wie man die Sache auch betrachtete, es sah nicht gut für Korber aus.

In einer ersten irrationalen Reaktion stand er wieder auf, klopfte laut an die Tür und rief: »Aufmachen!« Klar, dass niemand ihn hörte und er neben der Dunkelheit nun auch die unheimliche Stille wahrnahm, die ihn umgab. Alles in ihm sträubte sich dagegen, die Nacht an diesem unwirtlichen Ort zu verbringen. Er konnte hier zwar seinen Bedürfnissen freien Lauf lassen, sobald

er welche verspürte, er würde dank des kleinen Hand-
waschbeckens mit dazugehörigem Wasserhahn auch
keinen Durst leiden müssen, aber was nutzte das? Finster war's, es roch nach Desinfektion und Urin, und der
Boden war steinhart.

Sollte er etwa am Morgen von diesem Häusl aus
direkt in die Schule gehen wie ein obdachloser Sand-
ler*, der mit dem ersten Tageslicht von der Latrine hin-
austritt ins Freie, um sich ein paar Cent für Bier oder
Schnaps zusammenzuschnorren? Er würde den Mief
mit sich ins Schulhaus tragen, in alle Klassen, ins Lehrerzimmer, in Direktor Marksteiners Kanzlei und, schlimmer noch, bis in Maria Hinterleitners zierliche Nase. Er
würde … nein, das war alles nicht auszudenken!

Wie benommen hämmerte er noch einmal an die Tür,
nur um resigniert das erwartete Ergebnis zur Kenntnis
zu nehmen: Alles blieb ruhig. Doch halt – zwei Herzen schlugen ja in seiner Brust, nämlich sein ursprüng-
liches organisches, nur mehr schwach hoffendes, und
das in seiner linken Brusttasche leise vor sich hinvib-
rierende Handy. Korber war also doch nicht ganz von
der Außenwelt abgeschnitten. Er konnte Leopold, der
ja eigentlich schuld an seiner Misere war, anrufen, ihm
einmal gehörig die Leviten lesen, was er sich denn bei
der ganzen Sache gedacht hatte, und dann veranlassen,
Hilfe zu holen. Leopold würde schon etwas einfallen.
Es *musste* ihm einfach etwas einfallen.

Liebevoll, beinahe zärtlich, holte Korber sein Handy
heraus. Er ertappte sich dabei, dass er es kurz streichelte,

---

* Penner.

bevor er es einschaltete. Doch dann versank er endgültig in Resignation. Die Toilette war doch ein allzu abgeschiedenes Refugium. Er konnte tun, was er wollte, er bekam keinen Empfang. Er tastete sich an der Wand entlang, versuchte es an allen möglichen Ecken und Enden bis hin zum Damenklo, aber ohne Erfolg. Da war nichts zu machen. Er musste sich endgültig damit abfinden, bis zum Morgen unfreiwillig in dieser Klause zu verweilen. Es blieb ihm nichts anderes übrig, als sich noch einmal zu erleichtern, aus seiner Strickweste ein Bündel zu machen und sich die angenehmste Stelle zum Schlafen zu suchen.

Korber litt bereits unter den ersten elenden Träumen und Heimsuchungen, doch erneut nahm das Schicksal eine überraschende Wendung. Gerade in jenem Augenblick größter Verzweiflung ging das Licht wieder an.

Korber hörte ein zuerst leises, dann immer lauter werdendes Kichern und Lachen. Es handelte sich um eine weibliche Stimme. Etwa die Putzfrau? Aber Putzfrauen gingen nicht mit einer dermaßen offen zur Schau gestellten Heiterkeit an ihre Arbeit, dessen war sich Korber sicher. Und vor allem schien noch jemand da zu sein. Korber vernahm jetzt auch eine männliche Stimme, leise und unterdrückt. Der Mann versuchte offenbar, die Frau zu beruhigen, aber ohne Erfolg. Sie lachte ungeniert weiter.

Zwei Menschen, deren Besuch hier nicht ganz offiziell war, grübelte Korber. Egal – es war an der Zeit, dass ihn jemand aus seiner misslichen Lage befreite. Schon wollte er durch lautes Klopfen auf sich aufmerksam machen, als ihm einfiel, dass der Mann draußen ohne Weiteres Neuling sein konnte. Hatte man vielleicht etwas mit ihm vor? War das Gekichere draußen nur der Beginn eines teuflischen Planes? Korber presste sein Ohr an die Tür. Er musste in Erfahrung bringen, was los war. Der Angstschweiß bildete dabei einen dünnen Film auf seiner Stirn.

Einige Augenblicke war es ganz ruhig. Dann hörte er wieder die weibliche Stimme, jetzt ernst und leiser: »Komm, greif sie an. Trau dich nur. Ja, so ist es gut!« Jetzt begann die Frau zu stöhnen, der Mann schwer zu atmen. »Weiter, komm, mach weiter, ja, ja, jaaaa!«, stöhnte die weibliche Stimme.

Korber begriff schnell. Er war in eine jener Orgien geraten, von denen Herr Heller am Vortag erzählt hatte. War etwa Neuling selbst darin verwickelt? Er versuchte sich vorzustellen, wie Neuling mit heruntergelassener Hose ein Weib bediente, das entweder vor ihm auf dem Billardbrett lag oder ihm leicht gebückt ihr Hinterteil entgegenreckte. In seinen Gedanken sah er Neulings stechenden Blick schwinden, seine Pupillen nach oben verdreht, die Brille irgendwo herrenlos, er selbst mit der letzten ihm von der Natur noch gegebenen Kraft arbeitend. War dies erst der Anfang? Würden noch andere kommen? Und war er, Korber, dazu verdammt, das Treiben von seinem Gefängnis aus bis zum bitteren Ende mitzuverfolgen?

Er wollte gar nicht daran denken. Er wollte jetzt auch nicht an Maria denken, aber sie fiel ihm einfach ein bei dem ganzen Gejapse und Gestöhne. Und in Gedanken an seine neue Liebe, die er jetzt am liebsten hier herinnen in der Toilette in Armen gehalten und geherzt hätte, überkamen ihn seltsame Gefühle. Er, der von den Frauen nur selten erhört wurde, bekam plötzlich Lust darauf, in seinem Versteck still und heimlich mitzumachen. »Fester, ja, komm!«, hörte er, und es klang wie ein Befehl.

Draußen lautes Stöhnen, Orgasmus, Höhepunkt. Drinnen ein verwirrter Korber, der seine Sache schließlich auch zu einem guten Ende brachte. Dann überall Erschöpfung, Pause, Stille.

Noch ehe Korber sich entschieden hatte, ob er sich nun mutig zu erkennen geben sollte oder nicht, kamen Schritte auf das WC zu. Männliche Schritte.

Einem erneuten Drange folgend, aber auch, weil er nicht so recht wusste, was er tun sollte, und schließlich um demjenigen, der nun eintreten würde, nicht gleich ins Gesicht blicken zu müssen, eilte Korber aufs Pissoir. Ein Schlüssel drehte sich in der Tür. Dann eine überraschte, ungläubige Stimme: »Was machen denn Sie da, Herr Professor?«

Es war eine jugendliche, noch nicht ausgereifte Stimme. Oskar Fürst stand jetzt, einigermaßen perplex, neben Korber.

»Ich habe eine Billardstunde genommen«, antwortete Korber ausweichend.

»Ach so. Na ja«, murmelte Oskar. Dann längeres betretenes Schweigen, bis die beiden fertig waren.

Draußen, beim Waschbecken, erklärte Korber alles. »Auf einmal war Neuling weg. Er hat mich richtiggehend eingesperrt.«

»Der tickt sowieso nicht ganz richtig«, meinte Oskar und fragte dann schüchtern: »Werden Sie mich jetzt verpfeifen?«

Korber schüttelte den Kopf. »Hast du das von deinem Onkel gelernt?«, wollte er wissen.

Oskar nickte. »Es ist doch nicht verboten, oder? Wenn ich nicht zu oft zu ihr komme, darf ich es bei Irma für 20 Euro machen, hier im Klub. Bloß, wenn mein Vater das erfährt, ist alles aus, und von der Schule nimmt er mich dann sicher auch.«

»Und wo hast du den Schlüssel her? Auch von deinem Onkel?«, fragte Korber.

»Was ist? Ist er schon wieder so klein geworden, dass du ihn nicht mehr findest? Mit wem redest du überhaupt?«, hörte man jetzt Irma von draußen.

»Ich muss gehen«, sagte Oskar.

»Warte mal, eine Erklärung bist du mir schon noch schuldig, was hier gespielt wird. Immerhin bin ich jetzt auch Mitglied eures Vereins, und mir kommt die ganze Sache ein wenig seltsam vor«, raunte Korber ihm zu.

Oskar schwieg, erst als Korber kurz drohend den Finger hob, sagte er: »Also gut, rauchen wir draußen noch eine gemeinsam.«

»Komm, Junge, lass mich hinaus«, rief Irma wieder. »Ich muss heute noch in die Arbeit.«

Gemeinsam mit Oskar trat Korber nun in den Klubraum und atmete gewissermaßen wieder die Luft der Freiheit. Irma lehnte träge am Billardbrett. Sie war nicht mehr die Jüngste, aber immer noch gut gebaut und mit angenehmen Gesichtszügen, die nicht den ordi-

144

nären Tonfall ihrer Rede vermuten ließen. Kurz musterte sie Korber abschätzig, dann blies sie den Rauch ihrer Zigarette in seine Richtung und sagte: »Hast du dich jetzt heimlich verdoppelt, Ossi, oder hat dir der Spanner etwa das Geld für mich gegeben, damit er uns zuhören durfte? Telefonsex ohne Telefon, was? Na, der Herr scheint's wirklich nötig zu haben, sieht so aus, als wäre er in der Fastenzeit sehr enthaltsam gewesen. Aber es gibt bessere Dinge, die man gegen Enthaltsamkeit tun kann, als hinter der Klotüre zu lauschen.« Damit kraulte sie Korber kurz unterm Kinn. »Ich hätte noch ein wenig Zeit für dich, Süßer.« Und zu Oskar: »Wer ist das, Ossie? Ein Freund?«

Oskar drückte herum. Schließlich sagte er kleinlaut: »Das ist ein Lehrer von meiner Schule.«

Irma machte große Augen, so als versuche sie, die Situation zu verstehen, dann zuckte sie mit den Schultern. »Na dann«, meinte sie gelangweilt, »dann ist es wahrscheinlich wirklich besser, wenn ich gehe. Komm, mach endlich die Tür auf, Ossie.«

Korber wollte noch etwas sagen, ließ es dann aber bleiben. Oskar Fürst sperrte auf, und alle drei traten hinaus in eine windige, kühle Nacht.

*

Oskar schien es plötzlich sehr eilig zu haben. »Gute Nacht, Herr Professor«, rief er Korber zu.

»So warte doch«, sagte Korber. »Du wolltest mir doch noch etwas über die Vorgänge im Klub erzählen.«

»Vielleicht morgen nach der Schule. Ich muss jetzt nach Hause. Es ist schon spät. Sie wissen ja, mein Vater ist sehr streng.«

»Halt, du bleibst hier. Sonst werde ich doch noch einmal mit deinem Vater reden müssen.«

»Es geht jetzt nicht. Morgen nach der Schule. Großes Ehrenwort!«

Verdammt, dachte Korber, der will nur abhauen und Zeit gewinnen. »So bleib doch stehen«, rief er Oskar nach.

Aber Oskar beschleunigte nur seine Schritte und fing an zu laufen. Korber stand da wie angewurzelt, unfähig, eine Entscheidung zu treffen, was er nun tun sollte. So sah er Oskar rasch an Boden gewinnen.

Aber irgendwo aus der Dunkelheit tauchte wie aus dem Nichts eine Gestalt auf und packte Oskar fest am Oberarm: »Hab ich dich, Bürschchen. Ist das eine Art, so einfach davonzurennen?«

Es war Leopold. Korber fiel ein Stein vom Herzen.

»Also, Thomas, eins kann ich dir sagen«, redete Leopold triumphierend weiter, »bei dir hätte ich als Schüler meine Gaudi gehabt. Tanzen dir die Halbwüchsigen immer so auf der Nase herum?«

»Lassen Sie mich los«, schrie Oskar.

»Wieso bist *du* denn hier?«, fragte Korber erstaunt.

»Man macht sich eben Sorgen um seine Freunde. Ich habe gesehen, dass du versucht hast, mich am Telefon zu erreichen. Als ich zurückrief, bin ich nur auf deine Sprachbox gekommen. Irgendwie kam mir das komisch vor. Los war auch nicht mehr viel im Kaffeehaus, also habe ich mich ein wenig früher verabschiedet und bin hergefahren, weil ich so eine Ahnung hatte.«

»Mit dieser Vermutung bist du nicht schlecht gelegen.«

»Der halbstarke Kerl da?«

Korber schüttelte kurz den Kopf.

»Ich habe gesehen, dass im Klub noch Licht aufgedreht war«, erzählte Leopold. »Ich wollte schon anläuten oder mich sonst irgendwie bemerkbar machen, da habe ich Stimmen gehört, die näher zum Ausgang kamen – eure Stimmen. Dann ging die Tür auf. Ich habe mich rasch hinter einen der Arkadenpfeiler gestellt. Ihr habt ja hohen Besuch gehabt: Als Erste ist gleich Irma la Douce herausgekommen …«

»Irma … was?«, entfuhr es Korber, und auch Oskar schaute verständnislos drein.

»Irma la Douce, die flotte Irma, von Beruf Schöne der Nacht. Benannt nach einem Film mit Shirley McLaine. Eine der letzten lokalen Größen hier im Bezirk. Wie sie wirklich heißt, weiß kein Mensch. Aber wenn die früher mit ihrem linken Duttl* gewackelt hat, ist Floridsdorfs Männerwelt stramm gestanden. Da blieb kein Auge trocken. Jetzt macht sie sich schon an so junge Leute wie unseren Oskar heran. Oder hast etwa du …?«

Korber schüttelte abermals schnell den Kopf.

»Und was wollen wir jetzt eigentlich von unserem kleinen Ausreißer?«, fragte Leopold. »Was war denn überhaupt los?«

---

* Weibliche Brust.

Korber schilderte in kurzen Worten, wie er von Neuling eingesperrt worden und wie es dann zur Begegnung mit Irma und Oskar gekommen war.

»Wenn wir uns darauf einigen, dass du uns noch ein wenig Gesellschaft leistest, könnte ich dich jetzt loslassen«, sagte Leopold zu Oskar. »Allerdings würden wir wirklich gerne wissen, was eine Dame wie Irma la Douce in einem Billardklub zu suchen hat, und ob vielleicht gar dein Onkel eine Rolle bei der ganzen Sache spielt.«

»Ich hab's schon dem Professor gesagt«, gab Oskar sich widerspenstig. Er hatte sich mittlerweile aus Leopolds nicht mehr allzu strengem Griff gelöst und stand etwas ratlos da.

»Nichts von Bedeutung hast du gesagt«, erklärte ihm Leopold. »Nur von deinem eigenen Vergnügen hast du gesprochen, nicht davon, dass sich offenbar auch andere Leute mit diversen Damen amüsiert haben. Was war da los, und was hatte dein Onkel Georg damit zu tun?«

Oskar zuckte mit den Achseln. »Er wollte eben ein bisschen Schwung in die Bude bringen. Und diesen alten Krachern hat es gefallen, glauben Sie mir, auch wenn sich der eine oder andere nachher beschwert hat.«

»Hat es hier öfters Sex-Partys gegeben?«

Oskar schüttelte den Kopf. »Sie tun so, als ob hier ständig rumgebumst worden wäre. Das war nicht der Fall, zumindest nicht, seit ich hier bin. Ab und zu kamen Irma oder ein anderes Mädchen, wenn einer Geburtstag hatte oder so. Der durfte dann mit ihr rummachen, und Onkel Georg zahlte das Ganze. Er selbst hat gar nicht viel mitgemacht.«

»Und du schon, nicht wahr?«

Oskar schwieg.

»Du willst mir also einreden, dass das hier ein ganz normaler Ablauf war. Na gut, dann werde ich dir jetzt eine andere Frage stellen, und ich bitte dich, sie mir ehrlich zu beantworten: Hat deine Tante Olga von den Vorgängen hier gewusst?«

»Nein, ganz bestimmt nicht«, kam es schnell. Zu schnell.

Leopold verzog leicht das Gesicht. »Eine ehrliche Antwort, bitte. Ich weiß, dass du mir jetzt nicht die Wahrheit gesagt hast.«

»Wenn Sie es ohnehin wissen, warum fragen Sie dann?«

»Um dich zu testen, Oskar, und weil ich Genaueres erfahren will. Also – was war mit Tante Olga?«

Man sah Oskar an, dass er darüber nicht reden wollte. Wäre es heller gewesen, man hätte gut die bleiche Farbe erkennen können, die sein Gesicht jetzt angenommen hatte. Er stockte.

»Es war Onkel Georgs Geburtstag«, sagte er schließlich. »Wir haben etwas getrunken, und zwei Damen waren da. Jemand muss die Türe offen gelassen haben. Plötzlich stand sie vor uns. Sie regte sich wahnsinnig auf. Wahrscheinlich hatte sie irgendetwas Ähnliches vermutet oder von René – das ist Herr Lacroix – einen Tipp bekommen. Und Onkel Georg ...«

»Hat sie gezwungen mitzumachen?«, fragte Leopold.

Oskar nickte nur. Tränen schossen aus seinen Augen. Er begann, unkontrolliert zu weinen.

Leopold begriff die furchtbare Wahrheit. »Mit … dir?«

Er blickte Oskar ganz fest in die Augen. In ihnen spiegelten sich die Furcht und Scham eines Kindes, das sich bereits erwachsen vorkam, aber noch ein gutes Stück davon entfernt war. Das Kind gab keine Antwort. Es rannte weg, diesmal endgültig.

Bald hatte die Dunkelheit Oskar aufgesogen. Seine Schritte verhallten in der Nacht hinter der großen Kirche. Erst hörte man sie noch, dann auf einmal nicht mehr.

»Sollen wir ihm nachfahren?«, fragte Korber. »Er wohnt gleich bei der Schule. Ich kenne seine Adresse.«

Leopold machte eine wegwerfende Handbewegung. »Wozu? Aus dem bringen wir heute ohnedies nichts mehr heraus. Seien wir froh, dass er überhaupt etwas gesagt hat. Du, der Herr Pädagoge, hättest ihn ja von Haus aus laufen lassen.«

»Dafür hast du ihn ganz schön gequält. Hätte ich dir gar nicht zugetraut.«

»Immerhin geht es um einen Mord, und der Bursche ist alles andere als ein Unschuldslamm. Da braucht es eine gewisse Härte.«

»Vielleicht. Jedenfalls finde ich diesen Fellner langsam zum Kotzen.«

»Seine Sympathiewerte sind bei mir auch ziemlich im Keller. Er hat nicht nur dumme Scherze gemacht, sondern die Menschen offenbar dort zu treffen versucht, wo sie am verletzlichsten waren. Keine schöne Art. Allerdings eine, die beinahe jedem in seinem Umfeld das Motiv für einen Mord gibt. Er hat sich so lange gespielt, bis einmal jemand ausgerastet ist.«

»Seine Frau?«

»Ich weiß nicht. Einerseits profitiert sie von seinem Tod angeblich auch finanziell durch die Erbschaft ein wenig, aber andererseits – warum hat sie ihn nicht schon längst bei einer anderen Gelegenheit umgebracht? Warum sollte sie ausgerechnet gestern vor dem Lokal auf ihn gewartet haben, bei diesem Sauwetter? Das passt mir nicht zusammen. Sie tröstet sich mit diesem Lacroix.«

Leopold weihte Korber kurz darüber ein, was er am Nachmittag im Kaffeehaus gehört hatte.

»Darum war Lacroix wohl heute so nervös«, sagte Korber. »Er muss sich noch mit Olga getroffen haben. Telefoniert haben die beiden jedenfalls miteinander. Warum soll nicht er die Tat begangen haben? Er muss ja eine Stinkwut auf Fellner gehabt haben. Auch im Klub hat er nicht schön über ihn geredet. Lass uns überlegen: Lacroix hat das Lokal nicht allzu lange vor Fellner verlassen. Vielleicht hat er auf ihn gewartet, um ihn zur Rede zu stellen. Dann kam es zur Auseinandersetzung, und dann …«

Leopold hörte geduldig zu. »Kann sein. Was meinst du zu dem Buben?«

»Oskar? Du hältst doch nicht ihn für den Täter?«

»Ich möchte ihn jedenfalls nicht ausschließen. Fellner war zwar eine Art Vaterfigur für ihn, aber Gefühle schlagen schnell um, besonders bei so jungen Menschen. Denk nur einmal, was wir gerade mehr oder minder von ihm erfahren haben. Das war für ihn vielleicht noch schlimmer als für Olga selbst.«

Sie gingen langsam zu Leopolds Auto, das wieder einmal auch Korber nach Hause bringen würde.

»Vergiss nicht, dass es ein Beweisstück gibt«, sagte Leopold nachdenklich. »Ich habe heute Abend mit dem Kinocenter telefoniert. Fellner ist niemandem aufgefallen, aber ich habe die Beschreibung von einigen der Leute, die sich den Film um 20 Uhr ansahen. Oskar könnte einer von ihnen gewesen sein. Weißt du, Thomas, mir ist nämlich eines eingefallen. Vielleicht habe ich mich die ganze Zeit über geirrt. Vielleicht war es gar nicht Fellner, der die Karte verloren hat.«

»Wer denn?«, fragte Korber müde.

»Na ja, vielleicht war es sein Mörder.«

8

Der Samstag begann mit einem prächtigen Frühlingsmorgen, beinahe zu schade, um in die Schule zu gehen. Maria Hinterleitner stand, in ein Gespräch mit zwei Kollegen vertieft, bereits im Lehrerzimmer, als Korber eintrat. Fast ein wenig eifersüchtig registrierte er, dass ihre Schönheit und Natürlichkeit auch auf andere Männer ihre Wirkung tat. Es störte ihn, dass sie ihn nicht gleich anlächelte und ihm zuwinkte. Er setzte sich auf seinen Platz und begann, die Unterlagen für den heutigen Tag zu ordnen.

»Hallo«, hörte er schließlich ihre angenehme Stimme hinter sich. »Kannst du mir schnell zeigen, was wir alles in unserer Englischsammlung haben? Da kenne ich mich noch überhaupt nicht aus.«

»Gerne«, antwortete er noch ein wenig verschlafen. Wollte sie etwa allein mit ihm sein?

Beide gingen schweigend aus dem Lehrerzimmer, dann begann Maria zögernd: »Ich hatte gestern noch einige Erledigungen und habe mir den Tag freigenommen. Tut mir leid, dass ich vergessen habe, dir das zu sagen.«

»Macht nichts. Du hast sicher schon erfahren, was sich am Donnerstag noch alles abgespielt hat.«

Sie nickte und senkte kurz den Kopf. »Ja natürlich! Ist das nicht schrecklich? Mir ist es ganz kalt über den Buckel gelaufen, als ich gehört habe, dass Fellner vor dem Kaffeehaus von einem Auto niedergestoßen worden ist. Mein Quartiergeber!«

»Die Polizei ist sich ziemlich sicher, dass er vor das Auto gestoßen wurde.«

»Meinst du? Furchtbar! Was war denn dann überhaupt los im Kaffeehaus? War es aufregend? Oder bedrückend?«

Korber wusste nicht recht, was er antworten sollte. »Es ging grad so. Bist du gut nach Hause gekommen?«

»Ja, ich habe es noch vor dem Gewitter geschafft. Dann habe ich geschlafen wie ein Murmeltier. Und am Morgen habe ich Frau Fellner gar nicht gesehen. Meine Wohnung liegt ja im hinteren Teil des Hauses. Später konnte ich in der Zeitung lesen, was geschehen war.«

Korber zögerte kurz. Er wusste, dass von der nächsten Frage viel abhing. Dann sagte er: »Können wir das nicht heute Abend bei einem guten Gläschen besprechen?«

Maria nickte unerwartet rasch. »Das machen wir. Ich habe sowieso noch ein schlechtes Gewissen wegen Donnerstag. Und diesmal komme ich allein, das verspreche ich dir.«

»Um sieben beim Bahnhof?«

»Geht in Ordnung. Um sieben.«

Korber war in seinem Glück so verwirrt, dass er Maria nur einen reichlich unvollständigen Eindruck vom Bestand der Englischsammlung vermitteln konnte. Er unterrichtete an diesem Samstagvormittag locker und unverkrampft, blieb in allen Situationen heiter und gelassen. Diesmal würde die Sache weit

154

besser ablaufen als beim letzten Mal, dessen war er sich sicher.

Später erfuhr er, dass Oskar Fürst auch an diesem Tag nicht zum Unterricht erschienen war.

*

Man sah Korber sein Glück noch irgendwie an, als er mittags nach der Schule das ›Heller‹ betrat. Leopold begrüßte ihn mit Schalk in seinen Augen: »Na, wo schläft sich's besser, auf dem Häusl* oder im eigenen Bett?«

»Komm, hör auf«, sagte Korber selig. »Lass dir lieber etwas erzählen. Das mit Maria klappt heute! Wir gehen zusammen aus.«

»Oje!« Leopold verzog betreten das Gesicht. »Da muss ich dich sicher nachher wieder trösten. Na ja, meine Handynummer hast du.«

»Red keinen Unsinn und bring mir lieber eine Melange. Das wird bestimmt ein toller Abend. Diesmal *kann* einfach nichts dazwischenkommen, verstehst du?«

»Kennen wir«, blieb Leopold skeptisch. »Und was ist mit Rotkäppchen? Hat das inzwischen der Wolf gefressen?«

»Die kommt nicht, dafür hat Maria schon gesorgt.«

»Hoffen wir es. Ich werde mir den heutigen Abend sicherheitshalber freihalten.«

»Ekel!« Thomas schlürfte genüsslich den Schaum von seinem Kaffee. »Morgen werde ich dir alles erzählen, und dann wirst du sehen, wie sehr du im Unrecht warst.«

---

* Toilette, WC.

»Morgen ist Sonntag. Da hat das Kaffeehaus geschlossen, wie du weißt.«

»Eben. Da könnten wir uns doch auf ein Plauscherl treffen.«

»Das schlag dir lieber aus dem Kopf«, sagte Leopold. »Erstens solltest du deine Verabredung mit den Leuten vom Billardklub einhalten, und zweitens habe ich schon etwas vor. Ich fahre einen Freund besuchen.«

»Wieso denn das auf einmal?«

Jetzt lächelte Leopold erstmals an diesem frühen Nachmittag. »Du weißt doch, die Sache mit dem Fahrrad. Leider waren die Leute mit der Turnierspende nicht so großzügig, dass ich mir ein neues Rad leisten kann. Aber mein alter Freund Daniel aus Stubenberg würde mir sein altes Sportrad großzügig abtreten. Da muss ich natürlich hin. Außerdem eine prächtige Gelegenheit, wieder einmal mit Daniel zu plaudern und ein Glas köstlichen oststeirischen Weines zu trinken.«

»Das willst du wirklich machen? Jetzt, wo der Fall interessant wird?«, fragte Korber verwundert.

»Ich will mir das Rad holen, außerdem muss ich mir auch einmal ein bisschen Ruhe gönnen. Aber du bist ja hier, mein Freund. Geh schön brav am Nachmittag zum Heurigen und halte deine Augen offen. Ich glaube, wir kommen dem Täter langsam auf die Spur.«

»Wirklich?« Korber zündete sich eine Zigarette an. »Also, ich habe noch keinen blassen Schimmer. Ich mache mir nur Sorgen um Oskar. Er ist ja noch so jung. Er mochte Fellner sehr, aber nachdem, was wir erfahren haben, kann seine Zuneigung auch in Hass umgeschlagen haben. Wenn er nur keine Kurzschlusshandlung begangen hat.«

Leopold wirkte für einen Augenblick nachdenklich. »Hoffentlich nicht«, sagte er.

»Na ja, natürlich gibt es da noch die anderen«, sinnierte Korber. »Neuling oder Papp etwa. Die hat Fellner offensichtlich degradiert. Außerdem kamen sie mit ihrem Heimatgedanken nicht sehr weit. Neuling traue ich seit gestern alles zu.«

»Das mit dem Klo wirst du ihm wohl nie verzeihen.«

»Leicht möglich. Papp habe ich noch nicht gesehen, aber der bekam ja Probleme mit seiner Frau wegen der Sexabende. Lacroix ist ein völlig undurchschaubarer Typ. Der ist schon seit geraumer Zeit mit Olga beisammen, sagst du? Na, dann hat er ja Motiv genug. Mitterhofer kannte Fellner von früher, als sie beide gemeinsam am Stubenbergsee als Kellner gearbeitet haben, da kann natürlich auch etwas gewesen sein. Richtig gemocht hat ihn keiner, das steht fest. Aber das meiste habe ich dir ja schon gestern erzählt.«

»Dann mach mir keine Schande, Thomas. Man wird doch noch einen Tag fortfahren und sich auf seinen Freund verlassen können«, redete Leopold auf Korber ein.

Der trank lächelnd seinen Kaffee aus. »Sei froh, dass ich heute so guter Laune bin«, sagte er. »Gestern wollte ich schon den ganzen Karren hinschmeißen.«

Leopold intonierte das Lied aus der West Side Story: »Maria, Maria, Mariaaaaa …«

Einige Gäste drehten sich empört um. Man hatte sie brutal aus ihrer Mittagsruhe gerissen. Frau Heller stürzte aus der Küche herbei, ein Wort des Tadels auf ihren Lippen. Aber noch ehe sich der momentan aufgestaute Groll entladen konnte, betrat ein neuer Gast das Lokal – Freund Mundgeruch. Er sah diesmal überraschend frisch und gepflegt aus.

»Ah, mein Freund, der Professor«, sagte er, als er Korber erblickte, und stellte sich gleich zu ihm. »Ich habe Sie gestern gesucht, wo waren Sie denn? Na, ist ja nicht so wichtig. Sie sind mir eben abgegangen. Ein Bier bitte, Herr Ober. Wissen Sie schon das Neueste? Sykora ist wieder heraußen.«

Leopold zog die Augenbrauen hoch. »Der Würstelmann?«, fragte er.

»Genau, der hat ihn mehr oder minder entlastet. Er konnte sich zwar an keine genaue Uhrzeit erinnern, aber er wusste, dass Sykora ziemlich lange herumkrakeelt hatte und dabei nie weit von seiner Würstelbude entfernt geblieben war. Eher unwahrscheinlich, dass sich Sykora schnell verdrückt, Fellner umgebracht und dann weiter randaliert hat, oder?«

Leopold nickte. Obwohl er nicht vorhatte, sich auf ein längeres Gespräch mit dem nach wie vor unbekannten Herrn einzulassen, meinte er einschränkend: »Trotz Dunkelheit?«

»Trotz Dunkelheit, natürlich. Sykora war auf dem ganzen Platz zu hören. Heißa, das wird noch lustig, Professorchen«, klopfte Freund Mundgeruch Korber auf die Schulter. »Denn wenn es nicht Sykora war, wer kann es dann gewesen sein? Vielleicht jemand aus dem Billardklub ›Alt-Floridsdorf‹? Ich sehe, Sie denken genauso wie ich. Und wer? Ich tippe einmal außer Konkurrenz auf unseren gemeinsamen Bekannten mit dem französischen Akzent, Herrn Lacroix. Und ich glaube, darauf sollten wir ein Bierchen trinken.«

Korber war die Sache unangenehm. Er wollte nicht im Kaffeehaus versumpfen, wenn es galt, einen schönen Abend mit Maria Hinterleitner zu verbringen. »Nein, danke, ich muss gleich gehen«, sagte er.

»Papperlapapp, keine Ausreden, das zahle jetzt ich, zur Feier des Tages.« Unser Gast machte einen großen Schluck und begann zu sinnieren. »Und Olga? Hat sich von Fellner mies behandeln lassen, bekommt jetzt aber das ganze Geld, das er auf die Seite geschafft hat ... Natürlich gibt es auch andere Möglichkeiten, wenn Sie wissen, was ich meine ...« Seine Rede wurde schnell wieder unzusammenhängend.

Was tat Korber? Er blickte zuerst böse auf Leopold, dann auf das Glas Bier, dass er ihm achselzuckend hinstellte. Hektisch trank er es etwa zur Hälfte leer, knallte es schließlich demonstrativ auf die Theke und verabschiedete sich mit einem lauten: »Auf Wiedersehen, die Herren.« Schon ward er nicht mehr gesehen.

»Muss Liebe schön sein«, rief Leopold ihm noch nach. Mein Gott, was dabei herauskam, wenn ein Mensch ein, zwei oder mehrere Gläser Bier trank, das wusste man. Aber wenn sein Freund Thomas sich abends zum Stelldichein mit einer neuen Kollegin traf, konnte man das Ergebnis nur beiläufig ahnen. Und Leopold ahnte nichts Gutes, wenn er an das Geschnuckele zwischen Maria und Ingrid Grabner vom Vortag zurückdachte.

Noch während Leopold seine Ahnungen hatte, setzte Olga Fellner, bekleidet mit einer einfachen schwarzen Weste und einem schwarzen Rock, ihren Fuß ins Lokal. Sie wirkte ernst, aber nicht traurig. Brav, fast ein wenig zu brav, setzte sie sich an einen Tisch beim Fenster.

»Eine Melange, bitte«, sagte sie kühl. »Nicht zu hell, wenig Schaum.«

»Wie gnä' Frau belieben.« Mürrisch bewegte Leopold sich auf die Kaffeemaschine zu. Das hatte er schon gerne, wenn ein seltener Gast gleich mit einer Extrawurst bei der Türe hereinkam.

Aber Frau Heller ließ bereits fachmännisch den Kaffee herunterlaufen. »Lassen Sie nur, Leopold. Kümmern Sie sich um die anderen Gäste«, kam es unerwartet entspannt, beinahe gehaucht, aus ihrem Mund. »Frau Fellner bediene schon ich. Ich möchte gerne ein wenig mit ihr plaudern, von Chefin zu Chefin.« Dann zwinkerte sie Leopold zu. »Und von Frau zu Frau.«

»Ausfratscheln wollen Sie sie, geben Sie's doch zu«, sagte Leopold erbost. »Bin gespannt, was da wieder herauskommt. Dass Frauen bloß immer so neugierig sein müssen.«

Kopfschüttelnd schenkte er Freund Mundgeruch ein weiteres Bier ein. Frau Heller nahm inzwischen bei Olga Fellner Platz. »Mein Beileid«, sagte sie und versuchte, dabei möglichst vertraulich zu wirken. »Sie müssen ja einiges durchgemacht haben in den letzten Tagen.«

»Danke, Frau Heller«, antwortete Olga Fellner betont leise. »Das kann man wohl sagen. Die letzten beiden Nächte habe ich kein Auge zugetan. Und untertags?

Nichts als Anrufe, Beileidwünsche, Kondolationen. Dann die Befragungen durch die Polizei, natürlich auch bei Verwandten und Freunden, die einen selbst wieder anrufen und alles erzählen. Ein ständiger Kreislauf, der mich die letzten Nerven kostet.«

»Dann ist es ja gut, dass Sie den Weg zu uns gefunden haben, um sich ein wenig zu entspannen.«

»Ja, zu Hause halte ich es fast nicht mehr aus. Ist das alles notwendig, frage ich Sie? Muss man fortwährend Rede und Antwort stehen, wo man doch selbst die Leidtragende ist? Chéri ...«

»Chéri?«

Olga Fellner errötete leicht und senkte ihren Blick. »Das ist Herr Lacroix«, sagte sie. »Ich nenne ihn so, er ist ein sehr guter Freund. Chéri hat mir gesagt, dass Egon Sykora als Täter so gut wie feststeht. Weshalb dann diese Verhöre?«

Wie zufällig streifte Leopold, der sich jetzt auffallend für diesen Teil des Kaffeehauses interessierte, am Tisch vorbei. Dafür erntete er einen tadelnden Blick von Frau Heller, die wartete, bis er wieder weg war, und dann sagte: »Vielleicht war er es eben doch nicht.«

»Er war es, dessen können Sie sicher sein.« Genüsslich schlürfte Olga Fellner von ihrer Tasse. Dabei nahmen ihre Gesichtszüge langsam wieder jene Form von Stolz an, den man bei ihr kannte. »Mein Mann und er konnten sich seit Jahren nicht mehr leiden. Sie waren erbitterte Feinde. Kein Wort haben sie miteinander geredet.«

»Aber das war doch eher eine sportliche Rivalität«,

warf Frau Heller ein. »Deswegen wird man sich nicht gleich umbringen.«

»Sie tun ja geradezu, als wollten Sie Sykora verteidigen. Weshalb eigentlich? Er ist ein impertinenter Mensch, jähzornig, aufbrausend, gemeingefährlich. Sie haben ja gesehen, wie er auf meinen Mann losgegangen ist.«

»Das wäre ich auch«, meldete sich Leopold vom Nebentisch, den er langsam mit einem feuchten Tuch abwischte. »Ihr Mann hat Sykora ganz schön provoziert. Aber der Mord ist viel später passiert.«

»Mischen Sie sich nicht ein«, zischte Olga. »Das geht Sie nichts an.«

Frau Heller versuchte, sie zu beruhigen. »Sie können sich vorstellen, was das für eine Aufregung war«, sagte sie. »Das Lokal war voller Leute. Ich musste für die Polizei eine Liste erstellen, auf der alle verdächtigen Personen verzeichnet sind. Sie ist ein wichtiges Beweismittel, das uns zum wahren Täter führen wird.«

Olga Fellner schüttelte den Kopf. »Was auch immer Sie für die Polizei getan haben mögen, meine Liebe: Sykora ist der wahre Täter. Er ist verhaftet und wird seine Tat sicher bald gestehen.«

Jetzt fiel Frau Heller wieder ein, was sie soeben von dem unsympathischen Kerl an der Theke zu hören vermeint hatte. »Aber er ist nicht mehr verhaftet. Sie haben ihn wieder freigelassen«, sagte sie.

»Das ist doch nicht die Möglichkeit«, zischte Olga. »Sie sind sich sicher? Nun, es wäre nicht das erste Mal, dass ein Verbrecher aufgrund eines Justizirrtums freikommt.« Sie trank ihren Kaffee aus und blickte nachdenklich in ihre Tasse, so als könne sie aus dem zurückgebliebenen Sud ablesen, wer ihren Mann auf dem Gewissen hatte. »Wenn wir nur einen Zeugen hätten, der alles gesehen hat«, seufzte sie dann.

»Einen gibt es«, rutschte es Frau Heller heraus. »Aber es war so dunkel, dass er, glaube ich, auch nichts gesehen hat.«

Olga Fellner horchte auf. »Warum haben Sie mir das nicht gleich gesagt? Wer ist das denn?«, fragte sie neugierig.

Frau Heller zögerte kurz, aber ihr Mitteilungsbedürfnis siegte. »Ein gewisser Erwin Seidl. Im Haus da drüben wohnt er. Er hat aus dem Fenster geschaut«, sagte sie.

»Seidl ... Seidl ... Doch nicht etwa der Seidl mit dem behämmerten Sohn, der stottert?«

»Genau derjenige.«

»Das sind ja gute Neuigkeiten, meine Liebe. Also, irgendein Detail muss er doch gesehen haben, das Sykora entlarvt. Wahrscheinlich war die Polizei nur zu dumm, ihm die richtigen Fragen zu stellen. Das muss ich gleich Chéri erzählen. Chéri wird schon etwas einfallen.«

Olga begann nun, in ihrer Tasche zu kramen und ihr Handy zu suchen. Sie wirkte gar nicht mehr traurig und brav, sondern aufgekratzt und tatendurstig. Leopold schaute ihr interessiert dabei zu und fragte: »Haben die Dame noch einen Wunsch?«

Olga blickte irritiert auf. Frau Heller schüttelte den Kopf. »Ich denke, in anderen Teilen des Lokals werden Sie auch gebraucht, Leopold. Um Frau Fellner kümmere schon ich mich«, sagte sie streng. Dann fragte sie ihre Tischgenossin, ohne sich ein Blatt vor den Mund zu nehmen: »Herr Lacroix ist also Ihr ›Chéri‹?«

»Er ist, wie ich schon sagte, ein sehr guter Freund. Verstehen Sie mich jetzt bitte nicht falsch, meine Liebe. Mein Mann und ich, wir haben eine sehr offene Ehe geführt, in der nicht immer alles geklappt hat, vor allem in den letzten Jahren. Ich habe es nicht leicht mit ihm gehabt. Chéri hat sich um mich gekümmert, wenn es notwendig war. Ich habe dadurch die Kapriolen meines Mannes besser ausgehalten, und unsere Partnerschaft hat bis zum Schluss gehalten.«

Frau Heller blickte ein wenig ungläubig drein, so als würde es noch eine Weile brauchen, bis die ganze Wahrheit in sie hineingesickert sein würde.

Olga Fellner wurde ungeduldig. »Machen Sie sich keine Gedanken, liebe Frau Heller. Herr Lacroix war ein Freund, auf den ich immer zählen konnte. Und jetzt möchte ich mit ihm telefonieren, aber privat. Könnten Sie mich einen Augenblick allein lassen?«

Nur widerwillig ließ Frau Heller Olga Fellner an ihrem Tisch zurück, jetzt, wo die Sache versprach, interessant zu werden. Wie viel ›Chéri‹ war dieser Lacroix? Und warum putzte Olga sich so mit ihm heraus, wo ihr Mann Georg noch nicht einmal unter der Erde lag?

Ihre Gedanken wurden jäh von Leopold unterbrochen. »Das war wieder notwendig, der Fellner das von dem Seidl zu erzählen«, pfauchte er. »Würde mich nicht wundern, wenn sie ihm jetzt mit Lacroix auf die Pelle rückt. Der arme Erwin.«

Frau Heller zuckte mit den Achseln. »Dass Herr Seidl sozusagen Augenzeuge ist, ist ja kein Geheimnis, Leopold. Wer etwas zur Aufklärung in einem Mordfall beitragen kann, steht eben im Licht der Öffentlichkeit, so wie Sie und ich auch.«

Leopold bedeutete ihr ruhig zu sein. Er versuchte, einige Fetzen von Olgas Telefonat aufzuschnappen, das sie wieder mit ausgesprochen leiser Stimme führte: »Hallo, Chéri ... Ich bin gerade im ›Heller‹ ... Ja ... Ja ... Stell dir vor, Sykora ist wieder frei ... Ja ... Eine Schande, nicht? ... Aber es gibt jemanden, der alles gesehen hat ... Er wohnt gleich gegenüber ... Ja, Chéri ... Bis gleich.«

Doch noch während Olga Fellner mit ihrem Chéri sprach, ging ein Ruck durchs Lokal. Plötzlich stand Egon Sykora mitten im Kaffeehaus und bewegte sich mechanisch, ohne ein Wort zu sagen, auf die Theke zu.

*

Es wurde still, sehr still. Einige Augenblicke lang hörte man nur das Knarren der Schuhe auf dem Parkettboden. Sykora brachte einen kühlen Hauch frischer Luft von draußen herein. Er wirkte ruhig, aber entschlossen. Wäre dies ein Saloon im Wilden Westen gewesen, man hätte fürchten müssen, dass er erst links und dann rechts einen Revolver ziehen und wahllos in die Menge schießen würde. Aber noch geschah nichts. Sykora lehnte sich mit unbewegter Miene an die Theke und bestellte ein Bier und einen großen Weinbrand.

Leopold schenkte ein – vorsichtig, äußerst vorsichtig. Explosive Stimmung. Freund Mundgeruch, nach dem mittlerweile bereits dritten Glas Bier wieder sehr leutselig, meinte aufmunternd zu seinem neuen Nachbarn: »Prost, mein Freund. Vertrauen Sie wieder auf die Gerechtigkeit der Welt und machen Sie kein so finsteres Gesicht. Das Leben ist schön.« Die Antwort war Schweigen.

Herr Heller, der inzwischen hinter der Theke aufgetaucht war, um wieder einmal nach dem Rechten zu sehen, nahm seinen Mut zusammen und schnauzte Sykora an: »Was wollen Sie hier?«

»Ich trinke mein Bier und meinen Schnaps«, entgegnete Sykora mit bemühter Beherrschung. »Das ist doch nicht verboten, auch wenn man kurzfristig einem Justizirrtum unterlegen ist.«

»Die eine Sache ist die Frage, ob Sie in Ihrer Wut einen Menschen umgebracht haben. Das wage ich nicht zu beurteilen. Die andere ist der Wirbel, den Sie vorgestern in unserem Lokal veranstaltet haben. Solche unschönen Szenen dulde ich nicht in meinem Kaffeehaus. Ich darf Sie also bitten, auszutrinken und dann zu gehen.«

»Soll ich mich etwa dafür entschuldigen? Darauf können Sie lange warten, Herr Heller. Sie wissen genau, dass ich um den Sieg in diesem Billardturnier betrogen worden bin. Und Sie wissen es deshalb so genau, weil Sie als Schiedsrichter maßgeblich daran beteiligt waren.«

Herr Heller verkniff sich jeden weiteren Kommentar. Sykoras Blick zeigte, dass höchste Gefahr im Verzug war. Jedes weitere Wort konnte das Fass zum Überlaufen bringen. Er kippte den Weinbrand hinunter und knallte sein Glas auf die Theke.

Olga Fellner, die nervös auf ihrem Platz kauerte, winkte noch einmal Frau Heller herbei: »Verzeihen Sie, dass ich Sie vorhin von meinem Tisch verjagt habe«, sagte sie. »Ich werde jetzt gehen. Ich halte die Gegenwart dieses katastrophalen Menschen, der höchstwahrscheinlich meinen Mann auf dem Gewissen hat, einfach nicht aus. Um eines möchte ich Sie noch bitten, meine Liebe: Bringen Sie mir doch den Pokal, den mein Mann bei dem Turnier gewonnen hat, damit ich ihn gleich mitnehmen kann.«

»Aber selbstverständlich.« Frau Heller fasste Olga zur Beruhigung an die Schulter. »Ich hole ihn gleich. Bei uns verstellt er ohnehin nur den Platz in der Küche.«

Als Frau Heller mit dem Pokal zurückkam, stieß Freund Mundgeruch, wie um die Situation noch zusätzlich anzuheizen, Sykora an und rief: »Da, sehen Sie! Man will Ihnen Ihre Trophäe entwenden.«

Sykora schrie lauthals: »Ist denn das die Möglichkeit? Das ist jetzt mein Pokal! Was glauben Sie, warum ich meinen Fuß noch einmal in diese Spelunke gesetzt habe?«

Herr Heller verspürte ob dieses Ausdrucks nun ebenfalls die Wut in sich aufsteigen, hüllte sich aber weiter in Schweigen. Freund Mundgeruch lächelte süffisant. Leopold wartete ab. Nur Olga Fellner keppelte vehement nach vorne: »Diesen Pokal zu gewinnen war das Letzte, was mein Mann auf dieser Welt vollbracht hat. Wenn Sie ihn haben wollen, müssen Sie mich eben auch umbringen, wie Sie das schon mit Georg gemacht haben. Sie schrecken ja wirklich vor nichts zurück, Sie Rabauke! Nur zu, damit alle sehen, wozu Sie fähig sind.«

Sykora stieg kurz auf die Bremse. »Hören Sie, mir wurde bei diesem Finale übel mitgespielt, sodass ich mir das Recht herausnehme, als moralischer Sieger dazustehen. Was nützt Ihrem Mann schon der Pokal? Er ist – mit Verlaub – unter der Erde. Also geben Sie her!«

»Was heißt geben Sie her? Mein Mann hat gesiegt, deshalb gehört das Ding mir.«

»Und mit welcher Begründung?«

»Posthum«, warf Leopold ein.

»Langsam, langsam, was soll *das* denn heißen?«, fragte Sykora verdutzt.

»Posthum«, wiederholte Leopold. »Das kommt aus dem Lateinischen und heißt, der Sieger ist zwar tot, doch wird *er* nach seinem Dahinscheiden geehrt und nicht Sie, Herr Sykora. Ich habe mir schon gedacht, dass Sie ein ungebildeter Mensch sind und das nicht wissen.«

Jetzt wurde Sykora wieder grob. »Geben Sie her«, rief er in Richtung Olga Fellner und machte zwei Schritte auf sie zu. Herr Heller hielt das für den geeigneten Zeitpunkt einzugreifen, aber es war bereits zu spät. Während Olga in einem Anflug von Größenwahn den Pokal als Zeichen des Sieges in die Höhe stemmte, entriss ihn ihr Sykora mit der rohen Kraft besinnungsloser Wut. Sie wehrte sich kurz, fiel dann aber wie ein Sack auf die gepolsterte Kaffeehausbank.

Jetzt war auch Olga außer sich vor Wut. »Sie waren es«, schrie sie. »Genau so haben Sie meinen armen Mann vor das Auto gestoßen. Aber keine Angst, man hat Sie gesehen. Der Herr Seidl dort vom Haus gegenüber hat Sie gesehen. Auch wenn Sie vorübergehend frei herumlaufen, weil Sie von irgendjemandem gedeckt werden, kommt noch alles ans Tageslicht. Ich werde dafür sorgen, dass Sie wieder verhaftet werden.«

»Das werden wir ja sehen«, sagte Sykora, während er sich von Herrn Heller losriss, der ihn eher ungeschickt festzuhalten versuchte und dabei Leopold den Weg derart verstellte, dass dieser nicht eingreifen konnte. Dann war er auch schon zur Türe hinaus verschwunden.

»Jetzt ist er weg«, sagte Leopold resignierend.

»Sie haben ihn entkommen lassen«, kreischte Olga Fellner.

»Mein Gott, ist das eine Aufregung«, seufzte Frau Heller und schlug die Hände über dem Kopf zusammen.

Mitten in dem allgemeinen Tumult taumelte jetzt auch noch René Lacroix ins Kaffeehaus. Man sah sofort, dass er Sykora in die Faust gelaufen war. Er schaute ziemlich belämmert drein und blutete aus der Nase. »Merde«, fluchte er. »Dieser Crétin!«

»Chéri, um Gottes willen, was ist passiert?«

»Sykora ist mir entgegengekommen. Ich habe gleich den Pokal gesehen. Ich habe mich ihm in den Weg gestellt. Aber dieser Rüpel hat einfach losgeschlagen. Dommage, ich konnte die Trophäe nicht retten, Chérie! Dieser Mensch hat einfach eine Urkraft …«

»Man muss ihn sofort wieder festnehmen«, sagte Olga mit sich überschlagender Stimme. »Chéri, wir machen eine Anzeige.« Sie tupfte sein Gesicht mit einem Taschentuch ab. »Und dieser Seidl hat Sykora erkannt, da habe ich gar keinen Zweifel. Wahrscheinlich hat es nicht einmal eine ordentliche Gegenüberstellung gegeben. Wir werden verhört und verdächtigt, aber so etwas darf frei herumlaufen. Das ist ein Skandal. Komm, Chéri, wie fühlst du dich?«

»Mal, très mal«, stöhnte Lacroix. »Mit einem Wort: beschissen.« Auf Olga gestützt, verließ er das Lokal.

Leopold schaute den beiden nach. Was würden sie jetzt anfangen? Zur Polizei gehen? Oder doch zu Erwin Seidl? Zuzutrauen war ihnen alles. Ein gutes Gefühl hatte er jedenfalls nicht. Er war nur froh, dass sie draußen waren. Das ewige ›Chéri‹ machte ihn ganz dumm im Kopf.

Im Lokal kehrte angenehme Ruhe ein. Frau Heller hatte alle Hände voll zu tun, um sich bei den verbleibenden Gästen zu entschuldigen und ihnen die Situation zu erklären. Aber bald ging wieder alles seinen gewohnten Gang.

Vorne, auf der Theke, stand ein leeres Bierglas. Freund Mundgeruch war gegangen, kriminalistisch ausgedrückt: ohne Spuren zu hinterlassen – keine Geldscheine, keine Münzen. Er war einfach zur Türe hinaus und würde nun wohl woanders seine Neuigkeiten verbreiten, den Rotz aufziehen und seinen Thekennachbarn den Hauch des Todes ins Gesicht blasen, bis er nach einiger Zeit auch dort wieder auf dieselbe Art verschwinden würde, still und heimlich. Männer seines Schlages hielt es nirgendwo lange. Sie hatten eine unruhige Existenz.

Eine innere Eingebung sagte Leopold, dass er diesen Menschen so schnell nicht wieder zu Gesicht bekommen würde.

*

Wie lange das Café Heller an einem Samstag geöffnet hatte, war unterschiedlich – manchmal bis 18 Uhr, manchmal etwas länger, je nach dem Sitzfleisch der verbliebenen Gäste. Die meisten gingen schon früher, nach der Jause. Man machte es sich daheim vor dem Fernseher gemütlich, ging vielleicht noch ein wenig aus, besuchte allenfalls Freunde oder Bekannte. Hie und da wollte eine Gruppe jugendlicher Gäste hier darauf warten, dass die Kinovorstellung anfing oder die ersten Diskotheken aufsperrten, aber das geschah immer seltener. Es gab modernere Lokale mit Musik im Hintergrund, dort zog es sie hin, die Kids. Wer noch hier im ›Heller‹ saß, war da, weil er nichts Besseres zu tun hatte.

An diesem Samstag war es nicht anders. Leopold leerte die Aschenbecher, sah zu, dass für den morgigen Ruhetag alles seine richtige Ordnung hatte, und wartete auf die Sperrstunde. Die Woche war ereignisreich und anstrengend gewesen. Außerdem war es ihm ernst mit seinem sonntäglichen Besuch am Stubenbergsee. Da musste er fit sein.

Am Haustisch spielte Herr Heller eine Partie Schach gegen Robert Sedlacek. Beide saßen schweigend da, den Kopf auf die Hände gestützt, und starrten auf das Brett hinunter. Sedlacek war nur ein mittelmäßiger Schachspieler, der zwar in der Theorie sehr bewandert war, gegen Herrn Heller aber beinahe immer den Kürzeren zog. Dennoch fand er sich regelmäßig auf ein Spiel ein. Er liebte diese Augenblicke der angespannten Ruhe. Man saß einem anderen Menschen gegenüber und war nicht gezwungen, mit ihm zu sprechen. Man musste nicht krampfhaft nach Worten suchen und verstand sich dennoch. Die Worte las man aus dem Gesicht des anderen ab, wenn er die Position der Steine auf dem Brett betrachtete oder einen Zug ausführte. Ein Zug selbst war Frage, Antwort, Angebot oder Ablehnung. Schach war Konversation auf höchstem geistigem Niveau.

Leopold kannte Sedlacek kaum anders als in dieser Stellung: Kinn auf Handfläche, leicht gebückter Oberkörper, manchmal sich nervös mit der Hand durchs Haar fahrend. Wie war der Mensch sonst? Wie stand er auf, wie legte er sich schlafen? Wie machte er seine Morgentoilette? Was frühstückte er? Nahm er etwas zu sich, während er in den Fernseher guckte? Leopold konnte sich Sedlacek nicht anders vorstellen als in dieser gebückten Denkerhaltung. Er wusste eigentlich nichts von ihm. Und so wie mit Sedlacek ging es ihm mit vielen anderen, die das ›Heller‹ frequentierten. Sie bestanden für ihn nur aus dem, was sie zeigten, wenn sie da waren. Man kannte alle Arten, wie sie ihren Kaffee tranken, in der Zeitung umblätterten, etwas bestellten. Aber man kannte die Menschen nicht. Darum war man so perplex, wenn ein Mord geschah, und auf einmal sollte es einer von denen sein, die täglich kamen und die man zu kennen glaubte.

»Schach«, sagte Herr Heller, »und Matt.«

»Noch eine Partie?«, fragte Sedlacek beinahe flehend.

»Die letzte«, sagte Herr Heller mit einem Blick auf die Uhr.

Da öffnete sich noch einmal die Tür. Ein später Gast. Langsam, behutsam einen Fuß vor den anderen setzend wie ein Greis, der er aber noch nicht war, betrat Erwin Seidl das Lokal. Er hustete kurz und laut, offenbar aus Anstrengung. Der kleine Ausflug schien ihn herzunehmen. Ungeschickt plumpste er in einen Sessel.

»Horch, was kommt von draußen rein«, säuselte Leopold. »Haben Euer Gnaden noch einen Wunsch? Wir schließen nämlich bald.«

»Jetzt schon? An einem Samstag?«, keuchte Seidl. »Ist mir neu. Also ein Glas Rotwein bitte.«

»Du hast dich ja jahrelang nicht anschauen lassen, da kannst du nicht auf dem Laufenden sein. Was verschafft uns denn die Ehre?«

Seidl lächelte. »Ich wollte schon lange wieder einmal unter Menschen. Wochenlang bin ich nur zu Hause herumgesessen und habe mich mit meinem Sohn gezankt, weil er ständig den Arbeitsplatz wechselt und dazwischen den ganzen Tag mit nichtsnutzigen Dingen verbringt. Aber heute war er ausnehmend freundlich. Es wird alles besser, hat er gemeint, er habe etwas in Aussicht, wo es einiges Geld zu holen gebe. Dann hat er mir 20 Euro in die Hand gedrückt und gesagt, ich solle mir einen schönen Tag machen, ein bisschen fortgehen. Tja, und das habe ich dann auch getan.«

»Und da hast du dich wieder einmal an uns erinnert«, bemerkte Leopold, während der das Rotweinglas abstellte.

»Sozusagen. Ich bin ja schon eine hübsche Zeit lang unterwegs. Zuerst war ich vorne am Schlingermarkt, dann beim Bahnhof. Ich kann kaum mehr gehen.« Seidl suchte den Aschenbecher und nahm dann eine Packung Zigaretten heraus. Umständlich fingerte er nach einem Glimmstängel. Dabei atmete er schwer. Einige Augenblicke lang hörte man nur dieses schwere Atmen und das Aufsetzen der Figuren auf dem Schachbrett.

»Heute war schon ein ziemlicher Griss um dich*«, setzte Leopold schließlich die zähe Unterhaltung fort.

»Ach so?«, fragte Seidl erstaunt.

»Ja, weil sich offenbar herumgesprochen hat, dass du den Mord an Fellner beobachtet hast. Da meinen einige Herrschaften, du hast der Polizei nicht die ganze Wahrheit gesagt, du hast den Täter doch erkannt.«

Seidl zuckte zusammen. »Weshalb … soll ich den Täter erkannt haben? Du weißt, es war stockfinster, und geregnet hat es auch.«

»Manchmal erkennt man einen Menschen eben doch, an der Gestalt, am Gang. Oder hast du vielleicht kurz seine Stimme gehört?«

»Ich habe der Polizei alles gesagt, was ich weiß. Heute Vormittag waren sie schon wieder da, so ein unleidlicher Inspektor. Hat mich ganz krank im Kopf gemacht. Und zu Eduard war er richtig böse, weil er gestottert hat.«

»Na ja, ich wollte dich nur warnen. Grad vorhin haben

---

* Eine große Nachfrage nach dir.

sie uns besucht, Olga Fellner, ihr neuer Freund und Egon Sykora. Ich glaube, mit denen ist nicht gut Kirschen essen. Gib demnächst acht, wem du die Türe aufmachst. Ich habe mir schon richtig Sorgen gemacht, weil ich dachte, sie würden gleich zu dir hinauflaufen.«

»Das ist lieb von dir, Leopold. Aber um mich braucht sich niemand mehr Sorgen zu machen. Das ist verlorene Liebesmühe«, sagte Seidl mit müdem Blick.

Außer Seidl und Sedlacek waren mittlerweile alle Gäste gegangen. Und bei Sedlacek stand das neuerliche Matt unmittelbar bevor. »Pass halt auf dich auf«, sagte Leopold. »Und trink bitte aus. Wir schließen jetzt gleich.«

Seidl grummelte etwas in sich hinein und nahm einen Schluck vom Rotwein. Man konnte ihm ansehen, dass er noch gerne länger geblieben wäre, sei's weil er es genoss, sein Gefängnis verlassen zu haben, sei's wegen seiner körperlichen Befindlichkeit. Aber Leopold war unerbittlich: »Sperrstunde, Herr Seidl, bitte schön.«

»Schach und Matt«, kam es vom Haustisch.

Seidl erhob sich langsam und zahlte. Er stand etwas unsicher da. Die Beine schmerzten, und die Luft ging noch immer schwer durch seine Bronchien. Leopold hatte Mitleid. »Warte kurz«, sagte er. »Ich ziehe mich nur rasch um, dann bringe ich dich nach Hause, Erwin.«

Es war ein alter Reflex. Leopold machte sich Sorgen um die Menschen, die er kannte, auch wenn er ihnen nur mehr selten begegnete. Früher, vor dem Tod seiner Frau, hatte Erwin Seidl zu den Stammgästen gezählt, die das Kaffeehaus mit Leben gefüllt hatten. Dann hatte er zu kränkeln begonnen und sich immer mehr in seine eigene

Wohnung zurückgezogen. Und jetzt? Ein Schatten vergangener Tage, frühzeitig gealtert, träge und mutlos.

Irgendwann würde auch der letzte schwache Lebenswille verpufft sein. Dann hieß es Abschied nehmen, Abschied von jemandem, den zu sehen eine Zeit lang so selbstverständlich gewesen war. Leopold nahm ungern Abschied. Aber er fürchtete, dass es bei Erwin Seidl bald so weit sein würde.

9

Langsam, unerträglich langsam ging es über die Straße und dann ins Haus hinein. In ein Haus ohne Lift.

Leopold konzentrierte sich darauf, Seidl zu stützen und zu einem etwas flotteren Tempo aufzumuntern. Doch der schleppte sich nur Stufe für Stufe hinauf. Dabei keuchte er bedenklich. Im zweiten Halbstock blieb er stehen und rang nach Atem.

»Eduard ist kein schlechter Junge«, sagte er mit einiger Anstrengung. »Er ... er geht nur zurzeit gar keiner festen Arbeit nach, Leopold. Ich habe mich geniert, es zu sagen, du musst mir verzeihen. Wie weit kann das einen Menschen verändern? Kann es ihn zu einer bösen Tat fähig machen?«

Leopold schüttelte den Kopf. »Gleich sind wir oben, Erwin«, versuchte er, ihn zu beruhigen. »Dort können wir dann über alles reden.«

Seidl arbeitete sich weiter empor. Noch während Leopold überlegte, warum er jetzt wieder seinen Sohn Eduard ins Spiel brachte, kitzelte ihn etwas in der Nase. Es war ein Geruch, der nicht hierher gehörte. Ein gefährlicher Geruch. Woher kam er?

»Gib mir den Schlüssel, Erwin, schnell«, sagte er. Es war eine furchtbare Ahnung, nicht mehr. Noch ehe der verdutzte Seidl die Situation erfasste, war Leopold schon hinaufgelaufen und öffnete hastig die Tür. Heftiger Gasgeruch strömte ihm entgegen.

»Dreh ja kein Licht auf, sonst fliegen wir hier alle in die Luft«, rief er Seidl zu. Dann rannte er mit angehaltenem Atem in die Küche, schaltete den Gasherd aus und öffnete das Fenster. Er atmete tief durch. Hinter ihm, vor dem Herd mit dem geöffneten Backrohr, lag Eduard Seidl. Man musste nachsehen, ob er noch lebte.

Leopold fühlte den Puls, prüfte, ob Eduard noch atmete, öffnete ein Auge. Da war nichts mehr zu machen. Er musste jetzt nur Erwin Seidl die ganze Sache irgendwie schonend erklären.

Der kam, während Leopold sämtliche anderen Fenster in der Wohnung aufriss, ziemlich außer Atem herein. Er blieb stehen, hielt sich am Türrahmen fest, stutzte. Leopold brauchte nichts mehr zu sagen. Seidl wusste alles. Langsam bewegte er sich weiter, ging vorbei an der Küche, ohne einen Blick hineinzuwerfen. Er hustete nur kurz und heftig. Dann ließ er sich mit einem leisen Schluchzen auf die Couch im Wohnzimmer fallen.

»Jetzt hast du es doch getan«, sagte er zu sich. »Dabei hätte ich nichts verraten. Keiner Menschenseele hätte ich etwas erzählt. Man legt doch nicht Hand an sich, Eduard.«

Leopold setzte sich zu ihm. »Du glaubst, es war Selbstmord?«, fragte er leise.

»Was denn sonst?« Langsam füllten sich Seidls trübe Augen mit Tränen.

»Aber warum hätte er es tun sollen, Erwin?«

Seidl seufzte. Eine Träne kullerte seine Wange hinunter. »Ich muss dir wohl die Wahrheit sagen, Leopold. Dann wirst du auch verstehen, warum ich vorhin im Stiegenhaus so geredet habe«, sagte er mit schwacher Stimme. Sein Atem ging jetzt regelmäßig. Er schien unendlich traurig zu sein.

»Schon die ganze Zeit schleppe ich die Frage mit mir herum, was oder besser wen ich damals in der Nacht gesehen habe«, sagte er. »Es sind nur Umrisse, Leopold, Umrisse und Schatten, die man erkennt, sonst nichts. Dennoch ... fragt man sich. Die Gestalt ist zielstrebig auf unser Haus zugelaufen, geradewegs Richtung Eingangstür. Da muss man doch annehmen ... dass sie auch hereingekommen ist, oder?«

»Du vermutest, dass es Eduard war? Du hältst deinen Sohn für einen Mörder?«

»Ich bekomme es einfach nicht aus meinem Kopf heraus. Es passt doch alles zusammen. Eduard hat Fellner gehasst. Er hat ihn vors Auto gestoßen, ist ins Haus gelaufen, dort einige Zeit untergetaucht – dann so, als ob nichts geschehen wäre, in die Wohnung gekommen. Er war verändert in den letzten Tagen, noch weniger zugänglich als sonst. Der Inspektor behauptet, dass mit seinem Alibi etwas nicht stimmt. Und jetzt ...«

»Aber du hast doch gesagt, dass er heute gut drauf war. Warum hätte er sich auf einmal unter den Gasherd legen sollen?«

»Vielleicht hat er das alles nur vorgetäuscht, um mich aus dem Haus zu haben, wenn er sich umbringt«, meinte Erwin Seidl nachdenklich. Er fuhr sich durchs Haar. Seine Hand zitterte mehr als gewöhnlich. »Glaubst du, kann ich schon rauchen?«, fragte er.

Leopold nickte. »Schau einmal her«, sagte er und ging

zum Fenster. »Hier hast du hinausgeschaut vorgestern Abend. Du konntest sehr gut sehen, was auf der *anderen* Seite passierte: Fellner, der aus dem Kaffeehaus kam, die Gestalt, die plötzlich aus dem Hauseingang auftauchte, den Disput, den Stoß, die Karambolage mit dem Auto. Dann hast du noch gesehen, wie der Täter weglief, von mir aus hier auf dieses Haus zu. Aber was dann geschah, kannst du nur ahnen, weil du nämlich den Gehsteig auf *dieser* Seite durch das geschlossene Fenster unmöglich ausmachen kannst. Der Mörder kann weiß Gott wohin verschwunden sein. Du bildest dir jetzt nur ein, dass es Eduard war. In Wirklichkeit hältst du ihn so einer Tat nicht für fähig.«

»Aber es hätte für ihn sonst doch keinen Grund für einen Selbstmord gegeben.«

»Wer sagt denn überhaupt, dass es ein Selbstmord war?«, fragte Leopold. »Du bist der Einzige, der die ganze Zeit davon redet.«

»Was dann?«, wollte Seidl wissen. Er stierte geradeaus nach vorne, als ob er durch die gegenüberliegende Wand schauen könnte. Dann dämmerte es ihm langsam. »Du meinst … Mord? Wieso?«

»Wieso nicht, wenn wir davon ausgehen, dass es kein Selbstmord war?«

Diese neue Perspektive schien Seidl wieder durstig gemacht zu haben. »Leopold, bitte bring mir ein Glas Rotwein«, bat er. »Die Flasche steht in der Küche.«

Leopold ging in die Küche, wo die Gaskonzentration schon merklich zurückgegangen war. Er machte Licht und betrachtete Eduards toten Körper genauer.

Eine Menge Fragen ging dabei durch seinen Kopf. War Eduard Seidl Fellners Mörder? Welchen anderen Grund für einen Selbstmord konnte es geben? Warum hätte ihn andererseits jemand umbringen sollen? Hatten Olga Fellner und ihr Chéri oder vielleicht gar Egon Sykora ihre Drohung wahrgemacht und ihn in Abwesenheit seines Vaters heimgesucht? War es dabei zu einem tödlichen Streit gekommen? Warum aber dann, von allen Mordwaffen, dieser aufgedrehte alte Gasherd?

Je mehr er nachdachte, desto weniger fand Leopold befriedigende Antworten auf seine Fragen. Spuren eines Kampfes gab es jedenfalls keine. Eduard lag leicht gekrümmt seitlich da. Und doch stimmte etwas nicht. Richtig, die Brille, die schief und verbogen auf seiner Nase saß. Hätte er, Leopold, die Brille nicht abgenommen, um in seinen letzten Lebensminuten halbwegs bequem zu liegen?

Die Flasche Rotwein fand er auf der Kredenz neben dem Kühlschrank. Daneben fiel ihm eine Flasche Whiskey auf, soweit er es beurteilen konnte, ein feiner Blend, eine teure Marke. Sie hob sich deutlich von dem billigen Wein aus dem Supermarktregal ab. Was machte sie hier? Das dazugehörige Glas stand, schön abgewaschen und abgetrocknet, neben der Spüle. Hätte er, Leopold, es vor seinem Tod noch gereinigt?

»Weißt du, woher die Whiskeyflasche in der Küche stammt?«, fragte Leopold.

»Nein«, sagte Seidl irritiert und trank sein Glas halb leer.

»Hat Eduard Whiskey getrunken?«

»Soviel ich weiß nicht. Bier hat er in ganz schönen Mengen in sich hineingeschüttet, aber sonst ... vielleicht manchmal ein Glas Wein, aber sicher keinen Schnaps, zumindest zu Hause nicht.«

»War die Flasche heute Mittag schon da?«

»Ich kann mich nicht erinnern, aber nein, ich glaube nicht. Was soll diese Fragerei, Leopold? Was hat diese Whiskeyflasche mit dem Tode meines Sohnes zu tun?«

»Sehr viel, Erwin. Ich glaube nicht, dass sich Eduard einen teuren Whiskey besorgt, den er sonst nie trinkt, gerade einmal zwei, drei Gläser davon hinunterkippt, das Glas dann noch fein säuberlich abschwemmt und abtrocknet und schließlich das Gas aufdreht und sich unter den Herd legt. Also war es Mord, wie ich vermutet habe. Mord, als Selbstmord getarnt.«

Seidl, den der Rotwein kurz wieder beruhigt hatte, spürte das ganze Ausmaß an Verzweiflung auf sich zu kommen. »Aber wieso?«, brach es aus ihm hervor. »Und wer? Und wie soll das alles gegangen sein?«

Leopold versuchte, sich vorzustellen, wie Olga Fellner an Seidls Türe läutete, eine Flasche besten amerikanischen Whiskeys in der Hand, dahinter der leicht bediente* Lacroix mit säuerlichem Lächeln.

»Ich weiß es nicht, Erwin«, sagte er dann. »Möglicherweise hat man Eduard betrunken gemacht, dann irgendwie betäubt, auf den Boden gelegt und das Gas aufgedreht. Man muss warten, was bei der Untersuchung der Leiche und einer möglichen Obduktion herauskommt. Auf jeden Fall sollten wir jetzt schleunigst

---

* Hier: verletzte.

die Polizei verständigen. Dann werden wir sicher bald mehr erfahren.«

»Warte noch einen Augenblick«, sagte Seidl stockend. »Es scheint, als habe ich ihm Unrecht getan.« Er stierte immer noch geradeaus nach vorne. Wie ein Sturzbach schossen die Tränen jetzt aus seinen Augen, suchten sich freie Bahn, alle Dämme brechend. Seidl heulte wie ein kleines Kind und schämte sich nicht dabei.

*

Wenn der Polizei manchmal der Ruf vorausgeht, sie verhalte sich in heiklen Situationen wie der sprichwörtliche Elefant im Porzellanladen, so ist das wohl auf Typen wie Inspektor Bollek zurückzuführen. Ohne ein Wort des Beileids, bloß mit einem kurz hingeworfenen »Wo ist die Leiche?«, trampelten er und seine Ermittler am gebrochenen Erwin Seidl vorbei in dessen Wohnung vor. Bollek führte Befehle aus, und er teilte Befehle aus, das war sein Job. Gefühle interessierten ihn nicht. Außerdem verlor er rasch die Beherrschung. Auch langes Spekulieren und Nachdenken waren nicht sein Fall. Er suchte rasche und eindeutige Lösungen – Lösungen, die sein Hirn zu begreifen vermochte. Mit einem Wort: Alles, was von der geraden Linie abwich, die er in seinem Inneren vorgezeichnet hatte, war ihm zutiefst zuwider.

Gott sei Dank nahm sich schließlich Frau Inspektor Dichtl, die mehr von der psychologischen Schulung in Erinnerung behalten hatte, Erwin Seidls an, dessen Zustand sich zunehmend verschlechtert hatte und der deswegen in seinem Bett einvernommen wurde. Bollek durfte sich mit seinem ständigen Reibebaum Leopold W. Hofer auseinandersetzen.

»Schon wieder Sie?«, fuhr er Leopold an. »Was zum Teufel suchen Sie hier?«

»Ich habe die Leiche gefunden«, entgegnete Leopold trocken.

»Ist das nicht reichlich verdächtig? Überall, wo es eine Leiche gibt, sind Sie der Erste am Tatort. Wollen Sie uns etwa weismachen, dass das alles Zufall ist?«

»Ich kann's mir ja nicht aussuchen, wem ich über den Weg laufe und ob diese Person gerade noch lebt oder nicht.«

»Nein, können Sie nicht. Aber überall herumschnüffeln und dabei wichtige Spuren verwischen, das können Sie, was?« Bolleks Gesicht nahm wieder jene gefährliche rötliche Färbung an, die zeigte, dass ein Wutausbruch knapp bevorstand, wenn er sich nicht zusammennahm, und dass er mit seinem Blutdruck Probleme hatte.

Leopold zuckte die Achseln. »Ich habe Herrn Seidl nur vom Kaffeehaus nach Hause gebracht. Dabei habe ich den Gasgeruch wahrgenommen, der aus seiner Wohnung kam. Wir wussten nicht, ob sein Sohn zu Hause war. Hätte ich sagen sollen: ›Rufen wir die Polizei an, und warten wir einstweilen hier heraußen, bis sie kommt‹?«

»Davon ist keine Rede. Aber ich kenne Sie. Sicher haben Sie die Gelegenheit ausgenützt, die halbe Wohnung umzudrehen, nur um dann Ihrem Freund« – der unglücklicherweise auch Bolleks Chef war – »ein paar nette Geschichten erzählen zu können.«

»Wenn Sie meinen.«

»Passen Sie auf, Sie kommen schon noch in meine Gasse. Sie haben Glück, dass der Fall hier so eindeutig liegt. Ich möchte darauf wetten, dass es sich um Selbstmord handelt.«

»Ach so?«

»Ich werde Ihnen das einmal erklären, Herr Klugscheißer: Der Tote zählte zu unserem engeren Verdächtigenkreis im Fall Fellner. Fellner hat ihn vor anderen Leuten lächerlich gemacht und um eine Anstellung bei der Post gebracht. Beide, er und sein Vater, waren Opfer von Fellners sadistischen Neigungen. Für die Tatzeit hat der Tote kein eindeutiges Alibi, ziemlich sicher hat er das Lokal, das er uns genannt hat – ›Jimmy's‹ oder so –, früher als angegeben verlassen. Ich habe ihn heute noch einmal befragt, da hat er nur zusammenhangloses Zeug geredet. Dann hat er offenbar die Nerven verloren und Selbstmord begangen.«

Bollek war, wie gesagt, Spezialist für einfache Lösungen. Er konnte sie sozusagen im Minutentakt produzieren.

»Jetzt müssen Sie mir aber schon helfen, Herr Inspektor«, konnte Leopold sich nicht verkneifen zu sagen. »Zuerst haben Sie bei Fellner von einem Unfall gesprochen, dann auf einmal war Sykora der Mörder, jetzt soll es Eduard Seidl gewesen sein. Wer war es denn wirklich? Könnte es nicht sein, dass Sie wieder einmal einem kleinen Irrtum aufgesessen sind?«

»Ich glaube, Sie sollten jetzt schleunigst von hier verschwinden«, zischte Bollek. »Sofern wir auf Ihre

Aussage Wert legen, werden wir Sie aufs Kommissariat bemühen.«

»Ich glaube, Sie sollten ein bisschen genauer nachdenken. Sie liegen mit Ihren Anschauungen nämlich ganz schön weit daneben«, beharrte Leopold.

»Und ich glaube, die beiden Herren sollten sich erst einmal beruhigen«, sagte Oberinspektor Juricek, der nun auch am Tatort erschienen war, seinen Mantel und den Sombrero auf einen Kleiderhaken gehängt hatte und sich mit beiden Händen durchs glatte Haar fuhr. »Man hört das Gezanke ja bis auf die Gasse hinaus. Furchtbare Sache, was? Wie geht es dem armen Erwin Seidl? Frau Dichtl kümmert sich um ihn? Gut.«

Dann ließ er sich von Bollek über den Stand der Dinge informieren. »Selbstmord meinen Sie? So, so«, nickte er nachdenklich. »Es sieht ja wirklich ganz danach aus. Und es scheint, als ob ein Zusammenhang zum Fall Fellner gegeben ist, wie Sie richtig bemerken. Aber wir müssen sichergehen. Vielleicht findet die Spurensicherung etwas, das uns weiterhilft. Und Sie, Bollek, sehen bitte einmal nach, ob jemandem im Haus etwas aufgefallen ist, ob man jemanden zu Seidl kommen gesehen oder gehört hat.«

Mit einer eindeutigen Kopfbewegung schickte Juricek seinen Inspektor nach draußen. Erst dann begrüßte er seinen Freund. »Jetzt fällst du mir schon auf, Leopold«, schmunzelte er. »Immer als Erster am Tatort, immer in heftige Diskussionen mit dem armen Bollek verwickelt. Warum bist du eigentlich hier?«

»Der alte Seidl ist auf einmal bei uns im ›Heller‹ aufgetaucht, kurz vor der Sperrstunde. Eduard hatte ihn weggeschickt, er solle sich einen schönen Nachmittag machen. War angeblich gut gelaunt, hat seinem Vater Geld mitgegeben. Wirkt das so wie jemand, der sich kurze Zeit später umbringen will?«

»Ich weiß nicht. Erzähl weiter.«

»Schließlich landete Seidl also bei uns. Er war ziemlich erschöpft. Ich habe gemerkt, dass er es nicht mehr hinauf in die Wohnung schaffen würde. Also bin ich mit ihm gegangen. Dann habe ich das Gas gerochen, bin hinein in die Wohnung, habe dem armen Eduard aber nicht mehr helfen können. Den Rest kennst du ja.«

»Und du glaubst nicht an einen Selbstmord?«

»Richard, in der Küche steht ein sündteurer Whiskey, der vorher nicht da war und von dem etwas getrunken wurde. Schau dir die Weine an, die der alte Seidl konsumiert, schau dir die Dosen Bier an, die im Kühlschrank stehen. Lauter billige Marken. Außerdem war Eduard kein Schnapstrinker. Und dann gibt es noch ein paar Indizien. Das Glas hat er noch abgewaschen, und auf die Brille hat er sich draufgelegt, anstatt sie abzunehmen. So verhält sich kein Selbstmörder.«

»Du meinst, jemand hat die Flasche mitgebracht, die beiden haben miteinander angestoßen ...«

»... und dann war Eduard entweder vom Whiskey k. o., oder der große Unbekannte hat mit ein paar Tropfen oder einem Pulverchen nachgeholfen.«

»Schließlich hat er den wehrlosen Seidl junior liegen gelassen oder unter den Herd gelegt und das Gas aufgedreht.«

»Genau. Seidl muss seinen Gast erwartet haben und hat deswegen auch seinen Vater weggeschickt.«

»Glaubst du, der Täter wusste, dass sich ein alter Gasherd in der Wohnung befindet?«

»Nicht unbedingt. Er hätte Eduard ja auch auf eine andere Art umbringen können. Aber so brauchte er sich nicht die Finger schmutzig zu machen und konnte zumindest fürs Erste einen Selbstmord vortäuschen.«

»Trotzdem bleiben da noch ein paar Fragen offen, Leopold. Warum würde jemand so etwas tun? Und steht dieser Mord – wenn es einer ist – tatsächlich in einem Zusammenhang mit dem an Fellner?«

»Ich vermute, der Mörder dachte, Erwin oder Eduard wüssten mehr, als sie uns gegenüber zugegeben haben«, sagte Leopold. »Leider hat sich herumgesprochen, dass der alte Seidl aus dem Fenster alles beobachtet hat. Heute Nachmittag hatten wir zum Beispiel illustren Besuch im Kaffeehaus: Olga Fellner und Sykora. Die beiden sind wegen des Pokals aneinander geraten. Dabei hat Olga Sykora lauthals als Fellners Mörder bezeichnet. Alle wollten wissen, was Seidl gesehen hat. Schließlich kam Lacroix dazu und hat von Sykora eins auf die Nase bekommen.«

»Das ist dieser Witwentröster, nicht?« Juricek war durch die polizeilichen Ermittlungen, aber auch durch seine Telefonate mit Leopold offensichtlich bestens informiert. »Und Sykora hat wieder zugeschlagen? Unverbesserlich, der Kerl. Wir mussten ihn laufen lassen, weil im Moment doch mehr gegen als für ihn als Täter spricht. Aber für seine Hiebe wird er sich verantworten müssen.«

»Haben Olga und Lacroix eine Anzeige gemacht?«, wollte Leopold wissen.

»Davon ist mir nichts bekannt. Glaubst du, sie waren hier bei Seidl heroben?«

»Ich weiß nicht.« Leopold hatte das ungute Gefühl, dass er derzeit überhaupt zu wenig wusste. Hätte Erwin Seidl von Olga Fellner und ihrem Chéri zu einer Aussage gegen Sykora verführt werden sollen? Wie aber war Eduard dann zum Opfer geworden? Außerdem: Hatte Eduard seinen mutmaßlichen Mörder nicht erwartet? Konnte man andererseits aufgrund dieses Sachverhaltes Olga und Lacroix als Täter jetzt einfach ausschließen? Hingen die zwei Morde – wenn es zwei Morde waren – wirklich zusammen?

Fragen über Fragen. Leopold musste sich ein neues Bild von der Lage der Dinge machen.

»Da ist noch etwas«, sagte er. »Seidl hatte eine Vermutung über die Identität des Täters. Er hatte seinen eigenen Sohn in Verdacht.«

Juricek zog die Augenbrauen hoch. »Ach so? Warum denn? Das ist ja jetzt wieder gegen alle deine Theorien.«

»Ich glaube nicht, Richard, lass mich ausreden. Er hat den Mörder ja nicht wirklich erkannt. Aber er hatte eben Befürchtungen. Der Täter kam schnurstracks auf das Haus hier zugelaufen. Da nahm Seidl an, er sei ins Haus hinein, kurz untergetaucht und später in die Wohnung gegangen, als ob nichts geschehen wäre.«

»Und?«, fragte Juricek erwartungsvoll.

»Ich behaupte jetzt Folgendes: Eduard kam aus dem ›Jimmy's‹ nach Hause, sah, wie jemand Fellner vors

Auto stieß, und diese Person lief in ihrer ersten Panik auf *ihn* zu.«

»Er hat den Täter erkannt, meinst du?«

»Richtig, und mit ins Haus genommen. Er hegte sicherlich Sympathien für einen Menschen, der Fellner gerade umgebracht hatte. Sie warteten auf einen günstigen Augenblick und spazierten dann zu zweit wieder seelenruhig aus dem Haus. Das ist im ersten Trubel niemandem aufgefallen, außerdem war es wahrscheinlich nach wie vor stockdunkel. Eduard drehte noch eine kleine Runde, und seinen späteren Auftritt haben wir ja selbst erlebt.«

Beide standen sie in der einen Ecke des Seidl'schen Wohnzimmers neben dem Fenster, das die Hauptverbindung Erwin Seidls zur Außenwelt darstellte. Längst schon waren die Leute der Spurensicherung auch in diesem Raum tätig, während sich der Polizeiarzt im Schlafzimmer um den angeschlagenen Vater des Toten kümmerte.

»Von hier aus kann man's wirklich nicht sehen«, sagte Juricek. »Also hatte Erwin Seidl Grund genug, beunruhigt zu sein. Ja, ja, klingt alles plausibel, Leopold. Eduard hat das ›Jimmy's‹ offensichtlich schon früher verlassen. Dann dieser Zufall: Er wird Zeuge eines Mordes, kennt den Täter. Er braucht Geld. Daraus wird eine kleine Erpressung, für ihn das Todesurteil. Er lädt den Täter für heute Nachmittag zu sich in die Wohnung ein und sieht zu, dass er seinen Vater loswird. Der Täter nimmt außer Geld auch den Whiskey mit und überredet Eduard, mit ihm noch einmal auf Fellners Tod zu trinken. Dann mixt er Schlafpulver, K.-o.-Tropfen oder sonst was hinein, und so weiter, und so weiter. Wenn es sich denn auch so zugetragen hat. Wir werden auf alle Fälle Eduard Seidls Mageninhalt genau untersuchen lassen.«

Leopold war zufrieden, denn er war sicher, dass er Juricek überzeugt hatte. Dennoch meinte er besorgt: »Weißt du, was mich stört, Richard? Die Tat an Fellner kann ja noch im Affekt passiert sein, aber der junge Seidl wurde mit voller Absicht umgebracht. Wir haben es jetzt mit einem kaltblütigen Mörder zu tun.«

Juricek zuckte mit den Achseln. Das war sein Geschäft, tagein, tagaus. Er suchte Mörder und ihr Motiv. Er hatte dabei immer wieder bemerkt, wie schnell aus sogenannten ›normalen‹ Menschen Verbrecher wurden und wozu sie fähig waren, wenn sie sich in die Enge getrieben fühlten. Er steckte sich eine Zigarette in den Mund und bot auch seinem Freund eine an.

Leopold rauchte nicht mehr so viel wie früher, dennoch inhalierte er den ersten Zug mit Genuss. »Wie weit seid ihr denn bei euren Ermittlungen?«, fragte er dann vertraulich.

»Du weißt, dass ich dir darüber nichts sagen darf«, gab sich Juricek bedeckt. »Wir befragen eben die einzelnen Leute, besonders die aus dem Klub und aus Fellners näherem Umfeld, überprüfen ihr Alibi. Dann gehen wir die Liste deiner Chefin durch, suchen nach einem Motiv, nach irgendwelchen Zusammenhängen. Bei Eduard Seidl hatten wir schon Indizien gesammelt, aber jetzt sieht offenbar wieder alles anders aus.«

Leopold hatte sich mehr erhofft. »Was ist mit Oskar Fürst?«, wollte er weiter wissen.

Juricek seufzte. »Traust du ihm so eine Tat zu? Ich nicht. Fellner vors Auto stoßen vielleicht, aber dafür haben wir keine Beweise. Ich weiß schon, es ist interessant, was du über ihn, den Klub und diese Sex-Partys herausgefunden hast. Aber es wird schwierig werden, diese Sachen von ihm selbst zu hören, solange wir nichts gegen ihn in der Hand haben, darauf passt schon sein Vater auf. Da macht es mehr Sinn, die anderen unter Druck zu setzen, die dabei waren.«

»Thomas Korber wird sich morgen mit den Billardbrüdern beim Heurigen treffen.«

»Schön, vielleicht bekommt er noch etwas heraus, ehe wir sie gröber in die Mangel nehmen. Er soll sich nicht nur noch einmal auf der Toilette einsperren lassen.« Juricek versuchte ein Lächeln. Er verzog kurz den Mund leicht nach oben, das war alles. Er wirkte immer beruhigend, sanft, verständnisvoll, auch wenn ihn sein Beruf oft zur Härte zwang. Aber sonst ließ er von seinem Innenleben nie mehr als einen Anflug nach außen.

»Und was gedenkst du weiter zu tun?«, fragte er dann. »Erzählst du mir auch brav alles, oder hast du deine kleinen Geheimnisse?«

»Ich bin wie ein offenes Buch, Richard«, sagte Leopold beinahe entrüstet. Dabei kam ihm kurz die Kinokarte in den Sinn, und er beschloss, dass jetzt ein ausgesprochen schlechter Zeitpunkt war, seinem Freund darüber zu berichten. »Wir haben morgen Ruhetag. Der Tag des Herrn, du weißt ja. Da besuche ich meinen Freund Daniel am Stubenbergsee und kaufe ihm sein wunderbar erhaltenes Rad ab, mit dem er kaum gefahren ist. Ich denke, ein Gläschen Wein oder deren zwo werden wir uns auch noch genehmigen.«

Juricek schmunzelte. Wieder war es ein kurzes, angedeutetes Lächeln. »Sonst nichts?«

»Sonst nichts. Das heißt, Fellner hat doch einmal dort auf Saison gearbeitet, und Daniel ist eine lebende Chronik der Gegend. Also kann ich ihn fragen, ob er was weiß, wenn ich schon da bin. Aber ich komme nur wegen dem Rad zu ihm.«

»Ach so, nur wegen dem Rad. Na ja. Wenn du etwas Wichtiges in Erfahrung gebracht hast, ruf mich jedenfalls bitte wieder an. Am Abend kannst du mich allerdings nicht erreichen, da bin ich mit meiner Frau in einem Konzert. Dvořák, 9. Symphonie ›Aus der Neuen Welt‹, und Smetana ›Die Moldau‹.«

Leopold summte kurz das bekannte Thema. »Dass du dir bei deinem Beruf so etwas Schwermütiges anhörst«, meinte er kopfschüttelnd.

»Es hält mich fit. Man sagt, ich hätte eine slawische Seele«, bemerkte Juricek trocken. »Montag haben wir ohnehin einen schweren Tag. Einvernahme aller Verdächtigen im Kommissariat.« Dann ließ er sich von der Spurensicherung einen Zwischenbericht geben. Fingerabdrücke habe man genug gefunden, hieß es, auch Haarteile und Stofffasern, aber da die Wohnung offenbar nur auf das Notwendigste sauber gehalten wurde, könne man noch nicht prophezeien, was die Auswertung zutage bringen würde. Die Abdrücke auf der Whiskeyflasche gehörten ausschließlich dem Toten, den Inhalt werde man noch überprüfen.

Frau Inspektor Dichtl erzählte, was sie von Erwin Seidl erfahren hatte. Es deckte sich im Wesentlichen mit Leopolds Darstellung der Vorfälle. »Es geht ihm überhaupt nicht gut«, sagte sie dann. »Sein gesamter körperlicher Zustand ist schlecht. Anfangs hat er den Schock noch gut verkraftet, aber jetzt beginnt sein Herz Schwierigkeiten zu machen. Unser Doktor Gassner meint, dass er unter ärztliche Aufsicht gehört. Wir lassen ihn in ein Spital bringen.«

Juricek nickte. Man merkte, dass ihm der kranke, hilflose Mann leidtat. »Hat er gesagt, wann er am Nachmittag die Wohnung verlassen hat?«, fragte er.

»Etwa um halb vier«, sagte Frau Dichtl.

»Und wann habt ihr die Leiche entdeckt?«

»Kurz vor halb sieben«, sagte Leopold.

Juricek atmete tief durch. »Wenn es so war, wie wir im Augenblick denken, hat uns der Täter wahrscheinlich geholfen«, überlegte er. »Ich bin davon überzeugt, dass er uns heute eine Spur hinterlassen hat. Trotzdem fangen wir mit unseren Befragungen praktisch von vorne an. Es wird schwierig, sehr schwierig.«

Bollek kam und erstattete Bericht: »Gesehen hat niemand etwas. Aber die Dame gegenüber, eine Frau Bojar, glaubt, sie habe gehört, dass jemand kurz nach vier bei Seidl geklopft hat und hereingelassen wurde. Seidl hat angeblich kurz etwas Unverständliches gemurmelt, dann ging die Tür wieder zu.«

Leopold warf ihm einen spitzbübischen Blick zu, aber Juricek nahm seinen Hilfssheriff zur Seite, ehe der es bemerkte: »Gut gemacht, Bollek. Was meinen Sie?

Sieht nun doch so aus, als ob wir es mit einem Mord zu tun hätten, nicht wahr? Wir werden draußen gleich unsere weitere Marschroute besprechen.«

Seine Worte waren so etwas wie ein allgemeines Zeichen zum Aufbruch. Eduard Seidls Leiche hatte man bereits hinuntertransportiert, mittlerweile war auch der Krankenwagen für seinen Vater eingetroffen. »Weißt du, Leopold«, meinte Juricek, ehe er sich von seinem Freund verabschiedete, »meine Eltern hatten auch einen Gasherd. Er war ziemlich praktisch, weil die Flamme heiß war, sobald man sie aufdrehte. Meine Frau und ich haben jetzt einen E-Herd. Tolles Ding. Aber ich weiß noch genau, wie ich das erste Mal geflucht habe, als ich mir ein Spiegelei braten wollte und es ewig gedauert hat, bis es zu stocken anfing. Mittlerweile habe ich beinahe vergessen, dass es noch Gasherde gibt – so alte, wie ihn meine Eltern hatten, auch noch dazu. Heute bin ich wieder daran erinnert worden, und mir ist gar nicht gut dabei.«

Statt einer Antwort summte Leopold noch einmal die ersten Takte der ›Moldau‹. Er summte sie mit jener leisen Wehmut, die plötzlich, ohne sich anzukündigen, tief aus der Seele kommt.

10

Was darf man schon vom Glück verlangen? Den Menschen, dem seit einigen Tagen sein Herz gehört, endlich in Händen halten zu dürfen? Sein Vertrauen zu erringen, seine innersten Gedanken mit ihm zu teilen? Jene Seelenverwandtschaft zu entdecken, die man ersehnt, geahnt hat? Solchen Gedanken hing Korber nach, unbestimmten Hoffnungen, anstatt bloß einen schönen Abend genießen zu wollen. Es musste einfach klappen mit Maria Hinterleitner, musste, musste, musste. Seine Gefühle ließen ihn nicht los, und der Druck, der auf seiner Seele lastete, war schwer wie Blei.

Zunächst lief alles nach Plan: Nach kurzem Überlegen waren er und Maria in die Wiener Innenstadt gefahren. Korber führte Maria zuerst durch einige der romantischen alten Gässchen, die, vom Donaukanal wegführend, zum ersten mittelalterlichen Stadtkern gehörten. Er vergaß dabei nicht zu erwähnen, dass die Grundmauern des Stephansdoms, des heutigen Herzstücks Wiens, vorerst noch außerhalb der Stadtmauern gelegen waren.

»Das heißt, Stadtmauer gab es damals eigentlich noch keine«, sagte Korber. »Die wurde erst nach 1200 aus einem Teil des Lösegeldes errichtet, das der Babenbergerherzog* Leopold V. für die Freilassung des englischen Königs Richard Löwenherz erhalten hat. Gleichzeitig

---

* Österreich wurde 976 bis 1246 von den Babenbergern regiert.

ist Wien auf etwa die Größe des heutigen ersten Bezirkes gewachsen.«

»Wurde Richard nicht in Dürnstein, in der Wachau, gefangen gehalten? Und gab es da nicht auch den Sänger Blondel, der ihn gefunden hat?«, fragte Maria.

»Dürnstein stimmt, aber die Geschichte vom getreuen Blondel ist wohl doch nur ein Mythos, so wie der vom ›Lieben Augustin‹, dem man übrigens da vorne ein Denkmal gesetzt hat.«

Sie gingen am ›Griechenbeisl‹ vorbei, einem alten, bekannten Stadtwirtshaus, wo das berühmte Lied vom ›Lieben Augustin‹ entstanden sein soll. Durch ein vergittertes Loch im Boden konnte man die Figur des Mannes erkennen, der wie kein anderer Frohsinn und Lebensfreude der Wiener Bevölkerung verkörperte und gleichzeitig ihr zwiespältiges, ja schlampiges Verhältnis zum Tod symbolisierte.*

Ein frischer Wind kam auf. Ein paar Minuten schlenderten Korber und Maria noch dahin, dann schlug Korber vor, es sich in einem der stimmungsvollen Stadtkeller gemütlich zu machen. Als sie beim Wein und einer Platte mit zahlreichen kalten Köstlichkeiten saßen, wurde das Gespräch schnell vertraulicher.

»Weißt du übrigens, dass das nicht mein erster längerer Wien-Aufenthalt ist?«, fragte Maria, während sie sich am Käse gütlich tat. »Als Kind kam ich mit meiner

---

* Die Sage erzählt, dass dieser Sänger im Jahr 1679 zur Zeit der Pest volltrunken in eine Pestgrube fiel, dort übernachtete, am nächsten Morgen herausgeholt wurde und dieses Abenteuer unbeschadet überstand. Daraufhin soll er wie ein Volksheld gefeiert worden sein.

Klasse zu den obligaten Wien-Wochen her, ja, und ein Jahr habe ich sogar hier studiert.«

»Du hast in Wien studiert?«, reagierte Korber überrascht.

»Nur ein Jahr, wie gesagt. Und weißt du was? Lach mich jetzt bitte nicht aus: Medizin. Es war ein Debakel. Ich kam erst während des Studiums drauf, dass ich gar kein Blut sehen kann. Aber ich hatte es mir damals in den Kopf gesetzt, und ich wollte weg von zu Hause, weit weg. Erst später habe ich mir eingestanden, dass mir die Sprachen mehr liegen. Ich bin dann nach Graz gegangen. Das liegt schließlich auch noch in einiger Entfernung von dem kleinen Bergdorf in der Nähe von Fischbach, in dem ich aufgewachsen bin, südlich von Roseggers Waldheimat. Wann bist du eigentlich fort von zu Hause?«

Es war eine eher unschuldige Frage, doch traf sie Korber an einer empfindlichen Stelle. »Ach Gott, spät«, gab er seufzend zu. »Erst nach meinem Studium. Vorher hat einfach das Geld gefehlt …«

»Und der Unternehmungsgeist, gib's zu«, lächelte Maria. »Zu Hause ist's ja so schön bequem. Hotel Mama!«

»So darfst du es nun auch wieder nicht sehen«, verteidigte sich Korber.

»Sei mir nicht böse, aber ich habe deine Antwort fast erwartet. Ich halte dich eher für einen konventionellen Menschen.«

Korber sagte jetzt nichts. Das Ganze war ihm ein wenig unangenehm.

»Sag, wann hast du das letzte Mal etwas Verrücktes getan?«, fragte Maria jetzt.

»Wie meinst du das?«

»Na, etwas Verrücktes, Ausgeflipptes. Wie etwa in Anzug und Krawatte barfuß durch die Innenstadt gehen. Oder mit einem Bekannten, den du zufällig getroffen hast, schnell nach Salzburg auf einen Kaffee fahren.«

Korber grübelte. Die Situation wurde immer peinlicher. Sosehr er sich auch anstrengte, nichts fiel ihm ein. Er kramte in seinen Erinnerungen, direkt verbissen saß er da. Irgendetwas Verrücktes musste er doch getan haben, zum Teufel. Er machte den Ansatz dazu, etwas zu sagen, unterbrach sich aber sofort wieder. Alles, was er aus seiner Erinnerung hervorholen konnte, erwies sich bei genauer Betrachtung als kleiner Schwank oder Scherz, der durchaus im Bereich des Normalen lag.

Was hatte er eigentlich überhaupt in letzter Zeit Großartiges unternommen? Wann war er etwa für längere Zeit irgendwohin auf Urlaub gefahren? Gott, das war auch schon eine Ewigkeit her. Allein konnte er sich dazu nicht aufraffen. Mit Leopold hatte er zwar oft davon geredet, dass sie einmal zu zweit eine Reise machen wollten. Doch hatten sie beide wirklich den Ehrgeiz, einmal aus ihrem Alltag auszubrechen?

Maria hatte recht. Er war konventionell, schlimmer noch: langweilig.

»Wenn ich so etwas getan habe, ist es schon sehr lange her, oder ich habe es aus meinem Gedächtnis verdrängt«, sagte Korber schließlich ausweichend.

»Ich habe einmal etwas Nettes erlebt«, sagte Maria. »Es war während dieses einen Studienjahres in Wien. Es war schon spät, und ich stand vor einer Bar, die wahnsinnig teuer aussah. Ich war allein, hatte nur wenig Geld einstecken, aber ich wollte unbedingt hinein. Also redete ich einen elegant gekleideten Mann an, der gerade vorbeikam, und fragte ihn, ob er mit mir hineingehen und mir einen Drink spendieren würde.«

»Hat er's getan?«

»Klar!« Maria lächelte wieder ihr strahlend weißes Lächeln. Sie genoss diese Erinnerung. »Es wurde ein wunderschöner Abend. Keine Angst, ich war nicht mit ihm im Bett. Wir haben einfach nur getrunken und über Gott und die Welt geplaudert. Und es ist sehr, sehr spät gewesen, als wir uns verabschiedeten.«

»Hast du ihn wiedergesehen?«

Maria schüttelte den Kopf. »Nein.«

Korber fragte sich, ob er damals als Mann genauso reagiert hätte. Wäre er einfach unbeschwert und ohne Hintergedanken in ein schönes Erlebnis mit einer attraktiven jungen Frau eingetaucht? Er lächelte verkrampft. Sein Gesichtsausdruck wirkte gar nicht glücklich.

»Na ja, das war in meiner Jugend, jetzt bin ich auch schon ein stinknormaler Mensch«, sagte Maria. Sie stand auf. »So, ich verlasse dich kurz, ich muss einmal für kleine Mädchen. Denk in der Zwischenzeit bloß nicht zu viel über unser Gespräch nach.«

Doch Korber tat, wovon ihm Maria abgeraten hatte. Denn gerade hatte er eine Beschreibung all dessen gehört, was er nicht war: spontan, unkonventionell, unbeschwert. Lag er so schlecht, wenn er sich an die ihm bekannte Seite des Lebens hielt? Vielleicht hatte er sich bisher wirklich auf zu wenige Abenteuer eingelassen – außer dass er sich ab und zu von Leopold für kriminalistische Zwecke missbrauchen ließ.

Und Korber war bereits wieder mittendrin in seinen rationalen Gedankengängen: Wie konnte man den Abend zu einem für ihn günstigen Ende bringen? Wo sollte man noch gemeinsam hingehen? Er war bestrebt, Maria in eine der zahlreichen Musikkneipen zu lotsen, wo er hoffte, in der Dunkelheit und Anonymität seinen Arm um sie zu legen, sie zu sich zu holen, wie er es sich in seinen Träumen immer vorgestellt hatte. Aber war das auch der richtige Weg?

Maria kam zurück. »Na, warst du einsam ohne mich?«, fragte sie. Diesmal wirkte auch ihr Lächeln eher aufgesetzt und nicht so natürlich wie zuerst.

»Es ging gerade noch.« Korber spürte seine innere Nervosität immer deutlicher. »Wir könnten noch einen Lokalwechsel machen. Es gibt hier viele Szenelokale mit guter Live-Musik«, schlug er rasch vor.

»Meinst du?« Maria schien nicht viel davon zu halten. »Lass uns lieber hierbleiben und noch ein Glas trinken. Es ist doch nett da. Außerdem …«

Sie warf einen heimlichen Blick auf ihre Uhr, aber Korber merkte es sofort. »Du willst mich doch nicht schon wieder verlassen? Morgen ist Sonntag, also hast du keine Ausrede«, protestierte er.

»Nein, natürlich nicht.«

Man bestellte noch einen Krug vom selben Wein, aber das Gespräch schien nicht mehr so locker in Gang zu kommen wie vorher. Es entstand der Eindruck, als handle es sich um eine Pflichtübung, als wollten beide die Zeit totschlagen, bis sie ausgetrunken hatten.

»Schauen wir noch woanders rein?«, machte Korber einen neuerlichen Versuch.

»Ich würde lieber draußen noch ein wenig spazieren gehen«, sagte Maria stattdessen.

Sie gingen nebeneinanderher, hatten einander aber immer weniger zu sagen. Maria, die zuerst so locker und aufmunternd gewirkt hatte, war mit einem Mal wortkarg und abweisend. Erneut konnte man meinen, sie wolle die Zeit nur bis zu einem gewissen Punkt hinauszögern.

»Ich ... ich glaube, ich werde dich jetzt verlassen«, sagte sie schließlich. Ohne Vorwarnung, scheinbar grundlos.

»Das ist jetzt nicht dein Ernst!«

»Doch. Ich muss noch wohin, Thomas. Es tut mir leid, dass ich es dir nicht schon vorher gesagt habe, aber ich wollte, dass du die Zeit mit mir genießt und dir keine Gedanken darüber machst. Danke. Es war ein netter Abend.«

»Warte! Du kannst doch nicht so einfach ... gehen.«

»Tschüss, Thomas. Und sei mir bitte nicht böse.«

Für Korber klangen die paar flüchtig hingeworfenen Worte wie ein Abschied für alle Zeiten. Aber warum nur, warum? Was hatte er falsch gemacht?

»Tschüss«, murmelte er leise.

Dann, obwohl in einiger Entfernung, den Kragen der Jacke hochgeschlagen und zeitweise verdeckt von nächtlichen Flanierern, sah er sie: Ingrid Grabner, deren rote Mütze hell durch die Dunkelheit leuchtete. Sie lehnte an einer Hauswand und sog nervös an einer Zigarette.

Wut, Enttäuschung, Ohnmacht, Erregung – all das ergriff in diesem Augenblick von Korber Besitz. »Du hast also mit ihr telefoniert, als du auf der Toilette warst«, rief er deshalb lauter und heftiger, als er vorgehabt hatte. »Du hast sie herbestellt, weil du nicht mit mir allein sein wolltest. Dann hast du vorgeschlagen, noch etwas zu trinken, weil du warten musstest, bis sie da war. Und spazieren wolltest du nur gehen, weil du dich irgendwo da heraußen mit ihr verabredet hast. Das ist alles so … plump! Warum bist du überhaupt mit mir fortgegangen und hast mir diese Prozedur nicht erspart? Es gibt andere Wege, jemandem zu zeigen, wie gleichgültig er einem ist.«

Maria schüttelte schwach den Kopf. »Ich kann dir das jetzt nicht alles erklären, Thomas. Es tut mir leid, wenn ich deine Gefühle verletzt habe. Das wollte ich nicht. Es war wirklich ein schöner Abend, aber … jetzt muss ich gehen.«

Ingrid Grabner hatte ausgeraucht und kam zögernd näher. Mit einem kurzen »Hallo!« streifte sie an Korber vorbei. Dabei spürte er, wie ihre Hand kurz die seine berührte und ihm ein Stück Papier zusteckte. Dann hängte sie sich bei Maria ein, und beide Frauen verschwanden im Halbdunkel der beleuchteten Stadt.

Korber blieb zurück. Warum konnte er nicht sein wie der elegante Herr, der mit Maria die Nacht in einer Bar verbracht und nicht gefragt hatte, was sie danach tat? Er blieb einige Minuten stehen und versuchte, wieder einen klaren Gedanken zu fassen. Dabei atmete er die kühle, frische Luft ein, die ihn umwehte. Er empfand sie als etwas Angenehmes, Erfrischendes.

Noch immer hatte er den Zettel in seiner linken Hand in der Hosentasche. Gedankenverloren nahm er ihn heraus und machte ihn auf. Offenbar hatte Ingrid vorhin noch schnell etwas daraufgekritzelt. Er las:

Ingrid Grabner
0664/3321579
Schweigergasse 4
1210 Wien

Ruf mal an!
Ingrid

Was war denn das schon wieder? Ein Versuch Ingrids, mit ihm Kontakt aufzunehmen? Aber weshalb? Jedenfalls war ihm im Augenblick nicht danach, mit Marias Schatten nähere Bekanntschaft zu schließen. Er steckte den Zettel zurück in seine linke Hosentasche und ging. Aber er ging noch nicht nach Hause.

*

Wenn Thomas Korber trübsinnig war und sich in seinen Sentimentalitäten verlor, suchte er meist eine schummrige Kneipe auf, wo er sich mit Alkohol betäuben und mit Musik zudröhnen konnte. Fand er dort Kontakt zu einer Dame, die ähnlicher Stimmung war und ebenfalls gerne dem Alkohol zusprach, drohte höchste Gefahr. Das Romantische wich dann langsam von Korber, und er empfand nur mehr den Wunsch, in ein sexuelles Abenteuer zu taumeln. Oft war dies aber eins, das ihn teuer zu stehen kam, dessen Einzelheiten er nicht mehr voll miterlebte oder das sonst einen bitteren Nachgeschmack hinterließ.

So hatte er mit Leopold eine Vereinbarung getroffen: Er bat ihn, ihn nach Möglichkeit vor solchen Situationen zu bewahren, indem er ihn rechtzeitig abholte. Wie aber sollte Leopold ahnen, wann der richtige Zeitpunkt gekommen war und wo er seinen Schützling auflesen konnte? Wie sollte Korber andererseits ohne umständliches Telefonieren und ohne sich eine Blöße zu geben seinen Freund verständigen?

Zu diesem Zweck hatte Leopold einen Code entwickelt, der dazu diente, bei Bedarf knapp und präzise die jeweilige Trinksituation mittels SMS darzustellen. Der bestand im Wesentlichen aus drei Kennungen sowie dem Namen, nötigenfalls der Adresse des betreffenden Lokals:

›Variante 1‹ hieß: ›Bin gerade auf ein Gläschen.‹ Leopold konnte, wenn er Zeit und Lust hatte, nachkommen. Harmlos.

›Variante 2‹ hieß: ›Bin gerade wo hineingefallen.‹ Damit waren bei Korber oft eine gewisse Langeweile und Unzufriedenheit verbunden. Alarmbereitschaft.

›Variante 3‹ hieß: ›Es ist so weit.‹ Jetzt war Korber gerade noch bereit, einen Unsinn, den er vielleicht in der nächsten Stunde begehen wollte, abzuwenden. Sofortige Aktion vonnöten.

An einem Abend wie diesem, wo er wusste, dass sein Freund Thomas mit Maria Hinterleitner ausgegangen war, begab sich Leopold deshalb trotz der vorhergegangenen Aufregungen und seines vorgesehenen Ausflugs am nächsten Tag noch nicht zu Bett. Er war bereit, die von ihm vorhergesagte Katastrophe abzuwarten. Als er dann den wohlbekannten Piepston hörte, warf er sofort einen Blick auf das Display und las die folgende Kurzmitteilung:

›Variamnte 3, Botafogo.‹

Der nicht mehr ganz so flinke Finger Thomas Korbers sagte wohl mehr über seinen Zustand aus als der knappe Text. Außerdem war das ›Botafogo‹ ein Schuppen, den Thomas immer in Augenblicken höchster Verzweiflung ansteuerte. Drinnen stand der Rauch in dichten Wolken, der Alkohol floss in Strömen, zur Unplugged-Musik auf der Bühne wurde geschunkelt und gegrölt, und Damen, an denen das Leben schon ein bisschen vorbeispaziert war, streckten ihre Finger nach einsamen Gefühlsduslern wie Thomas aus. Es musste schnellstens gehandelt werden, keine Frage.

Leopold fuhr in die Innenstadt, parkte seinen Wagen und eilte ins ›Botafogo‹. Zwei Türsteher sahen ihn kurz verwundert an, dann war er an ihnen vorbei und mitten in Qualm, Dunkelheit und Lärm. »Country roads, take me home, …« schallte der John-Denver-Klassiker von der Bühne. Trotz der sonst traumwandlerischen Sicherheit, die er sich durch seine jahrelange Serviertätigkeit im ›Heller‹ angeeignet hatte, stolperte Leopold über Beine und Taschen. Schließlich landete er im hintersten Eck, wo er Thomas Korber zuerst nur geahnt hatte und jetzt auch leibhaftig sah.

»West Virginia, mountain momma …«, schrie sich Korber die Seele aus dem Leib und schnippte dazu mit den Fingern. Neben ihm schnippte ein bedenklich junges Mädchen und sang vielleicht noch falscher. Sie zwinkerte Korber dabei zu und stürzte den grünfarbenen Inhalt ihres Glases hinunter. Wen hatte er sich denn da wieder als Gespielin seines Unglücks ausgesucht?

»Ach, Leopold«, winkte Korber. »Das ist Leopold«, sagte er zu seiner Nachbarin. »Ich habe dir gerade von ihm erzählt. Leopold, das ist Silke.«

»Hallo«, sagte Silke. Nett sah sie aus, klein und zart, beinahe unschuldig. Aber trotz ihrer Jugend wirkte sie schon etwas reaktionslos. Wortlos hatte sie Korber ihr Glas in die Hand gedrückt, der sich um eine Nachfüllung bemühte.

»Schönen Abend«, grüßte Leopold. »Du hast dich bei mir gemeldet, Thomas. Variante 3.«

»Ach so?« Korber machte eine wegwerfende Handbewegung. »So schnell hättest du aber nicht zu kommen brauchen. Komm, stell dich zu uns und trink noch ein Glas.«

Leopold wurde ungeduldig: »Erstens: Seit deiner Botschaft ist eine gute Stunde vergangen, also genug Zeit, deinen Kummer zu ersäufen. Zweitens: Ich hab morgen etwas Wichtiges vor. Drittens: Wer mit dem Feuer spielt, kommt darin um. Also los!«

Während die beiden zu diskutieren begannen, kam der Nachschub für Silke. Wieder kippte sie ihn in einem Zug hinunter. Ganz schön tüchtig für ihr Alter.

»Sei nicht so streng«, bettelte Korber. »Es stimmt,

ich wollte, dass du mich abholst, und es ist nett, dass du gekommen bist. Aber mir geht es heute wirklich mies, und die Musik ist gerade so gut, so aufbauend.«

»Wenn du willst, können wir diese Hilfsaktionen in Zukunft auch bleiben lassen«, sagte Leopold. »Ich habe keinen Bock darauf, dich mitten in der Nacht aus irgendeiner Kneipe abzuschleppen. Aber gib dann nur ja nicht mir die Schuld, wenn deine Abenteuer böse enden.«

Von der Bühne tönte jetzt der alte Stones-Hit ›Angie‹. Silke wurde anlehnungsbedürftig und kraulte Korber im Nacken. Dabei machte sie den Eindruck, als hätte sie gerne die nächste Füllung. »Musst du wirklich schon mit dem Opa gehen?«, fragte sie beinahe zärtlich.

Auf das Wort ›Opa‹ drehte sich Leopold um und ging. Sollte sein Freund doch hier mit dieser Nachwuchsschnapsdrossel versanden. Er stolperte zurück, über dieselben Taschen und Füße wie vorhin. Er hörte ein lautes: »Pass doch auf, Idiot!« Aber Gott sei Dank war nicht er damit gemeint, sondern Thomas Korber, der ihm auf höchst unsicheren Beinen gefolgt war.

»Du hast ihr noch Geld gegeben?«, fragte Leopold auf dem Weg zum Auto.

Korber nickte. »Sie hat ja kaum mehr etwas in der Tasche gehabt.«

Leopold schüttelte den Kopf. »Schön langsam mache ich mir echt Sorgen um dich. Hast du nicht gesehen, wie alt die war? 16 vielleicht, höchstens 17. Da war ja deine Gabi* noch erwachsen dagegen.«

---

* Gabi Neuhold, Figur aus dem Roman ›Fernwehträume‹, Gmeiner-Verlag, 2008 Meßkirch.

»Aber Leopold, bitte versteh doch …«

Jetzt wurde es Leopold zu bunt. »Was soll ich verstehen? Was für ein Hochgefühl es ist, wenn einem am Morgen nach der Bumserei die One-Night-Stand-Schwiegermutter das Frühstück ans Bett bringt? Oder wie romantisch es ist, vorher noch schnell gemeinsam Silkes Schulaufgaben zu machen? Thomas, ich sage dir …«

Aber Thomas hörte nicht mehr zu. Er war in eine melancholische, offenbar vom Alkohol verordnete Trance verfallen und, sobald er auf dem Rücksitz Platz genommen hatte, eingeschlafen. Es wurde eine schweigsame Fahrt hinüber in den 21. Bezirk.

Doch dann, als sie vor seinem Haus standen, erwachten Korbers Lebensgeister wieder. »Kommst du noch mit auf einen Kaffee?«, fragte er Leopold.

*

Natürlich, Leopold war müde, hatte einen anstrengenden Tag hinter und einen kleinen Ausflug am nächsten Tag vor sich. Andererseits war er nur zu neugierig, was bei seinem Freund Thomas Korber diesmal passiert war. Und schließlich musste er ihm noch über die Sache mit Eduard Seidl berichten. Also hieß es Augen offen halten, Kaffee trinken und zunächst einmal zuhören.

»Was habe ich gesagt? Rotkäppchen«, resümierte er mit einem leichten Anflug von Triumph, nachdem sein Freund geendet hatte. »Thomas, lass die Finger von deiner Kollegin. Sie ist … wie soll ich es dir beibringen … sie ist wahrscheinlich nicht so, wie sie sein sollte.«

»Wie meinst du das?«, fragte Korber, der abwechselnd einen Schluck vom Kaffee und dann wieder vom Bier nahm.

»Sie war gestern im Kaffeehaus und hat dich gesucht. Dann kam Rotkäppchen. Die beiden haben ganz schön miteinander geschnuckelt. Das heißt, soweit ich es erkennen konnte, haben sie Zärtlichkeiten ausgetauscht, zumindest im Ansatz. Die beiden haben etwas miteinander, Thomas, das kannst du mir glauben.«

»Das ist ja lächerlich«, protestierte Korber. »Die haben gar nichts. Aber auf irgendeine Art und Weise ist Maria abhängig von Ingrid, ich muss nur noch herausfinden, auf welche. Wahrscheinlich glaubt sie, dass sie als ihre ehemalige Lehrerin eine Verantwortung ...«

»Gar nichts wirst du herausfinden«, unterbrach ihn Leopold. »Du wirst schön deine Finger von der feinen Dame lassen, das ist mein voller Ernst. Was sollen diese ständigen Sentimentalitäten? Du wirst noch einmal an ihnen zugrunde gehen.«

»Ich bin eben ein sehr empfindsamer Mensch«, rechtfertigte sich Korber.

»Ein sehr empfindlicher«, korrigierte Leopold.

Dabei fiel beiden ziemlich gleichzeitig der wohl empfindsamste Held der Weltliteratur ein: Werther. Werther, Goethes träumerisches, zwischen allen Gefühlsrichtungen schwankendes Geschöpf, das sich unsterblich in die für ihn unerreichbare, weil verlobte Lotte verliebt und schließlich aus Verzweiflung seinem Leben ein Ende setzt.

Korber holte ein Buch aus dem Wandregal hervor, schlug es auf und blätterte kurz darin. »»Was ist unserem

Herzen die Welt ohne Liebe‹«, las er dann vor. »Was eine Zauberlaterne ist ohne Licht! Kaum bringst du das Lämpchen hinein, so scheinen dir die buntesten Bilder an deine weiße Wand! Und wenn's nichts wäre als das, als vorübergehende Phantome, so macht's doch immer unser Glück, wenn wir wie frische Jungen davorstehen, und uns über die Wundererscheinungen entzücken.‹«

»›Musste denn das so sein, dass das, was des Menschen Glückseligkeit macht, wieder die Quelle seines Elends würde?‹«, zitierte Leopold eine andere Stelle aus dem Gedächtnis. »Und später heißt es: ›Sie sieht nicht, sie fühlt nicht, dass sie ein Gift bereitet, das mich und sie zugrunde richten wird; und ich mit voller Wollust schlürfe den Becher aus, den sie mir zu meinem Verderben reicht. Was soll der gütige Blick, mit dem sie mich oft – oft? – nein, nicht oft, aber doch manchmal ansieht?‹«

»Du hast eben für die wahren Gefühle der Liebe nichts übrig«, sagte Korber achselzuckend und schloss das Buch wieder.

»Doch, aber was sind deine ›wahren Gefühle der Liebe‹? Du verliebst dich ständig in Frauen, die du nicht bekommen kannst. Du siehst jedes flüchtige Lächeln deiner Verehrten als Liebesbeweis an. Du hast offenbar Verlangen danach, dich von ihr ins Verderben reißen zu lassen. Wie das bei Werther geendet hat, weißt du ja: Seine Sinne haben sich verwirrt, und er hat sich erschossen. Übrigens haben es ihm eine ganze Menge so sentimentaler Jünglinge wie du nachgemacht. Ziehe mir also bloß nicht dieses Buch zu deiner Verteidigung heran, außer du spielst jetzt mit dem Gedanken, dich auch umzubringen.«

»Warum kennst du den Roman so gut?«, fragte Korber erstaunt.

Leopold machte eine wegwerfende Handbewegung. »Wir haben früher in der Schule noch viel auswendig lernen müssen«, sagte er. »Da bleibt eben etwas hängen. Außerdem habe ich mich in meiner schwärmerischen Phase kurz noch einmal für den ›Werther‹ interessiert.«

Leopold beließ es meist bei solchen Andeutungen, wenn es um sein Liebesleben ging. Er hatte Thomas nur einmal angedeutet, dass auch er Fehler gemacht, eine längerfristige Beziehung zum Scheitern gebracht hatte. Auch heute wollte er nicht näher auf das Thema eingehen. Er zog es vor, noch eine Stelle aus dem Roman zu zitieren. »Kennst du mein Lieblingszitat aus dem Buch?«, fragte er. »›Ich möchte mir die Brust zerreißen und das Gehirn einstoßen, dass man einander so wenig sein kann. Ach die Liebe, Freude, Wärme und Wonne, die ich nicht hinzubringe, wird mir der andere nicht geben, und mit einem ganzen Herzen voll Seligkeit werde ich den andern nicht beglücken, der kalt und kraftlos vor mir steht.‹«

»Das hast du dir all die Jahre lang gemerkt? Tolle Gedächtnisleistung«, attestierte Korber.

»Ja, und weißt du, warum? Weil es eine Antwort darauf versucht, was dieses ›wahre Gefühl der Liebe‹ ist. Gibt es so etwas überhaupt? Schau dir die Menschen an, Thomas. Weißt du, was sie denken, fühlen, wenn sie zum anderen sagen: ›Ich liebe dich‹? Die meisten denken an ein kurzes Abenteuer oder einen Seitensprung, der möglichst unentdeckt bleiben soll. Viele denken an gar nichts. Kaum einer denkt an das gegenseitige Geben und Nehmen, das die ›wahre Liebe‹ erst ausmacht. Und Leute wie du suchen sich prinzipiell dazu jemanden aus, der ihnen so gut wie keine Liebe entgegenbringt.«

Korber sagte jetzt nichts zu seiner Rechtfertigung. Er schwieg und hörte Leopold zu.

»Aber worauf läuft das Ganze hinaus, und warum erzähle ich es dir?«, dozierte Leopold weiter. »Weil andererseits viel zu viele Menschen an die ›wahre Liebe‹ glauben, glauben, dass sie geliebt werden und all das romantische Zeug stimmt, das man ihnen sagt. Manche bringen sich um, wenn sie nicht das bekommen, was sie sich erträumt haben. Was aber tun die andern, wenn sie enttäuscht, hintergangen und betrogen worden sind? Wenn sie die Verzweiflung martert? Richtig! Sie begehen ein Verbrechen. Die Liebe, oder das, was die Menschen so nennen, ist folglich einer der Hauptgründe für eine kriminelle Tat. Der untreue Ehemann, die Angebetete, die einen nicht erhört, die Ehefrau, die zu einem lästigen Anhängsel geworden ist, weil sie nicht in die Scheidung einwilligt – sie alle sind die potenziellen Opfer. Wir sehen Menschen Hand in Hand durch die Straßen gehen und einander zulächeln, die einander in Wirklichkeit nicht mehr ausstehen können und hassen. Wir sprechen von einer glücklichen Beziehung, wo längst nur mehr ein Scherbenhaufen existiert. Wo ist sie also, die sogenannte ›wahre Liebe‹? Die blaue Blume ist vertrocknet, es blühen nur mehr die Abgründe in den maroden Seelen der Menschen.«

Obwohl er schon sehr müde war, bekam Leopold wieder ein lebhaftes Funkeln in den Augen. »Und ich rede nicht nur von den Verbindungen, die wir gemeinhin als Liebesbeziehungen bezeichnen«, sagte er. »Meine Ausführungen gelten auch für die Beziehungen zwischen Eltern und ihren Kindern, Geschwisterliebe, Freundschaft. Die Menschen suchen jemanden, an den sie sich anlehnen können, aber der lässt sie fallen wie eine heiße Kartoffel. Wie soll das Ganze enden? Natürlich mit einer Katastrophe, einem Mord.«

»Du glaubst eben nicht an die wahre Liebe. Das ist schade, aber ich kann es nicht ändern«, konstatierte Korber.

»Vielleicht gibt es sie, ich schließe es nicht aus. Aber viele Menschen begehen eben eine emotionale Dummheit. Du bist jedenfalls auch immer nahe daran.« Leopold nahm einen Schluck vom schon kalten Kaffee und dachte dabei an seine eigenen emotionalen Dummheiten. Zu Bindungen und Gefühlen hatte er leider nie ganz das richtige Verhältnis gefunden. Derzeit unterhielt er eine sehr starke Beziehung zum Kaffeehaus, seinen Stammgästen und, wenn es sich so ergab, zur Kriminalistik. Alles, was er für Gefühlsduselei hielt, war ihm ein Gräuel.

Das hieß nicht, dass er bei anderen nicht mitfühlte. Wenn jemand wie Erwin Seidl mit einem Schlag alles verlor, was er besaß, ging Leopold das durch Mark und Bein. Er erinnerte sich daran, dass er Thomas noch immer nichts von dieser neuen dramatischen Entwicklung erzählt hatte, und holte das schnell nach.

»Na toll, jetzt haben wir schon einen zweiten Mord«,

meinte Korber. »Dir gefällt das vielleicht, aber mir nicht.«

»Mir gefällt es auch nicht. Darum bitte ich dich ja, vorsichtig zu sein, wenn du dich morgen mit diesen Leuten beim Heurigen triffst«, mahnte Leopold ihn. »Du darfst dich dort auf keinen Fall gehen lassen, egal aus welchem Grund, hörst du? Und danach keine Experimente, sondern du gehst schön brav nach Hause.«

»Willst du mir etwa eine Kinderbettsperre anhängen?«, fragte Korber, und es klang nicht sehr begeistert.

»Thomas, ich bin der Überzeugung, dass wir es jetzt mit einem gefährlichen Mörder zu tun haben. Das mit Seidl war eiskalt geplant, auch wenn der Tod durch den Gasherd vielleicht Zufall war. Du bist im Augenblick wieder einmal sehr labil, und ich mache mir Sorgen. Ich bin morgen nicht da. Wer soll denn auf dich aufpassen?«

»Vielleicht doch Maria?«, meinte Korber mit einem Augenzwinkern.

»Ja bist du denn wahnsinnig? Das hätte gerade noch gefehlt. Vergiss bitte nicht, dass sie vor dem Mord auch bei uns im Kaffeehaus war. Sie zählt mit zum Kreis der Verdächtigen.«

Jetzt war Korber hellwach. »Was zu weit geht, geht zu weit«, sagte er. »Dass sie sich mir gegenüber nicht anständig verhalten hat, gut, das ist die eine Sache. Aber deswegen brauchst du sie ja nicht gleich zur Mörderin zu machen.«

»Das ist eben der Unterschied zwischen uns beiden: Du bist ein Romantiker, ich bin Realist«, bemerkte Leopold trocken.

»Jetzt weiß ich überhaupt erst, warum du in die Steiermark fährst«, tobte Korber. »Du suchst Beweismittel gegen sie.«

»Sachte, sachte«, versuchte Leopold ihn zu beruhigen. »Ich suche vorderhand nichts Bestimmtes, außer einem günstigen Fahrrad. Aber Fellner hat eben auch einmal am Stubenbergsee gearbeitet. Daniel müsste ihn kennen. Vielleicht kann er sich an etwas erinnern, das uns weiterhilft.«

Korber blickte immer noch äußerst misstrauisch drein.

»Es ist ja etwas ganz anderes, was mich beschäftigt«, fuhr Leopold deshalb fort. »Ich weiß, dass die Kinokarte der Schlüssel zum Täter ist. Aber ich komme damit nicht weiter. Schau her.« Dabei nahm er einen sorgfältig zusammengefalteten Zettel aus seiner Jackentasche. »Die Dame hat mir einige der auffälligen Leute beschrieben, die am Mittwochabend im Kino waren. Sie hat sich Gott sei Dank die meisten Besucher gemerkt, gar so viele dürften nicht dort gewesen sein.«

»Der Film läuft ja auch schon einige Zeit.«

»Egal. Wirf bitte einmal einen Blick drauf.« Mit diesen Worten breitete Leopold den Zettel genüsslich auf dem Tisch aus und deutete demonstrativ auf seine eilig gemachten Notizen. Der wieder phlegmatisch gewordene Korber sah müde hin. Er las:

- untersetzter Herr mit hohem Haaransatz und hellem Sakko mit schmächtigem, bebrilltem Burschen

216

- Frau und Mann, beide um die 50, dunkle Leder-
jacke und Stiefel
- zwei große junge Burschen in Jacke und T-Shirt,
vielleicht 17, 18, vielleicht auch jünger
- Frau um die 30 mit jüngerer Begleiterin, Kopf-
bedeckung, leichte Jacke
- Herr, glattes, fettiges Haar, Brille, Bauch (Alter??);
auffällig: kurze Hose, Sandalen; später ähnlicher
Herr dazu, ohne Brille, lange Hose, Turnschuhe
- Frau Mitte 20, starkes Übergewicht, Piercing
(Nase)
- Frau um die 50, dunkler Mantel, unauffällig, unruhig, Mann sehr spät dazu.

»Und damit hast du jetzt den Täter?«, fragte Korber.

»Eben nicht«, antwortete Leopold. »Und da ist etwas,
das mich stutzig macht. Siehst du es?«

Korber las sich den Zettel noch einmal durch, so gut
er konnte, dann schob er ihn mit einem Achselzucken zu
Leopold zurück. »Beim besten Willen nicht«, sagte er.

»Die ganzen Beschreibungen sind ja relativ genau,
aber alles ist grau in grau gehalten, da kann man sich nur
schwer etwas darunter vorstellen. Es ist wie an einem
trüben Regentag, wenn du hinausgehst und die Dinge
nicht siehst, wie sie wirklich sind. Mir fehlt ein wichtiges Element.«

»Die Farben?«, meinte Korber gelangweilt.

»Du hast es erfasst. Ich habe die Dinge aber genau so
notiert, wie ich sie am Telefon gehört habe. Warum wohl

habe ich von dieser netten Dame, die sich sicher um Details bemüht hat, keine Farben mitgeliefert bekommen?«

»Weil sie sich keine gemerkt hat?«

»Unsinn, das glaube ich nicht.«

»Dann muss die liebe Frau farbenblind gewesen sein«, redete Korber gegen die eigene Müdigkeit an.

Leopold sprang in die Höhe. »Das ist es. Jawohl, das ist es«, rief er mit einer Begeisterung aus, deren Grund Korber verborgen blieb. »Ich kenne mich zwar nicht so genau in der Medizin aus, aber soviel ich mir gemerkt habe, gibt es bei der Farbenblindheit die unterschiedlichsten Beeinträchtigungen. Am häufigsten beeinflusst sie die Unterscheidung zwischen Rot und Grün, aber ich glaube, es geht bis zum stark verminderten Unterscheidungsvermögen von Farben überhaupt. Egal. Ich könnte die Beschreibungen von jemandem bekommen haben, der sich schwertut, gewisse Farben auseinanderzuhalten und für den Farben in der Folge mehr oder minder bedeutungslos geworden sind. Stimmst du mir zu?«

»Wenn du meinst.«

»Damit haben wir eine wichtige Information, die uns weiterhelfen wird, mein Freund. Du versprichst mir jetzt noch einmal, morgen – das heißt, heute – ganz besonders vorsichtig zu sein, und legst dich jetzt schlafen. Ich werde dich schön langsam verlassen.«

Korber verstand in erster Linie Bahnhof. Zeitweise tat er sich schwer, Leopolds Gedankengängen zu folgen. Er fragte aber nicht weiter nach, sondern blickte auf seine Uhr. Es war weit nach Mitternacht. »Schon?«, fragte er dennoch beharrlich wie ein kleines Kind, das sich etwas in den Kopf gesetzt hat. »Es ist doch noch genug Kaffee in der Kanne.«

Leopold stand kurz entschlossen auf und verabschiedete sich mit einem weiteren Zitat dieses empfindsamsten aller literarischen Helden, Werther: »»Bester Freund, was ist das Herz des Menschen! Dich zu verlassen, den ich so liebe, von dem ich unzertrennlich war, und froh zu sein. Ich weiß, du verzeihst mir's.‹«

Die beiden Männer fielen einander in die Arme, dann machte Leopold sich auf den Weg, einerseits froh, der Lösung des Falles seiner Meinung nach ein Stück nähergekommen zu sein, andererseits in Angst und Sorge, wie sein Freund Thomas den kommenden Tag überstehen würde.

11

Obwohl die Sonne schien und manchen Gast des Heu-
rigenlokals ›Engelbrecht‹ dazu ermunterte, im Freien
Platz zu nehmen, saßen die Mitglieder und Freunde
des Billardklubs ›Alt-Floridsdorf‹ drinnen in einem nur
schlecht ausgeleuchteten Extrazimmer, das ebendiese
Sonne fast zur Gänze draußen ließ. Die Stimmung war
so trübe wie das Licht. Nichts deutete darauf hin, dass
man sich hier zusammengefunden hatte, um den Sonntag in weinseliger Laune ausklingen zu lassen.

Gekommen waren die meisten: Kurt Neuling, Viktor Papp, Mario Mitterhofer, René Lacroix, Olga Fellner,
Oskar Fürst sowie einige weitere, die Korber nicht kannte.
Man saß nebeneinander an zwei länglichen Tischen. Eine
richtige Unterhaltung wollte vorerst nicht zustande kommen. Korber, der vom Vortag eine allgemeine Trägheit mitgenommen hatte, lauschte den Gesprächsfetzen, ohne sich
selbst allzu sehr einzumischen. Er beschloss, auch Neuling
nicht auf die Aktion mit der Toilette anzusprechen.

Das einzige Thema für einen Gedankenaustausch
war die Tatsache, dass bei den meisten am Vormittag die
Polizei aufgetaucht war, Fragen gestellt und die Betreffenden für den morgigen Montag aufs Kommissariat
vorgeladen hatte.

»Jetzt gehen sie schon wieder auf uns los«, schüttelte
Olga Fellner den Kopf. »Dieser Sykora scheint ja Nar-
renfreiheit zu haben.«

»Wir können es nicht ändern. Außerdem ist ein zweiter Mord passiert, den die Polizei in Zusammenhang mit dem Mord an Georg bringt«, schnarrte Neuling. Seine stechenden Augen blickten dabei musternd in die Runde.

»Steht schon fest, dass es Mord war?«, fragte Korber.

»Offenbar ja«, antwortete Neuling. »Man hat festgestellt, dass dieser Eduard Seidl durch irgendein Mittel in seinem Whiskey betäubt worden ist, ehe er durch das Gas umkam. Zumindest hat es uns der Inspektor so geschildert.«

»Aber warum soll es einer von uns gewesen sein?«, ereiferte sich Olga und trank einen Schluck Wein. »Warum läuft Sykora noch immer frei herum und darf Leute zusammenschlagen? Mein armer Chéri.«

»Warum habt ihr ihn eigentlich nicht bei der Polizei angezeigt?«, wollte Viktor Papp wissen. Er hatte in etwa Neulings Alter, wirkte aber körperlich besser beisammen. Trotz der schummrigen Beleuchtung trug er eine große, schwarze Sonnenbrille über seinem weißen Schnurrbart. »Das war doch Körperverletzung.«

»Das macht das Kraut auch nicht fett, mes amis«, sagte Lacroix, der noch ein Pflaster auf der Nase kleben hatte. »Wir wollen Gerechtigkeit. Wir wollen den Mörder. Und wenn ich vorhabe, mich an Sykora zu revanchieren, so werde ich es tun.«

»Gerechtigkeit«, seufzte Papp. »Man sollte vorsichtig sein, wenn man so ein Wort in den Mund nimmt. Da heißt es ›Chéri‹ und da wird geturtelt, kaum dass der arme Georg unter der Erde ist. Man könnte beinahe den Eindruck bekommen, da hat jemand schon auf seinen Tod gewartet.«

»Meinst du etwa uns?«, fragte Olga mit der unschuldigsten Miene, die sie in das Extrazimmer zaubern konnte.

»Und ob. Es fällt mir schwer zu glauben, du hast deinen Mann nicht schon von Haus aus betrogen mit diesem ... Filou«, sagte Papp.

»Hast du Georg die Treue gehalten?«, schnarrte jetzt wieder Neuling.

»Georg und Olga, c'était une mésalliance«, brummte Lacroix in sein Glas.

»Mésalliance war es keine«, sagte Olga und berührte leicht seine Hand. Dann nahm sie einen größeren Schluck vom Wein. »Auch wenn es mir niemand glaubt: Ich habe Georg bis zuletzt gemocht. Ich habe immer dieses ungebärdige Kind in ihm gesehen, das er auch war. Ich habe ihm auch alles verziehen, was er mir angetan hat.«

Sie stellte das Glas mit Nachdruck nieder. Es wurde jetzt ganz still in der Runde. Jeder schien zu wissen, was Olga mit ›alles‹ meinte. Und jeder wartete darauf, was sie weiter dazu sagen würde. Korber warf einen Blick auf den anderen Tisch hinüber zu Oskar Fürst. Er fuhr sich mit der einen Hand durchs Haar, fingerte mit der anderen nervös an seinem Glas herum und schaute auf die Tischplatte hinunter, so als wolle er jeden Augenkontakt vermeiden.

Der Wein zeigte bei Olga eine erste, befreiende Wirkung. »Jeder glaubt, ich habe ihn gehasst wegen damals«, redete sie weiter. »Natürlich war es gemein und entwürdigend. Aber ich habe mir gesagt: Er ist ein kleiner Junge, Olga, nicht mehr als ein kleiner Junge. Er hat eben so verdammt gern bei den Schweinereien zugesehen, und am liebsten war ihm, wenn es für die anderen richtig peinlich war – weil er auch körperlich wieder zum kleinen Jungen geworden war. Weil er einfach nicht mehr konnte.«

Olga bekam einen kurzen, strafenden Blick von Lacroix. Doch anstatt von nun an jedes ihrer Worte auf die Waagschale zu legen, sprach sie erneut dem Wein zu.

»Er war am Ende impotent, mein lieber, guter Georg«, sagte sie. »Dadurch hat er seine Befriedigung nur noch aus den kleinen Gemeinheiten erhalten, die er an uns allen praktiziert hat. Aber er war klug genug zu wissen, dass ich nach wie vor mein körperliches Vergnügen brauchte. Er hat mir, außer ein paar boshaften Bemerkungen, nichts in den Weg gelegt. Er hat von Chéri gewusst und ihn akzeptiert. Und ich hatte meinen kleinen Jungen trotzdem gern.«

»Une mésalliance«, kommentierte Lacroix nur kopfschüttelnd.

»So, so, du behauptest also, das war alles in schönster Ordnung. Und hinter seinem Geld warst du auch nicht her?«, kam es von Papp jetzt etwas schärfer.

»Was soll diese Frage, Viktor? Du wirst mich doch nicht verdächtigen, ihn umgebracht zu haben?«, meinte Olga irritiert. Als Papp schwieg und sie nur mit seinen sonnenbrillenverhüllten Augen anstarrte, sagte sie: »Ich konnte jederzeit Geld von Georg haben, wenn ich eins brauchte. Er war, trotz all seiner Fehler, das, was du nicht bist: ein großzügiger Mensch.«

»Aber für deinen Chéri, deinen René, hätte da vermutlich nicht viel herausgeschaut, solange Georg noch am Leben war. So weit ist seine Großzügigkeit sicher nicht gegangen. Oder täusche ich mich?« Papp wurde immer aggressiver.

»Soll das etwa heißen, ich hätte mich dazu herabgelassen, Olgas Mann umzubringen, nur wegen ein paar lumpiger tausend Euro? Ist es das, was du meinst, Viktor? Mais c'est bas! Das ist primitives Geschwätz, weiter nichts«, trat Lacroix jetzt heftig zu seiner Verteidigung an.

»Ich sage euch, dass da eine riesengroße Schweinerei abgelaufen ist«, sagte Papp. »Georg war euch im Weg. Ständig dieses Gerede von Sykora. Wir kennen ihn doch alle. Das ist zwar ein Choleriker, ein verkappter Raufbold vielleicht, jedoch nie ein Mörder. Du hingegen, René ...«

»Jetzt reicht es mir aber.« Lacroix schlug mit der Faust auf den Tisch. »Diese Anschuldigungen sind einfach incroyable. Sag bloß noch, ich hätte diesen anderen auch getötet.«

»Ich habe gehört, du und Olga, ihr wart beide gestern Nachmittag im Kaffeehaus gegenüber, und ihr habt davon geredet, dass ihr euch bei Seidl noch einmal genau erkundigen wollt, ob er nicht doch euren Freund Sykora, der deine Nase so schön zugerichtet hat, in der Mordnacht gesehen hat. Also?«

»Dieser Seidl war doch gar nicht zu Hause. Warum

hätte ich auf die Idee kommen sollen, ausgerechnet seinem Sohn das Lebenslicht auszublasen?«

Papp zuckte mit den Achseln.

»Auszuschließen ist gar nichts. Was weiß ich, was in dem kranken Gehirn eines Mörders vorgeht?«

Lacroix fiel in ein nervöses, hektisches Lachen. »Das sind doch bloß gemeine, hinterhältige Anschuldigungen. Ich soll jemanden umbringen, den ich gar nicht kenne. Und ihn mit Whiskey betäuben. Mit Whiskey! Wenn, dann hätte ich dem armen Jungen vor seinem Tod noch einen Schluck Cognac vergönnt. Nein, Chéri, das muss ich mir nicht anhören. Wenn sich Viktor nicht auf der Stelle bei mir entschuldigt, gehen wir. Allons!«

»So warte doch, Chéri«, versuchte Olga, ihn zu beruhigen. Sie hatte die ganze Zeit aufmerksam zugehört und dabei weitere Kostproben vom Wein genommen. »Wenn Viktor und einige andere schon nicht davon ausgehen wollen, was mir nach wie vor am wahrscheinlichsten erscheint – dass es dieser Unhold Sykora war, der meinen Mann auf dem Gewissen hat –, dann soll er dir und mir doch erklären, wo er selbst in der Mordnacht war. Wann bist du denn nach Hause gekommen, Viktor? Ich habe mit deiner Frau Edith gesprochen. Es soll hübsch spät gewesen sein, nach elf Uhr. Du wirst in der Zwischenzeit doch nicht irgendwo auf meinen Georg gewartet haben?«

Viktor Papp tippte nervös die Spitzen seiner Finger aufeinander. »Ich habe mein Auto stehen gelassen«, sagte er. »Ich hatte etwas getrunken, und da habe ich es bei den herrschenden Wetterverhältnissen für besser gehalten, zu versuchen, auf eine andere Art nach Hause zu kommen.«

»Da hast du aber ganz schön lange für den Heimweg gebraucht.«

»Straßenbahn ist ja zu der Zeit wegen des Stromausfalls keine gefahren. Also bin ich ein Stück zu Fuß gegangen. Ich habe das alles schon der Polizei erzählt. Warum gehst du jetzt auf mich los, Olga? Warum soll plötzlich ich es gewesen sein?«

»Weil du auch ein Motiv hattest, Viktor. Jeder von uns weiß, dass du deinen privaten Krieg mit Georg geführt hast, seit er … nun ja, seit er pikante Details über dich weitergegeben hat, unter anderem auch an deine Frau.«

»Das ist ja lächerlich.« Beleidigt drehte Papp den Kopf weg.

»Lächerlich ist gar nichts«, sagte Olga, die es sichtlich genoss, ein paar Herren am Tisch aus der Fassung zu bringen. »Es ist ja auch kein Geheimnis, dass Georg Fotos von den unanständigen Dingen, die ihr im Klub aufgeführt habt, gemacht hat. Er hat diese Fotos dann zum allgemeinen Gaudium hergezeigt, und das ist gar nicht schön, lieber Kurt und lieber Mario, oder? Könnte man da nicht ebenfalls von einem Motiv sprechen?«

Neuling blieb entspannt und ruhig, aber es war durchaus möglich, dass er wiederum nur die Hälfte gehört hatte. Dafür meldete sich der sonst schweigsame Mitterhofer zu Wort: »Ich verstehe nicht, warum du jetzt eine ungute Stimmung verbreiten und uns allen etwas anlasten willst, Olga. Morgen sind wir alle bei der Polizei vorgeladen, da kannst du dich dann austoben. Hat es einen Sinn, sich jetzt gegenseitig zu beschuldigen? Wir sind nach dem Turnier und einer kleinen Feier gemeinsam aufgebrochen und nach Hause gefahren. Trinken wir lieber etwas, und vergessen wir das Ganze bis morgen.«

»Du weichst doch nur aus«, stellte Olga mitleidslos fest.

»Ich habe jedenfalls für beide Morde ein Alibi«, sagte Mitterhofer.

»Ihr beide, du und Kurt, habt euch das Alibi doch gegenseitig gegeben. Ihr seid gemeinsam in einem Auto gefahren, heißt es. Wie viel ist ein solches Alibi unter zwei Mordverdächtigen denn wert?«, ließ Olga nicht locker.

»Lass sie, Mario«, mischte sich Papp jetzt wieder ein. »Sie versucht doch nur, von sich und René abzulenken. Was ihr gestern nach eurem Kaffeehausbesuch gemacht habt, ist immer noch aufklärungsbedürftig. Wir hatten alle wenig Grund, Georg zu mögen, und er hat mit uns allen seine Spielchen getrieben, das stimmt. Aber die Schamlosigkeit, mit der ihr beide, du Olga und René, jetzt in der Öffentlichkeit auftretet, sagt doch einiges aus.«

»Jetzt beruhige dich wieder.« Olga Fellner schien verhandlungsbereit. »Ich gehe immer noch davon aus, dass Sykora der Mörder ist. Was aber, wenn er es nicht war? Die Polizei scheint ihn derzeit jedenfalls für unschuldig zu halten. Dann liegt es wirklich nahe, dass es einer von uns getan hat. Und da könnt ihr noch so giftige Pfeile abschießen, ich war es nicht.«

Sie schenkte sich aus einem Weinkrug nach, trank und tat dann ganz erschrocken. »Meine Güte, sogar die nette Dame, die derzeit in meiner Ferienwohnung lebt, hat die Polizei zu dem Mord befragt«, sagte sie.

Korber hatte sich bisher darauf beschränkt, zuzuhören, und versucht, aus den gesammelten Bosheiten ein Indiz oder zumindest einen Hinweis herauszulesen. Nebenbei hatte er mäßig getrunken und die einzelnen Gesichter beobachtet, vor allem den neben ihm sitzenden Oskar Fürst unauffällig gemustert. Mit seinen harten, kantigen Backenknochen wirkte er beinahe schon erwachsen, andererseits lag in seinen Augen der scheue, verschlossene Ausdruck eines in sich gekehrten, angsterfüllten Kindes. Der Bub gefiel ihm nicht.

Jetzt aber, da die Rede mit einem Mal auf Maria kam, fühlte er sich gleich persönlich angesprochen. »Sie meinen ... Maria Hinterleitner?«, fragte er erregt.

»Sie kennen sie?«, tönte es unschuldig von Olga.

»Ja, sie ist ... eine Kollegin von mir.« Korber fühlte, wie auf ihm, der bisher beinahe unbemerkt dagesessen war, plötzlich alle Augenpaare ruhten.

»Trauen Sie ihr einen Mord zu?«, fragte Olga so, als ob sie wissen wollte, wie das Wetter würde.

»Einen Mord? Nein, natürlich nicht«, antwortete Korber verunsichert. »Sie ist ausgesprochen nett und freundlich. Ein herzlicher Typ.«

»Nun, sie ist ja erst seit Kurzem hier«, lächelte Olga böse. »Da kann man noch nichts Genaues über einen Menschen sagen. Was wissen wir schon? Stille Wasser sind tief.«

»Also ... Sie dürfen jetzt doch nicht meiner Kollegin ... Welchen Grund sollte sie denn ...?«, stotterte Korber hilflos.

»Selbstverständlich nicht«, beruhigte Olga ihn. »Aber in meiner Situation kommen einem eben die unmöglichsten Gedanken.«

»Du solltest mit deinen Verdächtigungen aufhören, Olga«, meldete sich nun wieder Kurt Neuling zu Wort. »Du verdirbst uns hier nur die Laune. Nimm bitte vor allem Rücksicht auf unser neues Klubmitglied, Herrn Professor Korber. Was soll er sich denn von uns denken.«

»Ein ausgezeichneter Billardspieler«, nickte Mario Mitterhofer anerkennend. »Und ein klasser* Bursch, nicht wahr, Kurt? Trinken wir auf unser neues Mitglied. Prost!« Er hob das Glas. Man stieß kurz an und trank.

»Den letzten Schliff werden wir ihm schon noch beibringen«, sagte Neuling dann. »Er stellte sich jedenfalls ganz passabel an.«

»Wirklich?«, zeigte sich Papp interessiert. »Ja, es ist immer schön, wenn man sieht, dass sich wieder einmal ein junger Mensch für das Karambole-Spiel interessiert und ein wenig an sich arbeiten will. Sie sind Lehrer am hiesigen Gymnasium? Sehr gut. Da bringen Sie ja sogar den Hintergrund für unsere ursprünglichen Prinzipien mit. Kurt wird Ihnen sicher schon einiges erzählt haben.«

Korber nickte und erhielt als Belohnung von Papp einen Überblick über die bisherigen mageren kulturellen Aktivitäten des Klubs. Dazu kamen Seitenhiebe

---

* Klasse.

auf Fellner und das mangelnde Verständnis vieler Mitglieder für die Geschichte, Entwicklung und die landschaftlichen Besonderheiten Floridsdorfs: »Kulturspaziergänge, Musik- oder Diskussionsabende – welche Vielfalt hätten wir außer unserem geliebten Billardspiel anbieten können. Leider haben wir uns bis jetzt viel zu selten die Zeit dafür genommen. Unsere gemeinsamen Treffen beim Heurigen sind so ziemlich das Einzige, was uns geblieben ist. Aber nicht einmal bei solchen Gelegenheiten wird es gerne gesehen, wenn wir ein schönes Lied auf unseren Bezirk anstimmen.« Mit etwas unterdrückter Stimme fügte er hinzu: »Nun, jetzt da unser Georg tot ist, könnten wir vielleicht versuchen, unserem Namen ›Alt-Floridsdorf‹ wieder gerecht zu werden. Könnten Sie uns da nicht mit der einen oder anderen Idee behilflich sein? Ich weiß nicht, ob Ihnen bekannt ist, dass ich einer der Gründerväter …«

Und so weiter und so fort. Korber ließ das Gelabere über sich ergehen und nickte immer einmal wieder. Sein Kopf war seltsam leer, und alles, was drohte, ihn mit irgendwelchen Inhalten anzufüllen, wurde von seinem Immunsystem sofort ausgestoßen. Es fiel ihm immer schwerer, in dieser Runde durchzuhalten.

Inzwischen hatte Olga nach einer kleinen Zwangspause ein neues Opfer gefunden: ihren Neffen Oskar.

»Wie du heute wieder aussiehst«, schnauzte sie ihn an. »Wenn man in deine Augen schaut, könnte man meinen, du hast die Nacht durchgedreht. Wo warst du denn?«

Oskar zog es vor, nicht darauf zu antworten. Er nahm ein Taschentuch und schnäuzte sich hinein.

»Du sollst antworten, wenn dich deine Tante etwas fragt«, beharrte Olga und schüttelte den Kopf. »So ein verstockter Junge. Wie sieht es denn mit seinen schulischen Leistungen aus, Herr Professor?«

Einerseits war Korber froh, aus seinem einseitigen Gespräch mit Papp herausgerissen worden zu sein, andererseits wollte er sich jetzt nicht von Olga Fellner ins Verhör nehmen lassen. »Ich kann Ihnen dazu leider keine Mitteilung machen. Erstens unterrichte ich die Klasse nicht, und zweitens darf ich nur den Erziehungsberechtigten darüber Auskünfte erteilen«, antwortete er ausweichend.

»Ich möchte ja nur eine ganz einfache Antwort haben, Professor«, ließ Olga nicht locker. »Besucht er die Schule regelmäßig, oder kommt er, wann es ihm gerade beliebt? So etwas dürfen Sie mir doch sagen, oder?«

Korber zögerte. Er hatte diese Hartnäckigkeit befürchtet.

»Keine Angst, ich weiß, dass er ein garstiger Junge ist«, sagte Olga. »Ich weiß auch, dass sein lieber verstorbener Onkel einen großen Teil der Schuld daran trägt. Dennoch möchte ich wissen, ob es wirklich so schlimm um ihn steht, wie sein Vater immer behauptet.«

Oskar stand auf.

»Du bleibst jetzt hier, wenn deine Tante mit deinem Lehrer über dich spricht«, fuhr Olga ihn an.

»Ich bin verkühlt, Tante Olga«, presste Oskar hervor. »Deshalb war ich auch die letzten Tage nicht in der Schule.« Damit versuchte er, an Olga vorbei in Richtung Toilette zu huschen. Die hielt ihn am Arm fest.

»Warum bist du dann hier und nicht schön brav zu Hause im Bett? Öffne deine Hand«, forderte sie ihn auf. »Zeig mir, was du in deiner Hand versteckt hast.« Aber Oskar riss sich los und war mit Riesenschritten weg.

»Zu dumm«, feixte sie. »Ich weiß genau, dass er jetzt wieder eine von diesen Tabletten schluckt. Meine Schwester hat gesagt, ich soll ein bisschen auf ihn aufpassen. Er täuscht eine Verkühlung vor, um einen Grund zu haben, eine Tablette zu nehmen. Na ja. Aber wenn der eigene Vater eine Apotheke hat, kommt man ja leicht ran an die Dinger.«

Apotheke, dachte Korber. Da schau her. Max Fürst gehört eine Apotheke. Er erinnerte sich wieder, es irgendwo in einem Schülerkatalog gelesen zu haben.

»Und Alkohol trinkt er auch bereits«, musste er sich von Olga anhören. »Heute nicht, denn da bin ja ich da, aber sonst ... Deshalb müssen Sie verstehen, dass ich mich über seinen Leistungsfortgang informieren will. Ich möchte wissen, ob er überhaupt noch einen Ehrgeiz an den Tag legt und das Jahr positiv abschließen kann, Herr Professor. Sein Vater ist viel zu streng, seine Mutter zu weich. Ich sehe schon, ich muss mich wieder mehr um Oskar kümmern. Und wo wir doch hier gerade so beieinandersitzen ...«

Korber war mit seinen Gedanken noch immer bei der Apotheke. Sowohl Oskar als auch Max Fürst hatten also Zugang zu Medikamenten. Eine interessante Perspektive im Zusammenhang mit Eduard Seidls Tod. Er versuchte, es in seinem müden Hirn abzuspeichern.

»Ja hören Sie denn nicht, Herr Professor? Seien Sie doch nicht gleich so eingeschnappt.« Olga kam wieder mächtig in Fahrt. »Mein Mann war sicher auch an Oskars schlechter Entwicklung schuld. Und jetzt, seit Georgs Tod, ist er total von der Rolle. Ich weiß aber nicht, wie ich ihm helfen soll.«

Korber zog es vor, weiter zu schweigen. Oskar kam von der Toilette zurück. Sofort wurde er wieder von Olga bearbeitet: »Jetzt hör einmal, Oskar, deiner Tante kannst du dich doch anvertrauen. Was ist denn los mit dir in letzter Zeit? Wir machen uns wirklich Sorgen um dich, deine Mutter und ich. Und damit meine ich nicht deine angebliche Verkühlung. Ist dir das wirklich so nahegegangen mit deinem Onkel? Schau mich an, was soll denn ich sagen ...«

Olga quatschte und quatschte, und Korber fühlte sich immer mieser und mieser. »Der Herr Professor hat sicher ein offenes Ohr für deine Probleme«, hörte er Olga jetzt neben sich. Eine leichte Wut stieg in ihm auf. Wenn er nicht aufpasste, würde sie ihn noch in ein pädagogisches Gespräch mit Oskar verwickeln. Das war jetzt so ziemlich das Letzte, was er brauchte.

Was hatte er wirklich noch hier verloren? Gehässigkeiten, leere, floskelhafte Gespräche, Menschen ohne Seele, Marionetten gleich, eine ständig um eine Öffentlichkeit für ihre Anschuldigungen bemühte Olga Fellner – das war alles nur dazu angetan, seine ohnedies üble Laune noch zu verschlechtern. Der mäßige Weinkonsum hatte dagegen auch nicht geholfen. Er beschloss, sich zu verabschieden.

»Sie gehen schon?«, schnarrte Neuling verwundert.

Korber murmelte kurz etwas von einem schweren Schultag, den er vor sich hatte. Mitterhofer fand, man müsse trotzdem unbedingt noch rasch eine Extrarunde trinken. Schnell wurden die Gläser gefüllt, man prostete einander zu. Korber trank hastig, vielleicht eine Spur zu hastig. Neuling und Mitterhofer redeten auf ihn ein, man müsse die gemütliche Runde von vorgestern unbedingt demnächst wiederholen.

»Morgen sind wir leider beinahe alle auf dem Kommissariat vorgeladen«, stöhnte Neuling. Korber spürte wieder unangenehm seine körperliche Nähe und atmete seine Weinfahne ein. »Wer weiß, was dabei herauskommt. Aber Dienstag könnten wir eine Revanchepartie machen. Da spielen wir uns dann wirklich etwas aus, das müssen Sie uns versprechen. Mal sehen, ob Sie schon von unserer Übungsstunde profitiert haben …«

Korber schüttelte Hände, hörte nur mehr mit halbem Ohr zu, nahm die Herausforderung an. Olga Fellner und Oskar Fürst suchte er dabei vergeblich. Draußen im Garten sah er sie dann in einer Ecke stehen und tuscheln. Er winkte kurz hinüber. War es nur Einbildung, oder hörte er Olga dabei tatsächlich zu Oskar sagen: »Wolltest du mich beschützen, mein kleiner Liebling? Komm, sag es. Hast du es für mich getan?«

Korber wusste es nicht zu sagen. Sein Kopf summte, und er war im Augenblick nur mehr bedingt aufnahmefähig. Er blinzelte in die tiefe, kaum wärmende Abendsonne und beschloss, noch ein Stück des Heimwegs zu Fuß zurückzulegen.

12

Was tun mit dem angebrochenen Abend? Zum Nachhausegehen war es eigentlich noch zu früh. Korber überlegte einen Augenblick, ob er Leopold anrufen und mit den neuesten Entwicklungen versorgen sollte, aber dann ließ er es bleiben. Wozu das Ganze? Leopold war weit weg, in der Steiermark. Er verfolgte seine eigene Linie. Wenn Korber sich jetzt bei ihm meldete, würde er sich bloß erneut den gut gemeinten Ratschlag anhören müssen, nur ja schön brav das eigene Heim aufzusuchen. Und gerade das wollte Korber um keinen Preis.

Er wandelte geistesabwesend durch die mit Heurigenschenken links und rechts besetzte Straße. Jetzt, am Abend, wurde es hier merklich lauter, Musik drang durch Türen und Fenster. Aus einem der Lokale vernahm er ein lautes: »He, Professorchen, kommen Sie doch auf einen Schluck herein.« Freund Mundgeruch prostete ihm jovial mit einem halb vollen Weinglas zu, so schien es ihm zumindest. Die ganze Szenerie wirkte im diffusen Licht der hereinbrechenden Dunkelheit zusehends unwirklich auf ihn. Korber überlegte kurz, dann winkte er matt hinüber und ging weiter.

Die Musik dröhnte in seinen Ohren. Nun sah Korber Max Fürst auf sich zueilen. Hastigen Schrittes, das Gesicht starr geradeaus, ging er an ihm vorbei, wohl zum ›Engelbrecht‹, um seinen Sohn Oskar zu holen.

Korber drehte sich um. War es wirklich Max Fürst? Er wusste es jetzt nicht mehr genau zu sagen. Irgendwo am anderen Gehsteig war die Gestalt verschwunden, von der er sich gerade noch so sicher gewesen war, dass es sich um Oskars Vater handelte.

Korber sah die Konturen vor seinen Augen verschwimmen. Er brauchte eine Ortsveränderung, sonst wurde er hier noch verrückt. Die Szenen liefen wie in einem Traum ab, in dem er ein Zuseher war, der nicht mitspielen durfte.

Jetzt stand plötzlich die Bauer-Geli wie ein Schutzengel vor ihm, der seine Flügel ausbreitete, um ihn vor einer Dummheit zu bewahren.

»Was machen denn Sie hier, Herr Professor?«, fragte sie. »Haben Sie denn morgen keinen Unterricht?«

»Doch, doch, aber hör mal: Es ist ja noch nicht spät«, entgegnete Korber. »Und getrunken habe ich auch nicht viel«, sagte er beinahe stolz.

»Na, ich weiß nicht. Ein bisschen merkt man es schon. Und beinahe wären Sie noch beim Meixner hineingefallen.«

»Das hast du gesehen?« Korber drohte scherzhaft mit dem Zeigefinger. »Hat dich vielleicht der Leopold geschickt, dass du auf mich aufpassen sollst?«

»Nein«, lachte Geli, »ganz bestimmt nicht.« Dann erzählte sie, dass sie sich mit zwei Freundinnen auf ein ›schnelles Gläschen‹ verabredet, dann aber verplaudert hatte. »Und jetzt sind Sie mir über den Weg gelaufen. Ich kenn Sie halt schon und weiß, wann Sie in einer gewissen Stimmung sind, wo es besser ist, Sie gehen nach Hause. Außerdem ist morgen Montag, und da fällt das Aufstehen bekanntlich am schwersten.«

»Darf ich dich trotzdem noch auf ein Achterl einladen?«, machte Korber ein Angebot.

Aber das gefiel dem Schutzengel weniger. »Ein andermal«, sagte Geli. »Ich glaube, für uns beide ist es das Beste, wenn wir den Sonntag in Ruhe ausklingen lassen. Auf Wiedersehen und gute Nacht.« Da sie wusste, dass Korber in solchen Angelegenheiten äußerst hartnäckig sein konnte, drehte sie sich auf dem Absatz um und ging.

Schnell war sie fort, verschwunden, so schnell, wie sie aufgetaucht war. Korber atmete die frische Abendluft ein und spazierte unentschlossen weiter. Was heißt spazierte? Er taumelte, getrieben von einer inneren Unruhe. Er war auf der Jagd nach etwas Unbestimmtem. Nach Maria? Nach Liebe? Nach Glück? Nach Stillen seines Verlangens? Er wusste es nicht.

Er griff zu seinem Handy und rief Maria an, ohne die Sinnhaftigkeit seiner Handlung zu hinterfragen. Aber Maria hob nicht ab. Es war der Fluch der modernen Kommunikation, dass man theoretisch jeden immer und überall erreichen konnte, dafür jedoch umso enttäuschter war, wenn dies nicht geschah. Korber wollte die Leere in sich vertreiben. Er hatte das immer stärkere Bedürfnis, mit jemandem zu reden. Aber mit wem?

Da spürte er den Zettel, den er noch immer in seiner linken Hosentasche hatte. Er erinnerte sich, zog das zusammengefaltete Stück heraus, öffnete es. Er las nochmals Ingrids Namen, Telefonnummer und Adresse

sowie das verführerische ›Ruf mal an‹. Beinahe klang
es wie eine Werbung für billigen Telefonsex, trotzdem
fühlte sich Korber von der Botschaft auf merkwürdige
Weise angezogen. Ohne lange nachzudenken wählte er
Ingrids Nummer.

Diesmal war jemand am anderen Ende der Leitung.
»Hallo?«, hörte er.

»Ingrid?«

»Ja.«

»Hier spricht Thomas. Thomas Korber.«

»Ach ja, der Lehrer. Der Freund von Maria.«

Täuschte er sich, oder war da ein verächtlicher Ton in
ihrer Stimme? Und warum sagte sie ›Freund‹ und nicht
›Kollege‹? Egal. »Ist Maria bei dir?«, fragte er.

»Nein.«

»Bist du zu Hause?«

»Ja.«

Sie war so einsilbig, dass Korber nur schwer in Fahrt
kam. Trotzdem erhoffte er sich irgendetwas von einer
Begegnung mit ihr. »Ich war gerade ein bisschen unterwegs«, sagte er schließlich. »Und jetzt spaziere ich eben
so durch die Gegend und habe gedacht, ich rufe einmal
an. Ich bin nämlich gar nicht weit weg von dir.«

Schweigen am anderen Ende der Leitung.

»Ingrid, ich glaube, wir sollten miteinander reden.«

»Meinst du?«

»Ja.«

»Dann komm doch einfach vorbei und läute an.«

*

238

Thomas Korbers Laune hatte sich sprungartig gebessert. Leopold hatte ihn zwar vorhin angerufen und wieder einmal mit ihm geredet wie mit einem kleinen Schuljungen, aber er hatte ihm klargemacht, dass er sein eigener Herr war, der tun und lassen konnte, was er wollte, und dieses ständige Herumkommandieren nicht nötig hatte. Warum war Leopold nicht hiergeblieben? So einfach in die Steiermark zu seinem Freund abzuhauen und ihm jetzt Befehle zu erteilen war nicht fair. Korber schaltete sein Handy aus. Er konnte nun tun und lassen, wie ihm beliebte, ohne die Angst, sich ständig rechtfertigen zu müssen.

Er war neugierig auf Ingrid. Was für ein Wesen mochte sie privat sein? Und dann wollte er gerne wissen, was es mit ihr und Maria tatsächlich auf sich hatte. Er musste ein für alle Male klären, ob er sich bei Maria noch etwas erhoffen durfte. Es fiel ihm schwer zu akzeptieren, dass es da nichts gab, gar nichts, außer vielleicht ein bisschen Sympathie.

Korber litt. Obwohl er es niemandem gegenüber zugegeben hätte: Mehr als je zuvor sehnte er sich nach einem weiblichen Körper, der die Anspannung von ihm nahm, ihn Wärme fühlen ließ und ihm Vertrauen schenkte.

Während er ausschritt, produzierte sein Hirn großartige Dialoge zwischen Maria, Ingrid und ihm, die ganz unterschiedlich abliefen. Einmal war Maria einladend, dann wieder abweisend, einmal sanft, dann wieder grob, einmal standen die Dinge gut, dann wieder aussichtslos. Dann mengte sich Ingrid ein, und er fühlte sich auf eine magische Art von ihr angezogen. Die Stimmen verfolgten ihn die ganze Zeit, so, als liefen sie ihm nach, um ihn irgendwo in einem gottverlassenen Winkel zum Kampf zu stellen. Die Geräusche der Wirklichkeit traten in den Hintergrund und ließen sich bald nicht mehr von diesen Träumen unterscheiden. Irgendwann bildete er sich kurz ein, jemand ginge ihm nach, doch er verwarf diesen Eindruck schnell wieder.

Mit einem Mal stand Korber vor dem Haus, in dem Ingrid wohnte. Die Stimmen waren weg, wie wenn er sie mit einem Schalter abgedreht hätte. Er läutete an der Gegensprechanlage.

»Hallo?«

»Ich bin's, Thomas.«

Der Türöffner summte. Ingrids Wohnung lag gleich im Erdgeschoss. Die Türe war einen Spaltbreit offen. Korber zögerte kurz, dann trat er ein. Von einem Radio kam leise Musik.

»Hier bin ich«, hörte er aus dem kleinen, notdürftig zusammengeräumten Wohnzimmer. Ingrid saß in einer improvisierten Sitzecke und rauchte eine Zigarette. »Komm nur herein«, sagte sie.

Korber sagte »Hallo« und warf einen Blick hinein. Gegenüber von Ingrid war ein Verbau in der Wand mit Fernseher, PC und Stereoanlage, daneben Regale mit Büchern, unter ihnen eine schmale Couch, auf der sich Wäsche türmte. Bücher, Papiere und Notizen lagen, zusammen mit einigen CDs, überall herum. Vorhänge, Tischtuch, Tapete – alles schillerte in den buntesten Farben.

Korber zog aus Gewohnheit die Schuhe im Vorraum aus. Dabei streifte seine Schulter eine Jacke – eine schmutzige, dunkle Regenjacke. Er hielt einen Augenblick inne. Täuschte er sich, oder war sie um eine Spur größer als die Kleidungsstücke, die sonst hier herumhingen?

»Was hast du?«, fragte Ingrid. »Warum kommst du nicht?«

»Nichts«, sagte Korber. »Gar nichts.« Er ging hinein und schüttelte ihre feuchte Hand.

»Setz dich. Du willst mit mir reden?«

»Ja! Du etwa nicht?«

Ingrid zögerte ein wenig. »Kann sein«, sagte sie dann.

»Kann sein? Warum hast du mir dann gestern deine Telefonnummer und Adresse gegeben?«

Sie zuckte mit den Schultern. »Einfach so. Ich wollte sehen, wie du reagierst.«

»Also schön. Ich möchte mit dir über Maria reden.«

»Ich weiß«, bemerkte Ingrid trocken. »Du willst sie haben.«

»Ich … so kann man das nicht sagen. Ich mag sie eben.«

»So, so, du *magst* sie eben. Mehr ist da nicht, nur das freundschaftliche Verhältnis von Kollege zu Kollegin. Möchte nur wissen, warum du dann so eingeschnappt bist, wenn ich zu euren ›freundschaftlichen‹ Treffen – oder sogar nachher – erscheine.«

»Ingrid! Ich möchte zumindest eine Chance haben, Maria näher kennenzulernen.«

»Warum nicht? Ich habe nichts dagegen. Aber du solltest wissen, dass zwischen Maria und mir ein sehr starkes Vertrauensverhältnis herrscht. Ich konnte schon in der Schule mit allen Problemen zu ihr kommen. Sie hat mit mir geredet, wenn ich nachts nicht schlafen konnte und Panikattacken bekommen habe, weil das Bild meiner toten Mutter wieder vor meinen Augen auferstanden ist. Sie hat mich beruhigt und nicht gleich zum Arzt geschickt. Ich bin froh, dass sie jetzt hier in Wien ist. Ich brauche sie manchmal, genauso wie früher. Da nehme ich doch ein gewisses Recht darauf in Anspruch, sie zu treffen.«

»Das ist ja keine Frage«, meinte Korber. »Aber muss das immer dann sein, wenn ich mit ihr beisammen bin?«

»Wenn es notwendig ist, ja.«

Korbers Blick fiel wie von einem Magneten angezogen auf Ingrids zarten Oberkörper, der nur von einem violetten T-Shirt bedeckt war. Die Warzen ihrer kleinen Brüste waren gut auszunehmen. »Magst du Maria eigentlich mehr, als es sonst unter Frauen üblich ist?«, fragte er jetzt.

»Was soll diese Frage? Bist du eifersüchtig oder was?«, gab Ingrid gereizt zurück.

»Entschuldigung, ich meine ja nur«, murmelte Korber. Dabei rückte er ein wenig näher an Ingrid heran.

»Du solltest dich höchstens fragen, ob Maria dich überhaupt mag. So eine Scheidung ist nicht ohne. Sie hat jetzt auch eine schwere Zeit durchgemacht. Da wirft man sich nicht gleich dem nächstbesten Mann an den Hals.«

»Ist ja gut«, sagte Korber leise. »Ist ja gut. Schau mal …«

Dabei fasste er sie mit seiner rechten Hand an ihrem rechten Arm. Es begann wie eine Art Aufmunterung

242

und wurde dann zur vorsichtigen Umarmung. Sein Gesicht tastete sich heran an ihres. So, genau so, hatte er gestern Maria gegenübersitzen wollen. Jetzt drückte er Ingrid an sich und versuchte einen Kuss. Sie öffnete ihre Lippen nicht.

»He, ich mag so etwas nicht«, sagte sie und drehte sich weg. Sie wurde rot im Gesicht. Zwei Tränen schossen aus ihren Augen. »So gern hast du Maria?«, fragte sie. »So gern? Und sag bitte nicht wieder ›Entschuldigung‹.«

»Mein Gott, ich … ich wollte ja nur …«, stammelte Korber.

»Was?« Sie drehte sich wieder zu ihm. Sie hatte sich schnell beruhigt.

Jetzt signalisierte sie Bereitschaft. Es wurde ein langer, satter Kuss, der Korbers innere Leere ausfüllte wie seine Zunge ihren Mund. Er war noch nicht glücklich, aber er war auf dem besten Wege dazu.

»Du wolltest nicht mit mir über Maria sprechen«, sagte Ingrid dann. »Du bist meinetwegen gekommen.«

»Vielleicht. Das heißt, ich bin schon wegen Maria gekommen, aber …«

»Du möchtest mit mir ins Bett gehen, stimmt's?« Dabei spannte sie kurz ihr T-Shirt, sodass er ihre kleinen Möpse ahnen konnte, die genau in seine beiden Hände passen würden.

Korber nickte voll Verlangen.

»Schön«, sagte Ingrid rasch und emotionslos. Sie wischte kurz mit der Hand über ihr Gesicht, dessen Wangen immer noch tränenfeucht waren. »Ich möchte aber, dass wir vorher noch ein bisschen miteinander spielen, damit wir schön in Stimmung kommen. Willst du etwas trinken? Ich habe vorhin vergessen, dich zu fragen.«

»Wein wirst du ja keinen zu Hause haben.« Korber konnte sich nicht vorstellen, dass ein Mädchen wie Ingrid überhaupt etwas Alkoholisches bei sich hatte.

»Nein, leider nicht. Aber ich habe einmal ein paar Flaschen Whiskey geschenkt bekommen. Trinkst du so etwas auch?«

»Gerne.«

Ingrid stand auf und ging in die Küche. Korber, der sein Glück noch gar nicht richtig fassen konnte, erhob sich ebenfalls. Er war unruhig, neugierig. Er riskierte einen Blick in das Schlafzimmer nebenan. Auch hier lagen die Dinge durcheinander: Skripten, Zeitschriften, Bücher, verschiedener anderer Kram. Das Bett war ungemacht, aber sauber, mit grell orangefarbener Bettwäsche Marke Ingrid. Es würde sich da drinnen gut liegen.

Irgendwo dazwischen, aber genau in seinem Blickwinkel, sah Korber die herausgerissene Seite einer Zeitung. Auf einem Foto – es war übrigens dasselbe, das Leopold im Kino hergezeigt hatte – war deutlich Georg Fellner zu erkennen. Um seinen Kopf herum hatte jemand einen dicken Kreis gemacht, dann folgten weitere Kreise, sodass das Ganze aussah wie eine Zielscheibe.

Ingrid kam zur Tür herein. Sie drückte Korber das Whiskeyglas in die Hand. »Trink«, sagte sie.

Gedankenverloren leerte Korber das Glas.

»Was starrst du so auf die Zeitung?«, fragte Ingrid.

»Das Bild … ich meine das Foto … das ist doch Georg Fellner«, stammelte Korber.

»Ja, das ist mein Vater, das Schwein«, zischte Ingrid.

Korber überlegte kurz. Wenn Fellner Ingrids Vater war, sie ihn als Schwein bezeichnete und seinen Kopf zur Zielscheibe gemacht hatte ... mein Gott, dann war ja Ingrid die Mörderin!

Er fühlte sich mit einem Male merkwürdig, wollte etwas sagen, konnte es aber nicht. Noch einmal hörte er Leopolds warnende Stimme am Telefon von vorhin, lief in Sekundenbruchteilen das Ende seines Gespräches mit ihm wie auf einem Tonband in seinem Inneren ab:

»Wo bist du jetzt?«

»Sei nicht so unfreundlich. Es war ganz schön anstrengend, mit den Leuten vom Billardklub einen Nachmittag lang beisammen zu sein. Ich muss mich ein wenig davon erholen.«

»Hast du nicht gehört? Wo bist du?«

»Wenn du es genau wissen willst: Ich mache gerade einen Spaziergang an der frischen Luft.«

»Du gehst doch hoffentlich nach Hause?«

»Nach Hause? Unter die Bettdecke? Jetzt hör einmal zu, was ich dir sage, Leopold. Ich habe getan, worum du mich gebeten hast und damit den schönsten Teil vom Sonntag verschissen. Ich habe dabei einige Dinge herausgefunden, aber sie scheinen dich ohnehin nicht sonderlich zu interessieren. Schön! Jetzt tue ich, was ich will, und du wirst mich nicht daran hindern, dazu bist du viel zu weit weg. Ich muss das wegen Maria gestern abklären.«

»Bist du verrückt? Lass diese Frau endlich in Ruhe,
Thomas. Sie ist mit Ingrid ...«

»Genau das muss ich abklären. Und zwar mit Ingrid
selbst. Ich schaue noch einen Sprung bei ihr vorbei.«

»Bist du denn wahnsinnig, Thomas? Ingrid Grabner ist mit ziemlicher Sicherheit unsere gesuchte Mörderin.«

»Ist sie das? Interessant. Weißt du, dass Olga Fellner dasselbe von Maria behauptet hat? Dass sie unter
Umständen Fellner umgebracht hat? Irgendwie könnte
es schon bald jeder gewesen sein. Trotzdem: Ich bitte
dich, mir den Abend nicht mehr weiter zu vermiesen.
Ingrid ist zwar mitunter ganz schön lästig und schwer zu
durchschauen, aber Mörderin ist sie keine, dazu habe ich
als Lehrer Menschenkenntnis genug. So, und jetzt tschüss
bis morgen, ich möchte nicht mehr gestört werden.«

Leopold hatte also recht gehabt. Um ... Gottes ...wi...
willen! Den Whis... key ... nicht ... tri...in...k...

Die Gedanken in Korbers Kopf zersetzten sich, bis
sie zu kleinen schwarzen Punkten geworden waren,
die mit einem leicht pfeifenden Geräusch vor seinen
Augen herumtanzten und sich zu nichts Sinnvollem
mehr zusammensetzen ließen. Er fiel in Ohnmacht.

*

Juriceks Nummer. Leopold wählte sie automatisch,
obwohl er wusste, dass der Oberinspektor aller Wahrscheinlichkeit nach noch im Konzertsaal saß. Er sollte

recht behalten. Derzeit nicht erreichbar, hörte er. Dvořák und Smetana zur Pflege der slawischen Seele.

Eine Hoffnung blieb Leopold noch. Aber als er die Stimme am anderen Ende der Leitung hörte, sank sein Herz in die Hose.

»Polizeikommissariat Floridsdorf, Mordkommission, Bollek.«

Bollek. Von allen Möglichkeiten die schlimmste.

»Hier Hofer, Leopold W.«

Kurz blieb es ruhig. Bollek schien nachzudenken. Schließlich kam ein grantiges: »Soll das ein Witz sein?«

»Nein, Herr Inspektor Bollek, keineswegs«, sagte Leopold verzweifelt. »Ich weiß so gut wie sicher, wer Fellner und Seidl umgebracht hat, und wir müssen schnell handeln.«

Wieder war es kurz still, dann: »Wissen Sie, was heute für ein Tag ist?«

»Sonntag«, gab Leopold missmutig von sich.

»Genau, Sonntag. Und es ist Strafe genug, ihn hier in meinem stickigen Büro verbringen zu müssen. Da brauche ich nicht auch noch Ihre obergescheiten Meldungen. Wenn sich Ihr Schulfreund das von Ihnen gefallen lässt, bitte. Ich nicht.«

»Hören Sie zu! Die Mörderin heißt Ingrid Grabner. Man muss feststellen, wo sie wohnt, und sie sofort verhaften.«

»Wollen Sie mir Befehle erteilen, Herr Kaffeehausober? Bei unseren Ermittlungen in diesem Fall scheint keine Ingrid Grabner als Verdächtige auf. Also lassen Sie mich bitte mit Ihrer blühenden Fantasie zufrieden.«

»Ich kann Ihnen zwar jetzt nicht erklären, wie ich draufgekommen bin, aber sie ist Fellners uneheliche Tochter«, flehte Leopold. »Sie hat's getan, und es ist gerade ein weiteres Menschenleben in Gefahr. Mein Freund Thomas Korber ...«

»Wissen Sie was, mein lieber Herr mit der Initiale«, unterbrach Bollek ihn unwirsch. »Ich lege jetzt auf, und in Zukunft denken Sie bitte nach, ob ein Sonntag um diese Stunde der richtige Zeitpunkt ist, sich wichtig zu machen. Gute Nacht!«

Leopold wollte noch etwas sagen, aber es machte nur ›klick‹, und die Leitung war tot.

13

Was sollte sie mit der Leiche anfangen? Das heißt, umbringen musste sie ihn zuerst ja noch. Aber wie? Ingrid Grabner starrte auf Thomas Korbers reglos daliegenden Körper. Durch ihr Gehirn sauste und schwirrte es, dass sie glaubte, den Boden unter den Füßen zu verlieren.

Bei den anderen war alles so leicht gegangen.

Georg Fellner – für wie viele Panikattacken war er der Grund gewesen, für wie viele Male aufwachen in der Nacht und nicht wieder einschlafen können, immer das Bild der Mutter vor Augen, wie sie leblos von der Decke herabhing. Ihr ganzes Leben bisher hatte daraus bestanden, den Gedanken an ihn und dieses Bild zu verdrängen. Dann hatte sie das Foto in der Bezirkszeitung gesehen, durch einen Zufall erfahren, dass ihre Freundin Maria in einer Pension untergebracht war, die Fellners Frau gehörte, gelesen, dass er bei diesem Billardturnier mitspielte. Es war wie ein Fingerzeig des Schicksals: Sie hatte ihn gefunden, ohne ihn zu suchen.

Später, im Kaffeehaus, dieser borniert, von sich eingenommene Kerl, der an der Theke lehnte und auf ihr »Ich bin deine Tochter Ingrid. Ich muss mit dir sprechen« nur gelangweilt antwortete: »So? Bist du das? Schön. Ich habe aber jetzt keine Zeit. Ich spiele um den Sieg in einem Billardturnier, wenn du weißt, was das bedeutet.«

Hass war in ihr hochgestiegen. Sie hatte sich das Finale angesehen und ein weiteres Beispiel seines miesen Charakters bekommen. Dann hatte sie beschlossen, draußen auf ihn zu warten. Sie hatte die dunkle Regenjacke mitgehen lassen, um sich vor den Unbilden des Wetters zu schützen. In dieser viel zu großen Jacke war sie im Torbogen eines Hauses gestanden, und die Zeit war nicht vergangen, und wieder waren die hässlichen Bilder von früher vor ihr aufgetaucht.

Endlich war er herangetorkelt gekommen, und sie hatte ihn erneut angesprochen: »Ich finde dich einfach nur gemein und niederträchtig. Einen Dreck hast du dich um uns gekümmert. Meiner Mutter hast du das Blaue vom Himmel versprochen, aber du bist nach Wien zurück, als ob nichts gewesen wäre, als ich da war. Weißt du, wie ein Mensch aussieht, nachdem er sich aufgehängt hat? Weißt du das, du Scheißkerl?« Wild waren die Worte aus ihr herausgesprudelt, ohne Ordnung, ohne Plan, alles nur Emotion.

»Du meinst, ich hätte mit deiner Mutter zusammenbleiben sollen?«, hatte Fellner darauf gesagt. »Wenn ich damals jede geheiratet hätte, mit der ich im Bett war, wäre sich das gar nicht ausgegangen. Die anderen haben sich eben darum gekümmert, dass sie später kein kleines Andenken an diese Nacht zu Hause haben. Aber wie auch immer, sieh es so: Hätte deine Mutter dich *nicht* bekommen, wäre sie vielleicht heute noch am Leben, aber du nicht. Also sei froh, dass es mich gibt und dass die Sache passiert ist.«

Mit einem weiteren »Scheißkerl« hatte sie die Hände

aus ihren Hosentaschen gerissen und ihm den Stoß versetzt. Nachher das Quietschen der Bremsen, der dumpfe Aufprall. Und sie war gelaufen, ohne recht zu wissen, wohin.

Einfach, wie von selbst, war es gegangen. Ein Stoß im Streit, im Affekt, ohne wirkliche Absicht, hatte Maria gemeint, als sie es ihr später erzählte.

Dann war sie diesem Stotterer in die Arme gelaufen, der sie aus der Boutique kannte und der das Ganze gesehen hatte. »B… Bravo, g… ganz toll«, hatte er zuerst nur gemeint und sie versteckt, bis der erste Wirbel vorübergewesen war. Aber sie hätte gleich wissen müssen, dass ein Kerl wie er so etwas nicht nur aus Sympathie tat. Er war tags darauf in die Boutique gekommen und hatte für sein Schweigen Geld verlangt. Er würde schon darauf achten, dass es nicht zu viel würde und dass eine Studentin es sich leisten könne. Überhaupt wäre der Preis ganz günstig, wenn sie auch noch ein wenig zärtlich zu ihm sein würde. Gar nicht mehr eingekriegt hatte er sich vor lauter Vorfreude und Aufregung, gar keinen verständlichen Satz hatte er mehr herausgebracht.

Als sie dann vor ihm in der Wohnung gestanden war, war ihr ganz eklig vor seinen schmutzigen Händen, seinen faulen Zähnen und dem Schweiß unter seinen Achseln gewesen. Sie hatte ihm schnell das Beruhigungsmittel in den Whiskey gegeben und ihn damit betäubt. Zunächst hatte sie – genau wie jetzt – nicht gewusst, was sie weiter mit dem Mann machen sollte. Da hatte sie den alten Gasherd bemerkt, ihn aufgedreht,

Eduard Seidl auf den Boden gleiten lassen, die Türe zugemacht und war gegangen.

Einfach, ganz einfach war wieder alles gewesen. Sie hatte nichts weiter dazutun müssen, um Eduard Seidl umzubringen. Und sie hatte nicht mit ansehen müssen, wie dieser unsympathische Kerl verendete.

Aber jetzt? Jetzt musste sie wohl oder übel Hand anlegen. Und davor hatte sie Skrupel.

Ingrid Grabner überlegte kurz. Konnte sie Thomas Korber leben lassen? Nein. Er hatte das Foto von ihrem Vater gesehen. Er wusste Bescheid.

Aber was noch viel schlimmer wog: Er wollte ihr Maria wegnehmen. Maria, den einzigen Menschen, der sie verstand. Maria, die sie liebte.

Sie hatte ihn hergelockt, auf eine ganz einfache Art, indem sie ihm ihre Telefonnummer und Adresse aufgeschrieben hatte. Sie hatte gewusst, dass er kommen würde. Reden hatte sie mit ihm wollen, über Maria und anderes, sehen, was für ein Typ Mensch er war. Das hätte sie sich sparen können. Er war wie alle anderen Männer auch. Er trank gerne und kam sich dann unwiderstehlich vor. Sie hatte gleich die Alkoholfahne aus seinem Mund gerochen. Immerhin waren seine Berührungen nicht so grausig gewesen wie die von Eduard Seidl, sondern beinahe angenehm. Und bei dem Kuss war ihr sogar kurz ein wohliger Schauer über den Rücken gelaufen. Dennoch passte er genau in das Bild, das sie von Männern hatte: Sex, Gewalt, Rücksichtslosigkeit.

Verführen hatte er sie wollen, während er ihr erzählte,

wie sehr er Maria liebte. Nein, er verdiente Maria nicht. Das Einzige, was er verdiente, war der Tod.

Aber wie sollte sie es anstellen? Der Kopfpolster! Sie musste nur den Kopfpolster nehmen und ihn damit ersticken. Einfach das Kissen auf sein Gesicht pressen und warten, bis er nicht mehr atmete. Und wenn sie zu früh losließ? Dann musste sie eben noch einmal drücken, bis er endlich tot war. Es blieb ihr nichts anderes übrig als zuzusehen, wie er starb.

Ingrid streichelte über den Polster in ihrem Bett. Da erinnerte sie sich an etwas Schreckliches: Sie musste ja den Leichnam aus der Wohnung entfernen. Thomas Korber würde morgen nicht zur Arbeit erscheinen. Man würde sich fragen, warum. Man würde zu suchen beginnen. Sicher, Maria würde sie nicht verraten, und von vornherein würde sie auch nicht unter Verdacht stehen – außer Korber hatte jemandem gesagt, dass er sie aufsuchen würde. Wie auch immer, eine Leiche bei sich zu Hause konnte sich Ingrid Grabner nicht leisten.

Allein war sie zu schwach, um den toten Körper wegzutransportieren, so viel stand fest. Sie brauchte Hilfe. Sie musste Maria anrufen.

Zitternd wählte sie die Nummer. Niemand hob ab.

Verzweifelt warf sie sich aufs Bett und heulte. Aber noch ehe sie sich im Klaren war, was sie jetzt tun sollte, läutete ihr Handy. Es war Maria.

»Hallo Maria.«

»Hallo. Entschuldige, ich habe dich nicht gleich gehört. Was gibt's? Wie geht es dir?«

»Im Augenblick überhaupt nicht gut. Hör zu, Maria, du musst mir helfen.«

»Du klingst auch überhaupt nicht gut. Was ist jetzt schon wieder?«

»Dein Freund Thomas war hier.«

»Thomas Korber? Mein neuer Kollege? Wie kommt denn der zu dir?«

»Ich weiß nicht. Ich habe ihm gestern meine Telefonnummer und Adresse gegeben. Ich wollte nur wissen, was das für ein Typ ist, mit dem du fortgehst.«

»Ingrid, das hättest du nicht tun sollen.«

»Mir war aber danach. Und weißt du, was er getan hat? Er hat mich begrapscht, Maria, er wollte mit mir ins Bett gehen, dein angeblich so scheuer, zuvorkommender Lehrer. Ich habe es gerade noch verhindern können.«

Pause in der Leitung. Dann Maria, besorgt: »Was hast du mit ihm gemacht?«

»Er hat außerdem das Foto von meinem Vater entdeckt, und ich glaube auch die Regenjacke.«

»Was hast du mit ihm gemacht?« Marias Stimme wirkte jetzt noch angespannter.

»Ich habe ihm ein Glas Whiskey gegeben, mit … na ja, du weißt schon. Bitte versteh mich, ich habe keine andere Wahl gehabt. Jetzt liegt er da und … es ist so furchtbar, Maria. Du musst kommen. Du musst mir helfen, ihn wegzuschaffen, wenn er tot ist.«

Maria atmete hörbar auf. »Er ist also noch nicht tot?«

»Nein. Ich … es … du musst mir helfen. Ich brauche dich. Ich war zu dumm, eine blöde Regenjacke verschwinden zu lassen, wie soll ich das jetzt mit einem

Leichnam tun? Mir geht es so dreckig, ich zittere am ganzen Körper. Bitte komm. Ich werde in der Zwischenzeit versuchen, ihn mit einem Kopfpolster …«

Maria schrie: »Gar nichts wirst du!« Dann leiser, aber bestimmt: »Du lässt Thomas einfach so liegen, bis ich komme. Ja bist du denn wahnsinnig? Du kannst doch nicht jeden Tag einen anderen Menschen umbringen. Warum bist du nicht schon längst zur Polizei gegangen, wie ich es dir gesagt habe? Das mit deinem Vater war ein Unglück und keine Absicht. Du hättest vor diesem Stotterer keine Angst zu haben brauchen.«

Ingrid schluchzte lauthals. »Er war so … eklig. Er tut mir nicht leid.«

»Dann nimm dich wenigstens jetzt zusammen und warte, bis ich da bin.«

»Und wenn er aufwacht?«

»Er wird schon nicht aufwachen. Ich bin in der Nähe. Ich komme bald. Bleib ruhig und versuche, dich zu entspannen.«

»Er muss weg. Ich habe Angst vor ihm.«

»Wenn ich da bin, wird uns schon etwas einfallen. Aber mach jetzt bitte keine Dummheit, versprichst du mir das?«

Kurze Pause, dann: »Okay, versprochen.«

»Nimm eine Tablette, aber nur eine, hörst du, dann fühlst du dich besser. Bis gleich.«

Nachdem sie das Gespräch beendet hatte, löste Ingrid Grabner eine Beruhigungstablette in Wasser auf und schluckte sie hastig hinunter. Maria würde kommen und ihr zur Seite stehen. Das war vorderhand das Wichtigste. Sie setzte sich auf den Boden im Wohnzimmer, zündete sich erneut eine Zigarette an und lauschte wieder der Musik, die die ganze Zeit über leise aus dem Radio geklungen war.

*

Leopold preschte auf der Autobahn dahin, was das Zeug hielt. Er hoffte, dass es an der Stadtgrenze zu Wien nicht den an einem Sonntagabend üblichen Stau geben würde. Aber wohin wollte er eigentlich, sobald er in Wien war? Er wusste es immer noch nicht.

Da, endlich, kam der Anruf von Oberinspektor Richard Juricek: »Hallo Leopold. Du hast mir eine SMS geschrieben. Du glaubst, Ingrid Grabner ist die Mörderin? Wie kommst du denn darauf? Wir sind erst gestern auf sie aufmerksam geworden.«

»Richard, sie ist Fellners uneheliche Tochter aus der Steiermark. Sie hat ihn gehasst und ihm die Schuld am Tod ihrer Mutter gegeben. Ich komme gerade von ihren Adoptiveltern. Um Himmels willen, unternehmt etwas. Thomas Korber ist gerade bei ihr und in größter Gefahr.«

»Ich weiß«, sagte Juricek nachdenklich. »Ich weiß. Die Adresse ist Schweigergasse 4. Du kannst hinkommen, wenn du dir Sorgen um deinen Freund machst. Aber fahr bitte langsam, wir sind in jedem Fall schneller dort als du.«

*

Ingrid Grabner ging es wieder besser. Eine gewisse Gleichgültigkeit hatte von ihr Besitz ergriffen. Es störte sie nur, dass Maria immer noch nicht da war.

Eigentlich hätte sie Thomas Korber gleich beseitigen und Maria vor vollendete Tatsachen stellen sollen. Es wäre besser gewesen. Aber dazu hatte ihr die Kraft gefehlt. Wie, wenn sie es jetzt noch schnell erledigen würde? Sie fühlte sich stark genug, es auch ohne Maria zu tun.

Sie nahm den Kopfpolster aus ihrem Bett und drückte ihn liebevoll an ihr Gesicht. Sie wollte noch ein wenig mit ihm herumschmusen, ehe sie zur Tat schritt. Wenn es gelang, eine Beziehung zu einer Sache zu entwickeln, ging alles viel leichter. Ganz sanft würde sie den Polster auf das Gesicht legen, mit ihm zu spielen beginnen und Korber einfach ersticken, während sie in der Weichheit und Flauschigkeit des Kissens badete.

So sehr war sie von dieser Idee hingerissen, dass sie beinahe den Summton der Gegensprechanlage überhört hätte.

»Maria?«

Gedankenverloren machte sie auf und ließ die Wohnungstür wie vorhin einen Spaltbreit offen. Gut, dann nicht, dachte sie. Dann musste Maria über alles Weitere entscheiden.

Sie hörte Schritte. Mehrere Schritte? »Maria?«, fragte sie noch einmal unsicher.

»Ja«, sagte Maria, kaum hörbar.

Ingrid Grabner drehte sich um. Sie sah Maria, sah ihre irritierten, verweinten Augen. Aber sie sah auch den auf sie gerichteten Lauf einer Dienstwaffe. »Sind Sie Frau Grabner? Dann kommen Sie bitte mit. Jeder Widerstand ist zwecklos«, sagte der dazugehörende Polizist.

»Ich bin nicht schuld. Ich habe dich nicht verraten. Die Leute von der Polizei waren schon da und haben mich aufgefordert, mitzugehen«, erklärte Maria tonlos.

Ingrid schien es nicht zu glauben. Einen Augenblick lang schien es, als würde sie noch irgendeine Dummheit begehen, aber schließlich fügte sie sich. Schweigend ging sie mit dem Beamten an Maria vorbei, ohne sie eines weiteren Blickes zu würdigen.

»Danke, Frau Hinterleitner«, sagte Oberinspektor Juricek, der jetzt die Wohnung betrat. »Herr Korber lebt doch noch, oder?«

Maria blickte auf den daliegenden Körper, sah ihn atmen, nickte schweigend.

»Sie wissen, dass wir noch ein paar Fragen an Sie haben? Frau Inspektor Dichtl wartet draußen auf Sie.«

Maria nickte abermals. »Hauptsache, er lebt«, sagte sie im Hinausgehen.

*

Als Leopold eintraf – gehetzt, in Auflösung begriffen, er hatte noch einen Parkplatz suchen müssen –, befand sich die Polizei gerade im Aufbruch. Thomas Korber wurde in einen Krankenwagen verlegt. Oberinspektor Juricek stand vor dem Haus, wie er ihn bisher nie gesehen hatte: schwarzer Mantel, dunkler Anzug, weißes Hemd, rote Krawatte. Die Reste der slawischen Seele hingen noch an ihm. Nur der breitkrempige Hut war derselbe wie immer.

»Servus Leopold«, grüßte er. »Na, du siehst ja aus, als wärst du gerade der Tortur entfleucht. Aber beruhige dich, dein Freund ist am Leben. Er kommt nur kurz zur Kontrolle ins Krankenhaus. Wenn er ohne Beschwerden aufwacht, darf er, denke ich, noch heute wieder nach Hause.«

»Gott sei Dank«, keuchte Leopold.

»Jetzt musst du mir nur noch verraten, wie du auf Ingrid Grabner als Täterin gekommen bist. Sie war's, sie hat alles gestanden. Wir sind erst gestern auf sie aufmerksam geworden, und ihren Namen haben wir erst heute Morgen von Maria Hinterleitner erfahren.«

»Da war natürlich viel Glück dabei«, meinte Leopold verlegen. Er beschloss, Juricek endgültig nichts von der Kinokarte zu sagen und davon, dass er von der Möglichkeit ausgegangen war, Maria und Ingrid hätten sich den Film ›Morgen ist Dienstag‹ angesehen.

»Nur keine falsche Bescheidenheit«, lächelte Juricek. Er machte dabei den Eindruck, als läge er irgendwie auf der Lauer.

»Na ja, ich wusste, dass Fellner früher in Stubenberg gearbeitet hat und dass einige Personen, die vor seinem Tod im Kaffeehaus waren, aus dieser Gegend sind. Da ist mir der Gedanke gekommen, meinen Freund Daniel Kulmer zu Rate zu ziehen, der über die Dinge, die in seinem Bezirk geschehen, Bescheid weiß wie kein anderer. Der Name

Ingrid Grabner ist schnell gefallen, und Ingrids Adoptiveltern haben dann alles bestätigt: dass Fellner Ingrids Vater
war, die unglückliche Liebe und Enttäuschung von Ingrids
Mutter bis hin zum Selbstmord. Man brauchte nur noch
eins und eins zusammenzuzählen.«

»So so.« Juricek hatte immer noch eine gewisse Heiterkeit in seinem Gesichtsausdruck.

Nach einer kleinen Pause fragte Leopold: »Und ihr?
Wieso wart ihr so schnell am Tatort?«

»Auch viel Glück, lieber Leopold. Du hast mir ja
erzählt, dass du in die Steiermark fahren und Korber
auf die Billardrunde ansetzen würdest. Einerseits hatte
ich – so wie du – ein wenig Sorge um deinen Freund,
andererseits dachte ich, dass er uns vielleicht auf eine
Spur bringen könnte, da in dieser Runde ja alle Hauptver-
dächtigen versammelt waren. Also habe ich einen Beamten zum Heurigen geschickt und ihn gebeten, Korber
unauffällig zu beschatten. Korber hat uns dann zu Ingrid
Grabner geführt. Das wäre noch nicht weiter verdächtig
gewesen, aber Bollek war durch deinen Anruf schon vor-
gewarnt, und als sich unser Mann bei ihm meldete, kam
die Sache ins Laufen: Du hattest mir ja zum Glück eine
SMS geschickt, und so gab ich das ›Okay‹, um Korber
aus seiner brenzligen Situation zu befreien. Allerdings:
Viel später hätten wir nicht kommen dürfen.«

»Danke«, sagte Leopold. Er schaute sich um. Hier also
hatte alles geendet, in einer kleinen Seitengasse, schnell,
überraschend und ohne ihn. Er spürte die immense Spannung, die sich in ihm aufgestaut hatte. Es würde noch
eine Zeit lang dauern, bis er sie wieder los war.

»Wenn du willst, kannst du mit deinem Freund mitfahren und warten, bis er aufwacht«, schlug Juricek vor.

Leopold nickte. Er würde geduldig neben Thomas Korber sitzen, bis sich seine Lebensgeister wieder regten, würde ihm alles erzählen und erklären, würde ernsthaft mit ihm reden. Es ging nicht an, dass er sich aus einer momentanen Laune heraus in Gefahr brachte. Es musste ihm eine Lehre sein.

Leopold sah auf das im ohnmächtigen Schlummer daliegende Gesicht. Wie ein Kind, sinnierte er. Wie ein Kind, das ungezogen war und dem man soeben noch am liebsten eine Tracht Prügel verabreicht hätte, dem der Schlaf nun aber die reine Unschuld aufs Antlitz zauberte. Und ein Kind war er immer noch, dieser Lehrer, der andere Kinder unterrichtete, zumindest, was Frauen betraf.

»Musst du Thomas der Presse gegenüber erwähnen?«, fragte Leopold noch.

»Mal sehen, ob wir ihn da heraushalten können«, meinte Juricek.

»Eigentlich könntest du jetzt, wo wir den Fall gelöst haben, ruhig einmal einen Sprung zum Kaffeehaus machen.«

»Vielleicht«, sagte Juricek. Seine Augen funkelten. Leopold wusste den Gesichtsausdruck nach wie vor nicht zu deuten. Es war wie eine Art Lauerstellung.

»Dann servus!« Leopold stieg in den Rettungswagen, der bereits den Motor angelassen hatte. Der Oberinspektor machte eine Geste zum Gruß. Die Augen funkelten immer noch, als der Wagen in die Nacht davonfuhr.

14

Leopold saß neben dem Aufwachbett von Korber. Gerade, dass er nicht seine Hand hielt.

Korber fragte: »Was ... was war eigentlich mit mir los?«

»Sie hat dieses Betäubungsmittel in deinen Whiskey hineingetan, und dann wollte sie dich umbringen.«

»Ingrid?«

Leopold nickte.

»Verzeihst du mir noch einmal? Ich hätte gleich auf dich hören sollen. Aber ich war eben so ... so ...«

»Launisch? Eigensinnig? Stur? Rechthaberisch?« Leopold schaute Korber streng an, aber er brachte jetzt keine Moralpredigt zustande. Er lächelte kurz und sagte: »Du solltest mir mehr vertrauen. Aber es ist ja noch einmal alles gut gegangen.«

»Du bist also zu deinem Freund doch nicht nur wegen des Rades gefahren«, meinte Korber.

»Oh, das Rad ist klasse, und ich habe es dem Daniel Kulmer auch zu einem günstigen Preis abgekauft. Nur holen muss ich es noch, denn ich habe keine Zeit mehr gehabt, es auf das Auto zu montieren. Nicht einmal etwas von der guten steirischen Jause, die uns seine Frau Waltraud hergerichtet hat, konnte ich mehr essen. Und das alles wegen dir. Man macht sich eben Sorgen«, sagte Leopold. »Aber du hast recht, natürlich musste ich Daniel ein bisschen wegen Fellner ausfragen, und er hat mich nicht enttäuscht. Eine lebende Chronik vom Stubenbergsee ist er, mein Freund Daniel.

Bei einer guten Mischung* habe ich erfahren, dass Fellner beim ›Hirschen‹ Kellner war, fallweise auch nachts in der ›Mückenstube‹. Hat immer geschaut, dass er bei den Mädchen einen guten Eindruck hinterlässt, hat auch manch eine nach Dienstschluss abgeschleppt. Die Männer haben ihn weniger gemocht, denn die größte Freude hat er gehabt, wenn er einen vor seiner Freundin so richtig aufziehen hat können.

Und natürlich hat er ein ausschweifendes Liebesleben gehabt. Daraus ist dann Ingrid Grabner entstanden. Ihre Mutter hieß Rosa. Rosa Grabner. Ein stilles, liebes Geschöpf. Aber halt ein Tschapperl. Die anderen haben gewusst, dass sie für Fellner nur eine Affäre sind, sie wollte ihn ganz für sich haben. Aber er hat sie einfach sitzen lassen. Daran ist sie dann irgendwie zerbrochen.«

»Fellner ist nach Wien abgehauen?«, fragte Korber.

»Du sagst es.«

»Und Ingrid ist von ihrer Mutter ganz allein aufgezogen worden?«

»Nicht ganz, dazu sind viele Familien hier einfach noch immer zu groß«, erklärte Leopold. »Sie hat im Elternhaus gewohnt, bei ihrem Bruder Jakob und seiner Frau Klara, die den elterlichen Hof damals übernommen haben. Rosa ist in die Kleiderfabrik arbeiten gegangen. Ihr Auskommen hat sie gehabt. Mit dem Fellner wollte sie nichts mehr zu tun haben, der war für sie gestorben. Ich weiß gar nicht, ob

---

* Wein mit Mineralwasser gemischt.

sie jemals einen Groschen Geld von ihm gesehen hat. Vergessen hat sie halt das Ganze nicht können, am Gemüt hat sie's gepackt und an den Nerven. Und eines Tages ...«

»Ja?« Korber wusste, was jetzt kommen würde. Er kannte ja die Eckpfeiler der Geschichte. Trotzdem stieg sein Interesse merklich.

»Aufgehängt hat sie sich, während ihre Tochter Ingrid draußen mit anderen Kindern gespielt hat. Das Mädel hat sie dann gefunden. Furchtbar.«

»Einfach so hat sie sich aufgehängt?«

»Sie war nicht gut beisammen, ist nur mehr zur Arbeit aus dem Haus gegangen. Still ist sie geworden, in sich zurückgezogen. Du weißt ja, wenn dann so etwas passiert, sagt man immer, man hat in den Menschen nicht hineinschauen können.«

Korber schüttelte den Kopf. »Die arme Ingrid«, seufzte er.

»Sie war damals sehr jung und ging noch nicht zur Schule«, sagte Leopold. »Ihr Bruder Jakob hat sie dann adoptiert und weiter für sie gesorgt. Daniel und ich sind sogar dorthin gefahren, es war nicht allzu weit weg. Sie hat keine schöne Jugend gehabt, das schwöre ich dir.«

Korber richtete sich jetzt neugierig im Bett auf. Leopold begann, ihm auch diesen Teil der Geschichte zu erzählen: »Das Grabnersche Anwesen liegt zwar nur wenige Minuten außerhalb der Ortschaft, aber es ist eine völlig andere Welt, fernab vom geschäftigen Treiben rund um den See. Man sieht vereinzelt Häuser auf den Anhöhen, und auf einer Kuppe steht das Nachbarhaus, sonst nichts. Das Einzige, was man hört, ist das

Muhen von Kühen. Muss für einen jungen Menschen wie Ingrid total deprimierend gewesen sein.

Jakob und seine Frau Klara schauen so aus, als ob sie ihr ganzes Leben nicht aus dieser Welt fortgekommen wären. Die sind ernst, todernst, ich glaube, zum Lachen gehen sie in den Keller. Für die sind wir windige Stadtmenschen, die nur das Vergnügen suchen und zu ihnen kommen, um ihnen etwas wegzunehmen.«

»Im Fall Fellner hatten sie ja so unrecht nicht«, bemerkte Korber.

»Ja, Thomas. Sie haben auch nie Geld von Fellner gesehen und nie eines verlangt. Das ist die eine Seite. Aber wie ist Ingrid wirklich aufgewachsen? Jakob, ihr Onkel, ist jähzornig, der hat mir gleich eine Ohrfeige angedroht. Ich möchte gar nicht wissen, wie viele Ingrid hat einstecken müssen. Klara, ihre Tante, scheint außer Arbeit nichts zu kennen. Wie oft hat Ingrid am Hof wohl mithelfen müssen ohne ein Wort des Dankes, egal, was sie selbst noch für die Schule zu tun hatte.«

»Immerhin war sie ja im Gymnasium.«

»Ja, das war dann wahrscheinlich auch eine willkommene Abwechslung, die einzige Möglichkeit, ein wenig heraus aus dieser Einöde zu kommen. Und Maria war der Mensch, der sie verstand, zu dem sie im Lauf der Zeit eine starke emotionale Bindung entwickelte.«

»Maria hat also von dem allen gewusst.«

Leopold nickte. »Sie hat es nicht leicht gehabt. Du weißt ja, der Gewissenskonflikt, ob man nun zur Polizei gehen soll oder nicht. Offenbar hat sie versucht, auf Ingrid einzuwirken, sich zu stellen, aber es ist ihr nicht gelungen. Sie wird sich in jedem Fall dafür zu verantworten haben. Dein Glück übrigens, dass Ingrid zu feige war, dich allein ins Jenseits zu befördern. Sie hat Maria angerufen, damit sie mit ihr die Tat vollendet, das hat dir letztendlich das Leben gerettet. Als Maria kam, war auch die Polizei schon da.«

Korber schluckte. Erst jetzt erfuhr er, wie knapp es gewesen war. Leopold sah die Verlegenheit in seinen Augen. Beide schwiegen für eine kurze Weile. »Jetzt sag mir nur noch, wie du auf Ingrid gekommen bist«, verlangte Korber schließlich.

»Zuerst waren es kleine Dinge, die man leicht vergisst. Ingrid hat etwa am Donnerstag vor dem Turnierfinale ganz kurz mit Fellner gesprochen, als sie ins Kaffeehaus kam. Von dir habe ich dann erfahren, dass es Ingrids Vorschlag gewesen war, mit dir und Maria ins ›Heller‹ zu gehen, wahrscheinlich, weil sie von Maria, die ja zufällig bei Olga Fellner wohnte, von dem Turnier erfahren hatte. Das ist mir alles später wieder eingefallen, als ich beobachtete, wie Ingrid und Maria miteinander schnuckelten und ich mir die beiden Damen gut in einem Film wie ›Morgen ist Dienstag‹ vorstellen konnte. Leider ist in keiner Beschreibung der Kinodamen Ingrids knallrote Mütze aufgetaucht, das und die farbenlosen Beschreibungen haben mich wieder verwirrt. Aber eine Tatsache blieb bestehen: Fellner hatte am Stubenbergsee gearbeitet, und dort liefen die Fäden von drei Personen zusammen, die in der Mordnacht allesamt im Kaffeehaus gewesen sind: Mario Mitterhofer, Maria Hinterleitner und Ingrid Grabner. Da musste ich einfach meinen Freund Daniel zu Rate ziehen.«

Man sah Korber an, dass er noch nicht alles richtig verstand und die ganze Geschichte erst einmal verdauen musste. Mit großen, fragenden Augen schaute er Leopold an, der aufgestanden war und sich anschickte, aus dem Zimmer zu gehen.

»Was tust du?«

»Nachschauen, ob ich dich schon nach Hause mitnehmen kann.«

*

Am Montag erschien Thomas Korber pünktlich und in beinahe bestem Zustand im Gymnasium. Pünktlich hieß in diesem Falle etwas nach acht Uhr, da sein Unterricht erst zur zweiten Stunde begann. Als er das Lehrerzimmer betreten wollte, hörte er hinter sich die näselnde Stimme der Schulsekretärin Elvira Pohanka und blickte gleich darauf in ihr säuerliches Lächeln: »Da sind Sie ja endlich, Herr Professor. Ich suche Sie schon die ganze Zeit. Sie möchten bitte sofort zu Direktor Marksteiner kommen.«

Was ist denn nun wieder los?, dachte Korber. Ihn befiel dabei eine leise Ahnung, worum es sich handeln könnte.

Marksteiner ging unruhig in seinem Direktionszimmer auf und ab, als Frau Pohanka diskret die Tür öffnete und Korber eintreten ließ. »Ah, Korber«, sagte er. »Schön, Sie zu sehen. Ich habe leider schlechte Neuigkeiten. Kollegin Hinterleitner war heute früh bei mir und hat um ihre einstweilige Beurlaubung gebeten.«

»Ach so?« Korber versuchte, möglichst unwissend zu tun.

»Ja. Leider ist sie in eine dumme Sache hineingeraten. Eine ehemalige Schülerin von ihr soll den Mord beim Kaffeehaus vorne an der Ecke begangen haben. Furchtbar. Frau Hinterleitner war die Vertrauensperson von dem Mädel und ist nicht gleich zur Polizei gegangen.«

Korber atmete tief durch.

»Diese ehemalige Schülerin hat dann noch einen Mord begangen«, fuhr Marksteiner fort. »Vielleicht haben Sie gestern darüber in der Zeitung gelesen. Das wäre natürlich nicht passiert, wenn Kollegin Hinterleitner das Mädel gleich angezeigt hätte. Die junge Dame ist inzwischen gefasst worden.«

Korber stockte der Atem. Aber Marksteiner redete weiter, ohne ihn mit irgendeinem Wort zu erwähnen: »Kollegin Hinterleitner wird sich nun leider vor einem Gericht und der Schulbehörde für ihr Verhalten zu verantworten haben.«

Offensichtlich hatte Maria Korbers Anteil an der Geschichte Marksteiner gegenüber verschwiegen.

»Glauben Sie, dass sie verurteilt wird?«

»Da fragen Sie mich zu viel, lieber Korber. Hoffen wir das Beste! Sie wollte ja auf das Mädel einwirken, dass es sich selbst stellt. Sicher hat sie nicht ahnen können, dass so schnell wieder etwas passiert. Aber für die Polizei sieht natürlich alles ganz anders aus.« Marksteiner seufzte. »Da sieht man, wie schwer unser Beruf ist, Korber. Die Schüler befassen einen bis weit über die

Reifeprüfung hinaus. Mit einem Fuß steht man immer im Kriminal*.«

Korber wollte etwas sagen, aber Marksteiner ließ es nicht dazu kommen. »Ich weiß, ich weiß, Sie haben sich mit der Kollegin in den ersten Tagen blendend verstanden«, winkte er ab. »Aber wie dem auch sei: Wir haben sie verloren. Denn selbst wenn sie, wie wir alle hoffen, straffrei ausgeht, wird die Sache einige Zeit dauern, und sie wird dann im Herbst ihren Neubeginn an einer anderen Schule machen müssen, das ist für alle Beteiligten besser so. Sie wissen, was das heißt, Korber?«

Korber wusste es eben nicht.

»Das heißt, dass wir die Stunden von Kollegin Stieglitz neu vergeben müssen. Bis wir in diesem Fall vom Stadtschulrat eine neue Lehrkraft zugeteilt bekommen, ist das Schuljahr um. Wo es stundenplantechnisch möglich ist, sollen deshalb *Sie*, Korber, diese Stunden übernehmen, vielleicht legen wir dazu in einer oder zwei Klassen die Gruppen zusammen. Na, was sagen Sie?«

Korber war überhaupt nicht begeistert. Er traute sich aber nicht zu protestieren, obwohl er wusste, dass da eine Menge Arbeit auf ihn zukam. »Wenn Sie glauben, dass es das Beste ist«, meinte er nur verlegen.

»Bravo, ich habe gewusst, dass ich mich auf Sie verlassen kann«, sagte Marksteiner und klopfte ihm auf die Schulter. »Das wird noch ein schönes Taschengeld vor dem Sommer.«

Taschengeld hin, Taschengeld her, in jedem Fall bekam er viel zu tun. Und Maria Hinterleitner würde er wohl

---

* Gefängnis.

auch nicht mehr zu Gesicht bekommen. Was Korber blieb, war der Trost, dass sie mitgeholfen hatte, seinen Tod zu verhindern und in der Schule nichts über seine unglückliche Aktion mit Ingrid Grabner ausgeplaudert hatte.

Trotzdem ging er missmutig in den Unterricht. Der Vormittag wollte nicht vergehen. Als er nach der Schule nach Hause kam, fühlte er sich schlapp, und sein Kopf brummte. Ganz gegen seine sonstigen Gewohnheiten legte er sich hin und schlief ein paar Stunden. Als er abends aus dem Bett stieg, war er wieder frischer und unternehmungslustiger.

Er beschloss, ins Kino zu gehen. Und was konnte man sich an einem solchen Tag schon ansehen außer ›Morgen ist Dienstag‹?

Korber bereute seine Entscheidung bald. Farblos, fade und unglaubwürdig war der Streifen. Voller Schicksalsergebenheit. Homosexualität à la Hollywood. Klischees und Vorurteile en masse. Das Ende platt und konstruiert. Weniger eine Diskriminierung gleichgeschlechtlicher Beziehungen als ein Frontalangriff auf den guten Geschmack.

Wie der Film wohl Maria und Ingrid gefallen haben mochte? War ihnen, händchenhaltend und Popcorn essend, der künstlerische Wert überhaupt wichtig gewesen? Er würde es nie erfahren.

Als die Lichter im kaum halb vollen Saal wieder angingen, bewegte sich eine Gestalt auffällig rasch in Richtung Ausgang, so als wolle sie nicht erkannt werden. Jetzt, da er den breitkrempigen Sombrero aufsetzte, erkannte Korber den Mann: Es war Oberinspektor Juricek. Nur zwei Reihen vor ihm war er gesessen, aber so ganz ohne Hut war er ihm nicht aufgefallen. »Herr Juricek«, rief Korber. »Herr Juricek, so warten Sie doch.« Er vermied es gerade noch, ›Herr Oberinspektor‹ durch die kleine Ansammlung von Menschen zu brüllen.

Juricek sah sich kurz irritiert um. »Ah, Korber«, sagte er dann. »Wieder wohlauf, wie ich sehe. Sie auch hier?«

»Es hat sich so ergeben.«

»Bei mir ebenfalls. Viele Tage gibt es nicht, an denen man sich so etwas gönnen kann. Jetzt habe ich beinahe ein schlechtes Gewissen, weil ich gestern im Konzert und heute im Kino war.«

»Ein fataler Film.«

»Das können Sie ruhig laut sagen. Da hat man viel zu viel Geschrei drum gemacht.«

»Wird Maria bestraft werden?«, entfuhr es Korber beim Ausgang.

»Darüber habe ich nicht zu befinden«, sagte Juricek. »Gewusst hat sie's, aber Mittäterin war sie keine. Also Kopf hoch. So schlimm wird es schon nicht werden.«

Als sie draußen waren, setzten beide ihre Schritte zunächst etwas unsicher, so als wollte jeder vom anderen herausfinden, in welche Richtung er zu gehen beabsichtigte. »Ich mache noch einen Sprung ins ›Heller‹«, meinte Korber schließlich. »Kommen Sie mit?«

»Eine gute Idee. Ich habe ohnedies noch eine Kleinigkeit mit Leopold zu besprechen. Gestern war er dazu ja viel zu aufgeregt. Ihretwegen.«

»Ja, ich war dumm«, gab Korber kleinlaut zu. »Aber es geht schon wieder.«

»Dann nichts wie los. Ich bin bei dem müden Film durstig geworden.«

*

Im Café Heller arbeitete Leopold auf Hochtouren. Überall sollte er zugleich sein. Er wieselte nur so zwischen den Tischen herum, und sein »Bitte sehr, bitte gleich«, »Ein Sekunderl noch, gnä' Frau«, »Zahlen gewünscht, bitte« war deutlich zu hören. Als Juricek und Korber ihre Bestellung bei ihm aufgaben, raunte er ihnen nur bedeutungsvoll »Montag ist« zu, dann war er wieder verschwunden.

Es dauerte ein wenig, bis sich die Situation entspannte und er Zeit für einen Tratsch an der Theke mit seinen Freunden fand. »Montag ist ein übler Tag«, erklärte er dann. »Da haben wir die ganze Laufkundschaft. Alle kommen auf ein Getränk und wollen schnell wieder fort. Die Stammgäste kann man ruhig sitzen lassen und einmal überhören, wenn sie noch etwas wollen. Aber wenn diese Nervösen ständig bei der Tür hereinschneien, hat man keine Ruhe. Und was hat euch beide zusammengeführt?«

»Morgen ist Dienstag«, sagte Korber lakonisch.

»Ich weiß. Aber das wird wohl nicht der Grund sein«, meinte Leopold irritiert.

»Doch. Wir haben uns diesen komischen Film im Kino angesehen und uns zufällig getroffen«, warf Juricek ein.

»Ach so? So einen Schwachsinn schaust du dir auch schon an, Richard? Hätte ich dir gar nicht zugetraut. Was sagt denn da deine slawische Seele dazu?«

»Es hatte quasi berufliche Gründe«, verteidigte Juricek sich.

»Tatsächlich?«, fragte Leopold neugierig.

»Ja. Wir haben neben Fellners Leiche das hier gefunden«, sagte Juricek und zog einen kleinen, durchsichtigen Plastikbeutel aus seiner Manteltasche. »Eine Kinokarte für den Film ›Morgen ist Dienstag‹, für die Abendvorstellung am Mittwoch voriger Woche. Wir meinten zuerst, Fellner sei möglicherweise einen Tag vor seinem Tod dort gewesen.«

Leopold hätte gerne gewusst, wie sehr man die Röte sehen konnte, die jetzt in seinem Gesicht aufstieg.

»Zunächst haben wir der Sache keine größere Bedeutung beigemessen«, fuhr Juricek fort. »Dann haben wir doch jemanden hingeschickt, um herauszufinden, ob Fellner vielleicht jemandem im Kino aufgefallen ist und ob er eine Begleitung hatte.«

»Und?«, fragte Korber interessiert.

»Nichts«, sagte Juricek. »Fehlanzeige. Nach heutigem Stand der Dinge können wir davon ausgehen, dass sich Ingrid Grabner den Film angesehen hat, wahrscheinlich zusammen mit Maria Hinterleitner. Das Thema könnte die beiden interessiert haben. Und die Karte ist dann aus Ingrids Hosentasche gerutscht, als sie Fellner wegstieß, wahrscheinlich hatte sie vorher ihre Hand drinnen. Interessant ist jedoch etwas anderes.«

»Was?«, kam es kleinlaut von Leopold.

»Es war nach Auskunft der Dame in der Kasse noch eine Person im Kinocenter und hat nach Fellner und dem Film gefragt. Ein Herr in unserem Alter, leicht untersetzt, schon etwas höherer Haaransatz. Wie konnte noch jemand auf diesen Zusammenhang kommen, frage ich mich. Was sagt dir dein kriminalistischer Scharfsinn in diesem Fall, Leopold?«

Er hatte es also die ganze Zeit über gewusst. Die ganze Zeit über hatte Juricek von der Kinokarte gewusst. »Zufall?«, meinte Leopold so unschuldig wie möglich.

»Nein.« Juricek schüttelte den Kopf. »Sicher nicht. Es muss eine zweite Kinokarte bei der Leiche gelegen sein, Leopold. Und das weißt du genauso gut wie ich.«

Leopold tat das einzig Mögliche: Er hüllte sich in Schweigen.

»Hör doch mit dem Versteckspiel auf, Leopold. Du warst der Erste bei der Leiche. Du hast die Karte gefunden und damit auf eigene Faust ermittelt. Zurückhaltung von Beweismitteln nennt man so etwas. Wahrlich keine Glanztat. Was hast du dir denn dabei wieder gedacht?«

»Schau ... so eine Kinokarte ... im Regen ... in der Dunkelheit ... die ist doch beinahe bedeutungslos«, stotterte Leopold herum. »Euch hat sie ja auch nicht viel geholfen.«

»Darum geht es nicht«, sagte Juricek streng. »Es geht darum, dass du uns eigentlich jede neue Entwicklung mitteilen hättest sollen. Stattdessen hast du uns Informationen vorenthalten. Wichtige Informationen. Mein Gott, hättest du nur einmal den Mund aufgemacht. Normalerweise müsste ich dich jetzt mitnehmen und die Nacht über von Bollek einem peinlichen Verhör unterziehen lassen. Aber ich fürchte, der arme

Kerl hält das nicht aus. Jedes Mal, wenn er dich sieht, muss er eine Blutdrucktablette nehmen.«

»Was hättet ihr denn wirklich mit dem allen anfangen können?«, fragte Leopold, jetzt wieder kampfbereit. »Nichts. Fellners Vaterschaft scheint doch gar nicht offiziell auf. Und ich hatte doch auch nur eine Ahnung …«

»Diese Ahnung hätte ich eben gerne von dir gehört«, sagte Juricek und bestellte ein zweites Glas Rotwein. »Wir hätten unter Umständen schon früher die notwendigen Beziehungen hergestellt.«

»Ich weiß nicht«, meinte Leopold eher skeptisch beim Einschenken. Da mischte sich Frau Heller, die die Debatte im Hintergrund verfolgt hatte, in das Gespräch ein. »Meine Liste. Die hat Sie zum Täter geführt, stimmts?«, lächelte sie Juricek strahlend an.

Der fischte wortlos einen zusammengefalteten Zettel Papier aus der Innentasche seines Mantels. Er öffnete ihn und deutete auf eine mit Rotstift eingekreiste Stelle: »Bei der Beschreibung der im Kaffeehaus anwesenden Personen heißt es hier: ›Professor Korber mit Kollegin‹ – später wurde da noch ›Maria Hinterleitner‹ klein drübergeschrieben – ›und deren Freundin‹. Himmelherrgott, wie sollte ich denn wissen, wer diese Freundin ist?«

»Zuerst habe ich es auch noch nicht gewusst«, meinte Leopold, während sich Frau Heller beleidigt wieder zurückzog. »Am Samstag hätte ich es dir aber schon sagen können, wenn du mich gefragt hättest.«

»Wir haben den Namen von Maria Hinterleitner im Zuge unserer routinemäßigen Nachforschungen erfah-

ren. Trotzdem: Wer denkt gleich daran, dass die Begleitung unseres Lehrers die Täterin ist?«, räsonierte Juricek etwas friedlicher.

Nachdenklich blickte Leopold auf den ersten Billardtisch. Dort mühten sich gerade zwei nicht sehr geübte
Spieler mit den Bällen ab. »Bei so einem Fall ist es wie
beim Billard«, sagte er. »Je kleiner das Brett, desto größer
die Wahrscheinlichkeit, dass man mit seinem Ball die beiden anderen trifft, vorausgesetzt, der Ball hat genügend
Kraft zum Laufen und man besitzt das nötige Glück. Die
Bälle begegnen einander einfach, auch wenn man nicht
ganz richtig gezielt hat. Unser Brett war gerade noch
klein genug, und es ist sich noch einmal ausgegangen.«

»Rede dich nur nicht wieder heraus«, sagte Juricek nun schon mit gespielter Strenge. »Wenn ich mich
nur ein bisschen mehr auf dich verlassen könnte. Na
ja, Schwamm drüber.« Dann wechselte er abrupt das
Thema: »Der alte Seidl ist übrigens heute früh gestorben.
Sein Herz hat ihn im Stich gelassen. Ich denke, Eduards
Tod hat ihm den letzten Lebenswillen genommen.«

Wieder einer weniger, grübelte Leopold. Juricek und
Korber tranken schweigend von ihrem Glas Rotwein.
Dabei sahen sie der Billardpartie am ersten Tisch zu. Und
merkwürdig – manchmal liefen die Bälle wirklich geradewegs aufeinander zu, obwohl es nicht so aussah, als
wäre der Stoß so gemeint gewesen. Wie viel hat doch alles
mit der Größe des Brettes und dem Faktor Glück, der
in der Welt draußen Schicksal oder Zufall genannt wird,
zu tun, dachte Korber. Warum war Maria Hinterleitner
ihm begegnet, warum Ingrid Grabner ihrem Vater?

»Ich muss jetzt gehen«, sagte er plötzlich und stellte sein leeres Glas auf die Theke. »Morgen ist Dienstag.«

»Was hast du jetzt schon wieder mit dem blöden Film?«, fragte Leopold.

»Nichts. Es ist bloß so, dass ich mich ab morgen ordentlich in die Arbeit hineinknien muss, weil ich auch Marias Stunden übernehme. Sie ist nicht mehr bei uns an der Schule.« Gedankenverloren zahlte Korber seine zwei Achtel Wein mit einem 5-Euro-Schein und marschierte hinaus.

»Tja, dann will ich dich auch nicht länger aufhalten, Leopold. Was macht es aus?«, fragte Juricek.

»Zwei Achtel Rotwein? 3,60 Euro.«

Juricek kramte erneut in seiner Manteltasche und drückte Leopold eine Handvoll Münzen in die Hand. »Den Rest kannst du behalten«, sagte er, tippte mit der Hand zum Gruß auf den Hut und ging seiner Wege.

Es musste das Wechselgeld irgendeiner Kaffeekasse im Kommissariat sein, 10- und 5-Cent-Münzen, vielleicht gerade einmal zwei Euro zusammen. Na warte, du Schuft, grinste Leopold innerlich. Du wirst mich bald wieder brauchen, früher als dir lieb ist.

Wie zur Bestätigung seiner Worte hörte er ein lautes ›Klack‹ vom ersten Billardtisch.

ENDE

*Weitere Krimis finden Sie auf den
folgenden Seiten und im Internet:
www.gmeiner-verlag.de*

HERMANN BAUER
Fernwehträume
....
277 Seiten, Paperback.
ISBN 978-3-89977-750-5.

»FERNWEHTRÄUME« IM WIENER KAFFEEHAUS Ruhig liegt das Kaffeehaus »Heller« im nebligen Wien nördlich der Donau. Dies ändert sich schlagartig, als ein Stammgast, die pensionierte Susanne Niedermayer, erschlagen aufgefunden wird. Die Polizei vermutet einen Betrunkenen als Täter, doch Chefober Leopold mag nicht an diese Version glauben. Auf eigene Faust stellt er Nachforschungen an. Eine heiße Spur führt ihn in den Klub »Fernweh«. Bei Filmvorführungen und Diavorträgen floh die alte Dame hier regelmäßig aus der Enge ihrer Heimat in die große, weite Welt.

PIERRE EMME
Schneenockerleklat
....
424 Seiten, Paperback.
ISBN 978-3-89977-803-8.

MORD AM SEMMERING Noch fünf Tage, dann kann sich Mario Palinski endlich wieder etwas Ruhe gönnen. Die Organisation der in den nächsten Tagen im »Semmering Grand« stattfindenden 50. Jahresversammlung der »Federation Européenne des Criminalistes Investigatives« hat den Chef des Instituts für Krimiliteranalogie in den vergangenen Wochen ganz schön in Anspruch genommen.

Auf der Fahrt mit dem Sonderzug von Wien zum Semmering wird ein ungarischer Journalist tot in der Zugtoilette aufgefunden. Der erste einer ganzen Reihe von Morden, wie sich schon bald herausstellen wird.

Wir machen's spannend

ONO MOTHWURF
Taubendreck

275 Seiten, Paperback.
ISBN 978-3-89977-807-6.

TROJANISCHE TAUBEN Kommissar Thomas Wondrak, Mitte vierzig, ist Bayerns erfolgreichster Mordaufklärer – unter Kriminalisten eine Legende. Seit knapp zwei Jahren bereitet ihm allerdings die Mühelosigkeit, mit der sich seine Fälle wie von selbst lösen, Kopfzerbrechen. Um seine kriminalistische Kombinationsfähigkeit nicht völlig verkrüppeln zu lassen, hat sich der Chef der Kripo Fürstenfeldbruck angewöhnt, jedem noch so kleinen Detail eines Verbrechens nachzugehen.

Was sich in seinem neuen Fall jedoch als kompliziert erweist: Millionen von Dollars, die den Besitzer wechseln, mysteriöse Todesfälle und eine tierische Massenvernichtungswaffe lassen ihn den Überblick verlieren ...

MATTHIAS P. GIBERT
Zirkusluft

373 Seiten, Paperback.
ISBN 978-3-89977-810-6.

TÖDLICHE KONTROLLE Kassel im Frühwinter 2008. Kommissar Paul Lenz und sein Kollege Thilo Hain werden an den Ort eines grausamen Verbrechens gerufen. Auf dem Radweg an der Fulda liegt der Architekt Reinhold Fehling, brutal ermordet durch zwei Schüsse in die Knie und einen in den Kopf.

Keine 24 Stunden später gibt es eine weitere Leiche, Bülent Topuz, ein türkischstämmiger Student. Wieder zwei Schüsse in die Knie, dazu ein tödlicher ins Herz. In der Wohnung des Ermordeten finden die Polizisten nicht nur einen Brief, in dem er die Verantwortung für den Mord am Fahrradweg übernimmt, sondern auch die Tatwaffe. Allerdings stellt sich schnell heraus, dass Topuz nicht der Mörder gewesen sein kann ...

Wir machen's spannend

SUSANNE KRONENBERG
Rheingrund
....
277 Seiten, Paperback.
ISBN 978-3-89977-801-4.

FAMILIENANGELEGENHEITEN Norma Tanns neuer Auftrag führt die Private Ermittlerin von Wiesbaden in die beschauliche Weinbaulandschaft des Rheingaus und hinauf auf die Höhen des Rheinsteigs. Ruth Diephoff, Yogalehrerin und Witwe eines Rheingauer Winzers, kann sich nicht damit abfinden, dass sich ihre Tochter Marika im Rhein ertränkt haben soll. Nun gibt es erstmals seit ihrem spurlosen Verschwinden vor 15 Jahren eine konkrete Spur, der Norma nachgehen will: Kai K. Lambert war Marika Inkens Geliebter. Ging sie mit ihm ins Ausland?

Auch Marikas Tochter, die 17-jährige Inga, ist sehr an Lambert interessiert, denn sie wird von einer brennenden Frage gequält: Ist er ihr leiblicher Vater? Seit einem heimlichen Vaterschaftstest weiß sie genau, dass es Bernhard Inken, Inhaber einer Wiesbadener Medienagentur, nicht sein kann ...

DOROTHEA PUSCHMANN
Zwickmühle
....
277 Seiten, Paperback.
ISBN 978-3-89977-811-3.

FREUNDSCHAFTSDIENST Eigentlich wollten Katharina Fröhlich und Julian Frey ihrem stressigen Job als Sicherheitsfachleute und private Ermittler für ein paar Tage entfliehen und einen wohlverdienten Kurzurlaub am Ammersee einschieben, als sie von einer alten Bekannten aus Münster um Hilfe gebeten werden. Ihr Mann Helge – ein ehrgeiziger, gerissener und umtriebiger Anwalt – wurde offenbar gekidnappt und ist seinen brutalen Peinigern nun auf Gedeih und Verderb ausgeliefert.

Aus freundschaftlicher Verbundenheit übernehmen Julian und Katharina den Fall. Dann verschwindet ein weiterer Mann. Doch Fröhlich und Frey sehen zunächst keinen Zusammenhang zwischen ihrem Auftrag und der Zeitungsnotiz, die über das Verschwinden des Münsterschen Bauamtsleiters berichtet ...

Wir machen's spannend

Das neue KrimiJournal ist da!

2 x jährlich das Neueste aus der Gmeiner-Krimi-Bibliothek

In jeder Ausgabe:

- Vorstellung der Neuerscheinungen
- Hintergrundinfos zu den Themen der Krimis
- Interviews mit den Autoren und Porträts
- Allgemeine Krimi-Infos
- Großes Gewinnspiel mit ›spannenden‹ Buchpreisen

ISBN 978-3-89977-950-9
kostenlos erhältlich in jeder Buchhandlung

KrimiNewsletter

Neues aus der Welt des Krimis

Haben Sie schon unseren KrimiNewsletter abonniert?
Alle zwei Monate erhalten Sie per E-Mail aktuelle Informationen aus der Welt des Krimis: Buchtipps, Berichte über Krimiautoren und ihre Arbeit, Veranstaltungshinweise, neue Krimiseiten im Internet, interessante Neuigkeiten zum Krimi im Allgemeinen.
Die Anmeldung zum KrimiNewsletter ist ganz einfach. Direkt auf der Homepage des Gmeiner-Verlags (www.gmeiner-verlag.de) finden Sie das entsprechende Anmeldeformular.

Ihre Meinung ist gefragt!

Mitmachen und gewinnen

Wir möchten Ihnen mit unseren Romanen immer beste Unterhaltung bieten. Sie können uns dabei unterstützen, indem Sie uns Ihre Meinung zu den Gmeiner-Romanen sagen! Senden Sie eine E-Mail an gewinnspiel@gmeiner-verlag.de und teilen Sie uns mit, welches Buch Sie gelesen haben und wie es Ihnen gefallen hat. Alle Einsendungen nehmen automatisch am großen Jahresgewinnspiel mit ›spannenden‹ Buchpreisen teil.

Wir machen's spannend

Alle Gmeiner-Autoren und ihre Romane auf einen Blick

ANTHOLOGIEN: Tatort Starnberger See • Mords-Sachsen 4 • Sterbenslust • Tödliche Wasser • Gefährliche Nachbarn • Mords-Sachsen 3 • Tatort Ammersee • Campusmord • Mords-Sachsen 2 • Tod am Bodensee • Mords-Sachsen 1 • Grenzfälle • Spekulatius **ARTMEIER, HILDEGUND:** Feuerross • Drachenfrau **BAUER, HERMANN:** Verschwörungsmelange • Karambolage • Fernwehträume **BAUM, BEATE:** Weltverloren • Ruchlos • Häuserkampf **BAUMANN, MANNFRED:** Jedermanntod **BECK, SINJE:** Totenklang • Duftspur • Einzelkämpfer **BECKER, OLIVER:** Das Geheimnis der Krähentochter **BECKMANN, HERBERT:** Mark Twain unter den Linden • Die indiskreten Briefe des Giacomo Casanova **BEINSSEN, JAN:** Goldfrauen • Feuerfrauen **BLATTER, ULRIKE:** Vogelfrau **BODE-HOFFMANN, GRIT / HOFFMANN, MATTHIAS:** Infantizid **BOMM, MANFRED:** Kurzschluss • Glasklar • Notbremse • Schattennetz • Beweislast • Schusslinie • Mordloch • Trugschluss • Irrflug • Himmelsfelsen **BONN, SUSANNE:** Die Schule der Spielleute • Der Jahrmarkt zu Jakobi **BODENMANN, MONA:** Mondmilchgubel **BOSETZKY, HORST (-KY):** Promijagd • Unterm Kirschbaum **BOENKE, MICHAEL:** Gott'sacker **BÖCKER, BÄRBEL:** Henkersmahl **BUEHRIG, DIETER:** Schattengold **BUTTLER, MONIKA:** Dunkelzeit • Abendfrieden • Herzraub **BÜRKL, ANNI:** Ausgetanzt • Schwarztee **CLAUSEN, ANKE:** Dinnerparty • Ostseegrab **DANZ, ELLA:** Schatz, schmeckt's dir nicht • Rosenwahn • Kochwut • Nebelschleier • Steilufer • Osterfeuer **DETERING, MONIKA:** Puppenmann • Herzfrauen **DIECHLER, GABRIELE:** Glaub mir, es muss Liebe sein • Engpass **DÜNSCHEDE, SANDRA:** Todeswatt • Friesenrache • Solomord • Nordmord • Deichgrab **EMME, PIERRE:** Diamantenschmaus • Pizza Letale • Pasta Mortale • Schneenockerleklat • Florentinerpakt • Ballsaison • Tortenkomplott • Killerspiele • Würstelmassaker • Heurigenpassion • Schnitzelfarce • Pastetenlust **ENDERLE, MANFRED:** Nachtwanderer **ERFMEYER, KLAUS:** Endstadium • Tribunal • Geldmarie • Todeserklärung • Karrieresprung **ERWIN, BIRGIT / BUCHHORN, ULRICH:** Die Gauklerin von Buchhorn • Die Herren von Buchhorn **FOHL, DAGMAR:** Die Insel der Witwen • Das Mädchen und sein Henker **FRANZINGER, BERND:** Zehnkampf • Leidenstour • Kindspech • Jammerhalde • Bombenstimmung • Wolfsfalle • Dinotod • Ohnmacht • Goldrausch • Pilzsaison **GARDEIN, UWE:** Das Mysterium des Himmels • Die Stunde des Königs • Die letzte Hexe – Maria Anna Schwegelin **GARDENER, EVA B.:** Lebenshunger **GEISLER, KURT:** Bädersterben **GIBERT, MATTHIAS P.:** Schmuddelkinder • Bullenhitze • Eiszeit • Zirkusluft • Kammerflimmern • Nervenflattern **GRAF, EDI:** Bombenspiel • Leopardenjagd • Elefantengold • Löwenriss • Nashornfieber **GUDE, CHRISTIAN:** Kontrollverlust • Homunculus • Binärcode • Mosquito **HAENNI, STEFAN:** Brahmsrösi • Narrentod **HAUG, GUNTER:** Gössenjagd • Hüttenzauber • Tauberschwarz • Höllenfahrt • Sturmwarnung • Riffhaie • Tiefenrausch **HEIM, UTA-MARIA:** Totenkuss • Wespennest • Das Rattenprinzip • Totschweigen • Dreckskind **HERELD, PETER:** Das Geheimnis des Goldmachers **HUNOLD-REIME, SIGRID:** Schattenmorellen • Frühstückspension **IMBSWEILER, MARCUS:** Butenschön • Altstadtfest • Schlussakt • Bergfriedhof **KARNANI, FRITJOF:** Notlandung • Turnaround • Takeover **KAST-RIEDLINGER, ANNETTE:** Liebling, ich kann auch anders **KEISER, GABRIELE:** Gartenschläfer • Apollofalter

Wir machen's spannend

Alle Gmeiner-Autoren und ihre Romane auf einen Blick

KEISER, GABRIELE / POLIFKA, WOLFGANG: Puppenjäger **KELLER, STEFAN:** Kölner Kreuzigung **KLAUSNER, UWE:** Die Bräute des Satans • Odessa-Komplott • Pilger des Zorns • Walhalla-Code • Die Kiliansverschwörung • Die Pforten der Hölle **KLEWE, SABINE:** Die schwarzseidene Dame • Blutsonne • Wintermärchen • Kinderspiel • Schattenriss **KLÖSEL, MATTHIAS:** Tourneekoller **KLUGMANN, NORBERT:** Die Adler von Lübeck • Die Nacht des Narren • Die Tochter des Salzhändlers • Kabinettstück • Schlüsselgewalt • Rebenblut **KOHL, ERWIN:** Flatline • Grabtanz • Zugzwang **KOPPITZ, RAINER C.:** Machtrausch **KÖHLER, MANFRED:** Tiefpunkt • Schreckensgletscher **KÖSTERING, BERND:** Goetheruh **KRAMER, VERONIKA:** Todesgeheimnis • Rachesommer **KRONENBERG, SUSANNE:** Kunstgriff • Rheingrund • Weinrache • Kultopfer • Flammenpferd **KRUG, MICHAEL:** Bahnhofsmission **KURELLA, FRANK:** Der Kodex des Bösen • Das Pergament des Todes **LASCAUX, PAUL:** Gnadenbrot • Feuerwasser • Wursthimmel • Salztränen **LEBEK, HANS:** Karteileichen • Todesschläger **LEHMKUHL, KURT:** Dreiländermord • Nürburghölle • Raffgier **LEIX, BERND:** Fächertraum • Waldstadt • Hackschnitzel • Zuckerblut • Bucheckern **LIFKA, RICHARD:** Sonnenkönig **LOIBELSBERGER, GERHARD:** Reigen des Todes • Die Naschmarkt-Morde **MADER, RAIMUND A.:** Schindlerjüdin • Glasberg **MAINKA, MARTINA:** Satanszeichen **MISKO, MONA:** Winzertochter • Kindsblut **MORF, ISABEL:** Schrottreif **MOTHWURF, ONO:** Werbevoodoo • Taubendreck **MUCHA, MARTIN:** Papierkrieg **NEEB, URSULA:** Madame empfängt **OTT, PAUL:** Bodensee-Blues **PELTE, REINHARD:** Kielwasser • Inselkoller **PUHLFÜRST, CLAUDIA:** Rachegöttin • Dunkelhaft • Eiseskälte • Leichenstarre **PUNDT, HARDY:** Friesenwut • Deichbruch **PUSCHMANN, DOROTHEA:** Zwickmühle **RUSCH, HANS-JÜRGEN:** Gegenwende **SCHAEWEN, OLIVER VON:** Räuberblut • Schillerhöhe **SCHMITZ, INGRID:** Mordsdeal • Sündenfälle **SCHMÖE, FRIEDERIKE:** Wieweitdugehst • Bisduvergisst • Fliehganzleis • Schweigfeinstill • Spinnefeind • Pfeilgift • Januskopf • Schockstarre • Käfersterben • Fratzenmond • Kirchweihmord • Maskenspiel **SCHNEIDER, BERNWARD:** Spittelmarkt **SCHNEIDER, HARALD:** Wassergeld • Erfindergeist • Schwarzkittel • Ernteopfer **SCHNYDER, MARIJKE:** Matrjoschka-Jagd **SCHRÖDER, ANGELIKA:** Mordsgier • Mordswut • Mordsliebe **SCHUKER, KLAUS:** Brudernacht **SCHULZE, GINA:** Sintflut **SCHÜTZ, ERICH:** Judengold **SCHWAB, ELKE:** Angstfalle • Großeinsatz **SCHWARZ, MAREN:** Zwiespalt • Maienfrost • Dämonenspiel • Grabeskälte **SENF, JOCHEN:** Kindswut • Knochenspiel • Nichtwisser **SEYERLE, GUIDO:** Schweinekrieg **SPATZ, WILLIBALD:** Alpenlust • Alpendöner **STEINHAUER, FRANZISKA:** Gurkensaat • Wortlos • Menschenfänger • Narrenspiel • Seelenqual • Racheakt **SZRAMA, BETTINA:** Die Konkubine des Mörders • Die Giftmischerin **THIEL, SEBASTIAN:** Die Hexe vom Niederrhein **THÖMMES, GÜNTHER:** Der Fluch des Bierzauberers • Das Erbe des Bierzauberers • Der Bierzauberer **THADEWALDT, ASTRID / BAUER, CARSTEN:** Blutblume • Kreuzkönig **ULLRICH, SONJA:** Teppichporsche **VALDORF, LEO:** Großstadtsumpf **VERTACNIK, HANS-PETER:** Ultimo • Abfangjäger **WARK, PETER:** Epizentrum • Ballonglühen • Albtraum **WICKENHÄUSER, RUBEN PHILLIP:** Die Seele des Wolfes **WILKENLOH, WIMMER:** Poppenspäl • Feuermal • Hätschelkind **WYSS, VERENA:** Blutrunen • Todesformel **ZANDER, WOLFGANG:** Hundeleben

Wir machen's spannend